# O LIVRO POLITICAMENTE INCORRETO DA ESQUERDA E DO SOCIALISMO

# O LIVRO POLITICAMENTE INCORRETO DA ESQUERDA E DO SOCIALISMO

**Kevin D. Williamson**

Prefácio
Guilherme Fiuza

Tradução
Roberto Fernando Muggiati

AGIR

Editora Nova Fronteira Participações S.A.
Rua Nova Jerusalém, 345 — Bonsucesso — CEP 21042-235
Rio de Janeiro — RJ — Brasil
Tel.: (21) 3882-8200 — Fax: (21) 3882-8212/8313

CIP-BRASIL. CATALOGAÇÃO NA FONTE
SINDICATO NACIONAL DOS EDITORES DE LIVROS, RJ

---

W692u Williamson, Kevin D.
O livro politicamente incorreto da esquerda e do socialismo / Kevin D. Williamson ; tradução Roberto Fernando Muggiati. - 1. ed. - Rio de Janeiro : Agir, 2013.

Tradução de: The politically incorrect guide to socialism
Inclui bibliografia
ISBN 9788522015092

1. História moderna. 2. Comunismo. 3. Socialismo. 4. Ciência política. I. Título.

13-04999 CDD: 909
CDU: 94(100)'15/19

*Para Sara H. Duncan*

# SUMÁRIO

# Prefácio

## Com quantos pecados mortais se constrói uma utopia paradisíaca

O socialismo já apanhou tanto da história, que inventariar os seus podres pode parecer chute em cachorro morto. O problema é que o fantasma do cachorro está vivo. E morde.

Os socialistas que sobreviveram à derrocada do socialismo, com o naufrágio de todos os regimes que o adotaram, não perderam o rebolado. Explicam que o socialismo é, por assim dizer, tudo aquilo que ainda não foi devidamente testado. Em outras palavras: com exceção da vida real, o socialismo é tudo.

O autor americano Kevin D. Williamson resolveu fazer a autópsia da utopia que mobilizou as melhores intenções no século XX — o sonho da igualdade que, para as almas boas e os corações solidários, representou praticamente o casamento da política com a poesia. Em *O livro politicamente incorreto da esquerda e do socialismo*, Williamson mostra pacientemente com quantos pecados mortais se constrói uma utopia paradisíaca.

Seria apenas uma autópsia se o socialismo, apesar de morto, não estivesse por aí cacifando uma série de projetos político-eleitorais ao redor do mundo. O mais impressionante não é o proverbial fracasso do socialismo como experiência, mas o seu renitente sucesso como poesia para incautos e propaganda enganosa. A publicação deste livro no Brasil é mais uma chance — quantas outras haverá? — para a opinião pública despertar de longa letargia populista. E para entender de uma vez por todas os truques ideológicos da esquerda.

Vários deles se sustentam em componentes psicológicos, como este citado por Williamson: "Usar o aparato do Estado para forçar a caridade oferece a satisfação prazerosa do exercício da virtude — sem qualquer um de seus custos." E a praga esquerdista do planejamento central (ou o delírio da sociedade adestrada por uma burocracia iluminada) está também na origem da crise da União Europeia. Dizem que por lá o pior já passou, mas o autor aponta dirigismo e falta de soberania nas soluções em curso: "Não estejam tão seguros de que a Europa tenha encontrado uma saída do caminho da servidão."

Se a impostura socialista continuar governando boa parte dos bem-intencionados no planeta, pelo menos este livro divertirá os que já entenderam o golpe. Margaret Thatcher dizia que o socialismo dura até acabar o dinheiro dos outros. O economista Ludwig von Mises, um dos expoentes do liberalismo, completou: "O socialismo não é apenas um parasita econômico da prosperidade capitalista, mas também um parasita intelectual do capitalismo." Foi erigido como crítica ao sistema de valores do capital e do trabalho, mas fincou seus postulados numa espessa ignorância sobre as leis da economia.

Williamson exemplifica com cruel simplicidade: o autoritarismo socialista resolveu moralizar a constituição dos preços, decidido a impor o valor do trabalho como medida do valor das coisas — e ainda assim não poderia evitar que Lady Gaga conquistasse um mercado bem maior que o de Johann Sebastian Bach... Em seu materialismo prepotente, os socialistas desprezaram um singelo e abstrato elemento chamado "vontade". Por mais nobres que sejam os paradigmas igualitários, um produto jamais poderá valer apenas o trabalho que custou; seu valor dependerá do interesse de quem o deseja. Elementar, meu caro Marx.

Pedindo licença ao autor, podemos observar que o teorema de Lady Gaga — ou a valorização de bens em função do desejo por eles — encontra exemplo claro na própria presença da esquerda no poder. Em países como Brasil, Argentina ou Venezuela, o projeto político é um produto fajuto, mas arrecadou uma avalanche de votos. Se a liberdade da vontade tivesse que ser substituída pela obrigação da virtude, o PT não valeria nem meia urna no mercado eleitoral brasileiro. E os discursos de Dilma Rousseff precisariam ser substituídos por sinfonias de Bach.

Voltando a Mises e ao intelectual-parasitismo socialista: "Tudo o que foi apresentado em favor do socialismo durante os últimos cem anos, em milhares de textos e discursos, todo o sangue derramado por seus defensores, não é suficiente para fazer com que o socialismo funcione. As massas podem desejá-lo ardentemente, guerras e revoluções incontáveis podem ser feitas em seu nome, mas ainda assim jamais será algo realizável."

Se a doutrina lunática da esquerda ainda serve bem a políticos medíocres, entre os intelectuais ela é uma festa — como sintetizou

Dwight Lee: "A existência de um enorme governo dá aos acadêmicos a possibilidade real de colocar em prática suas fantasias." Peter Klein arremata, apontando para a trincheira universitária norte-americana: "Após o colapso do planejamento centralizado na Europa Oriental e na ex-URSS, o único lugar no mundo onde ainda prosperam os marxistas é o Departamento de Ciências Políticas de Harvard."

Klein está sendo parcimonioso. Os lunáticos do bem vão muito além do campus de Harvard, esgrimindo por aí a sua bondade letal, como na defesa dos genocidas do Khmer Vermelho pelo novaiorquino Noam Chomsky, o "padroeiro da esquerda". Com tudo o que já se viu acontecer à humanidade, da Santa Inquisição à propaganda nazista, o socialismo conseguiu se tornar a maior mentira da história: promete a felicidade estatal coletiva para obter vantagens privativas, comercializa a solidariedade, industrializa a boa fé. Williamson aponta a verdade suja desenterrada por Gorbachev: a essência do socialismo não era a igualdade, mas o controle.

E o que fazer para conquistar e manter esse controle em nome do bem-estar da coletividade? Tudo, inclusive atropelar a coletividade. Entre os diversos casos de desabastecimento e penúria "propiciados" por planejamentos socialistas, o autor conta uma passagem ocorrida na Coreia do Norte, uma das joias do comunismo mundial:

Um cidadão faminto decide protestar em frente à residência oficial do ditador Kim Jong-il, gritando: "Não temos comida! Não temos eletricidade! Não temos água! Não temos nada!" Imediatamente é arrastado para uma masmorra e amarrado a uma cadeira, com uma arma apontada contra sua cabeça. O policial dispara, mas o tiro era de festim. O susto é para que o sujeito nunca mais repita o que fez, diz a polícia. O prisioneiro responde: "Não temos comida! Não temos eletricidade! Não temos bala! Não temos nada!"

Naturalmente, é uma piada. Tão real quanto o socialismo. Ria com moderação e divirta-se se for capaz — porque o que dá para rir, dá para chorar.

Guilherme Fiuza é jornalista, escritor e colunista da revista Época.<br>Trabalhou para os jornais O Globo e Jornal do Brasil. Publicou<br>os livros Gianni: vida, arte e luta, Meu nome não é Johnny, 3.000 dias no<br>bunker e Amazônia, 20º andar.

Capítulo 1

# FRUTAS FRESCAS PARA VERDURAS PODRES

"O problema do capitalismo são os *capitalistas*.
O problema do socialismo é o *socialismo*."
— Willi Schlamm, ex-socialista austríaco

**Você sabia?**

- Os próprios socialistas e comunistas reconhecem que o socialismo não é algo separado do comunismo
- É a aversão aos riscos, e não o fervor revolucionário, a força motriz do socialismo
- O controle estatal é mais importante para os socialistas do que o igualitarismo

Em março de 2010, o presidente norte-coreano Kim Jong-il concluiu um de seus projetos preferidos: resolver as dificuldades econômicas resultantes das fracassadas tentativas de promover uma reforma monetária no país durante seu governo. Alcançou seu feito sequestrando e torturando diversos membros do alto escalão do Partido Coreano dos Trabalhadores. Eles foram espancados tão brutalmente que não conseguiam abrir os olhos ou falar enquanto eram amarrados aos postes na linha de tiro de uma escola militar em Pyongyang. Bom para eles: não havia coisa alguma para ver além de canos de armas, e nada do que pudessem dizer teria feito grande diferença. Cada um recebeu nove tiros pelo crime de "traição contra o povo" e por decretar reformas monetárias "irrealistas". Centenas de outros oficiais de elite do partido foram demitidos, provavelmente enviados com suas famílias para campos de trabalho forçado.

Esse não foi o primeiro expurgo de Kim. Em 1992, antecipando sua tomada de poder diante da doença do pai, Kim determinou a execução de vinte oficiais do Exército e a expulsão de outros trezentos. Centenas de militares também foram assassinados em 1995, quando Kim assumiu formalmente o poder. Durante o período de fome entre 1995 e 1998, que fora precedido por uma intensa campanha publicitária celebrando os efeitos saudáveis de sobreviver com apenas uma ou duas refeições por dia, milhões de norte-coreanos morreram de inanição graças às políticas desastrosas associadas à "Ideologia Juche" da escola de economia de Kim. Segundo o olhar de Pyongyang, a ideologia oficial do Estado nunca fracassa por si só, mas pela ação de outros. Assim, em reação à escassez de comida, o secretário de agricultura foi denunciado como espião americano e executado sumariamente, enquanto outros milhares de oficiais foram assassinados, enviados aos campos ou dispensados de outras maneiras. As desventuras político-econômicas de Kim provocaram a morte de cerca de 12% da população de seu país, e os números seriam ainda mais altos se a fome não tivesse sido reduzida pela ajuda maciça, em forma de alimentos, enviada pelos detestáveis capitalistas dos Estados Unidos.

**Tradições familiares**

"Fiquei chocado ao saber que meu tio, Soo Jo, estava à minha procura. Não esperava que ele estivesse vivo."

Kim Jong-il, presidente da Coreia do Norte, *Chosun Ilbo*

O exemplo da Coreia do Norte é extremo, mas não muito diferente da experiência de nações similares, incluindo aquelas com regimes mais democráticos.

Alguns meses depois do expurgo promovido por Kim em 2010, a Venezuela se viu em meio a um escândalo político diante da falta de gêneros alimentícios básicos, como leite e farinha, nos supermercados administrados pelo Estado, enquanto pilhas de alimentos apodreciam nos armazéns do governo. Uma mistura desastrosa de corrupção e incompetência, característica tão fundamental do sistema venezuelano quanto bandeiras vermelhas e slogans trabalhistas, custara à população pobre e faminta daquele país cerca de 75 mil toneladas de comida — talvez o equivalente a um quinto das importações anuais da Produtora e Distribuidora Venezuelana de Alimentos (PDVAL), principal empresa estatal responsável pela distribuição de alimentos subsidiados aos milhares de supermercados ao estilo soviético que se encontram na Venezuela. Um ex-presidente do quadro de diretores da PDVAL — eram todos escolhidos a dedo por Chávez* e seus conselheiros — foi devidamente detido e acusado de corrupção, ao mesmo tempo que o presidente venezuelano protegia um conselheiro próximo, também envolvido no caso.

Por que deixaram os alimentos apodrecerem é um mistério. A explicação mais provável é que os dirigentes políticos da PDVAL, que financiam suas operações com as receitas de operações petrolíferas administradas pelo Estado, estivessem recebendo propina de fornecedores estrangeiros e não tivessem qualquer intenção de distribuir os alimentos, encontrados por acaso por autoridades que trabalhavam em outra investigação. Segundo essa teoria, eles encomendaram os produtos, receberam suas comissões por baixo dos panos e deixaram que os alimentos apodrecessem, uma vez que não haveria qualquer lucro adicional em sua distribuição.

**Fome de mudança**

"O setor privado busca o lucro, enquanto o governo busca o bem-estar do povo", disse o ministro da alimentação venezuelano, Félix Osorio, à *National Geographic News*, durante uma visita ao Pinto Salinas Mega Mercal. "O mercado livre não dá as cartas — é a regulamentação que o faz."

"Assim, períodos esporádicos de escassez de gêneros alimentícios básicos se tornaram rotineiros para muitos habitantes do país."

"Quando a escassez de alimentos na Venezuela se tornou crítica no ano passado, por exemplo, Helen Mercado e Luis Boada visitaram um mercado após o outro à procura de leite para seu filho de três anos. Em muitas ocasiões o jovem casal teve que se contentar com iogurte líquido, encontrado mais facilmente por não ser regulado."

*National Geographic*, julho de 2008

A resposta de Chávez ao escândalo foi direta. "Não iremos descansar", bradou. "Vamos até o fim neste caso. Mas isso não nos desviará de nosso objetivo principal: o socialismo!"[1]

A experiência da Venezuela tampouco é estranha aos Estados Unidos. Vale a pena lembrar que os americanos se livraram de viver um verdadeiro período de fome há apenas algumas gerações. Isso não im-

* A edição original do livro foi lançada antes do falecimento do presidente venezuelano, em março de 2013 [N.T.].

pediu o governo de adotar políticas socialistas que mantivessem os alimentos longe das mesas dos americanos. Considere esta reportagem de Ann Crittenden para o *New York Times* em 1981:

> De longe, parece que uma bruma vermelha se estende pelo horizonte. Porém, logo se torna claro que o que se vê a distância são, na verdade, montes de laranjas. Espalhados por toda parte estão milhões e milhões de laranjas, todas abandonadas para apodrecer sob o sol da Califórnia. As laranjas foram descarregadas de acordo com o que chamam de ordem federal de mercado.[2]

Numa reportagem posterior, intitulada "Fruto proibido", Doug Foster escreveu:

> As laranjas são abandonadas para apodrecer, de modo a manter o preço alto para os fazendeiros e evitar que os consumidores comprem laranjas a preços mais baixos. Será que o governo sabe o que está fazendo? Será que dá importância? A resposta do burocrata Ben Darling, do Departamento de Agricultura dos Estados Unidos, é: "Laranjas não são alimentos essenciais. As pessoas não precisam de laranjas. Podem tomar vitaminas."[3]

Há um longo histórico de estranhas atividades como essa nos Estados Unidos. John Steinbeck relatou cena similar durante a Depressão:

> O produto dos vinhedos, das árvores, tem que ser destruído para que se mantenham os preços, e isso é o que há de mais triste, de mais amargo. Carregamentos de laranjas jogados no chão... Um milhão de pessoas passando fome, precisando das frutas — enquanto despejam querosene sobre esses montes dourados. Eis aqui um crime que vai além de qualquer denúncia.[4]

No entanto, diferentemente dos alimentos deixados para apodrecer na Venezuela, as provisões arruinadas nos Estados Unidos — laranjas, milhos, silos cheios de grãos — não eram um crime; eram o resultado intencional da política pública adotada durante o *New Deal* e levada adiante na era Reagan.

### O que é o socialismo e o que não é o socialismo

"Socialismo" é uma palavra que, de acordo com várias pessoas, tem muitos significados, tendo assumido diversas formas em todo o mundo. Socialismo se aplica, com a mesma precisão, aos regimes totalitários de Kim Jong-il, de Josef Stalin e de Fidel Castro; ao governo autoritário, porém denominado democrático, de Hugo Chávez, e às democracias sociais da Suécia e da Índia. Alguns países praticam o socialismo totalitário, nos quais todos os aspectos da vida são regulados pela disciplina política; isso geralmente é o que queremos dizer com a palavra comunismo, independentemente de tal disciplina política ser administrada por uma organização que se autointitula Partido Comunista.

Os defensores do socialismo insistem que este e o comunismo são coisas completamente diferentes e impossíveis de ser comparadas; são como maçãs autoritárias e laranjas democráticas. Isso é totalmente falso, como comprovam as próprias palavras dos socialistas e também o testemunho dos comunistas. Os comunistas mais ferrenhos da era moderna — os governantes da Rússia Soviética, da China Vermelha e da Coreia do Norte — frequentemente se referem a seus sistemas como "socialismo" e, mais especificamente, como "socialismo científico", o velho termo marxista. Os socialistas de hoje, quando estão com as guardas baixas (e geralmente quando conversam entre si), reconhecem que socialismo é socialismo e que, embora a questão da forma implementada não seja algo a desprezar (a vida sob o comando de Stalin era infinitamente pior que a vida na Inglaterra socialista dos anos 1970), trata-se mais de uma variação dentro da própria espécie, e não entre uma espécie e outra. Num artigo publicado em 2010 pela revista socialista *Dissident*, Michael Walzer escreveu:

> "Que socialismo?" Num passado não muito distante, quando Norberto Bobbio, teórico político italiano, levantou pela primeira vez a pergunta, essa era uma questão relativamente (ou assim parece hoje em dia) simples de ser respondida. Havia apenas duas opções: a versão do socialismo que prevalecera no que podemos pensar como o Longo Oriente, que se estendia da Coreia do Norte pela União Soviética até chegar à Albânia, e a versão aplicada no Curto Ocidente, da República de Bonn às Ilhas Britânicas.[5]

Alguns países praticam um socialismo limitado inserido no contexto de uma democracia liberal, sendo o Reino Unido pré-Thatcher um exemplo típico. Outros países possuem o que os livros escolares chamam de "economias mistas", com sistemas amplamente liberais de mercado livre existindo lado a lado com empresas de propriedade estatal ou administradas pelo Estado. Algumas nações são quase integralmente dependentes de uma única indústria socializada, como os emirados petrolíferos árabes e suas companhias de petróleo estatais. Em muitas democracias sociais da Europa Ocidental, os sistemas de saúde e algumas indústrias pesadas são empresas socialistas. Nos Estados Unidos, a educação, a agricultura e a saúde são, em níveis diversos, operados pelo Estado ou sujeitos a um planejamento central socialista por meio de regimes de regulação, subsídios e redistribuição. Este livro sustentará que é possível examinar o socialismo tanto em sistemas integralmente socialistas quanto em setores socializados das economias mistas, e que, em todos esses contextos, o socialismo exibe características consistentes.

**Uma comunista encontra a religião**

"Se entendesse o que é o comunismo, você torceria — rezaria de joelhos — para que um dia nos tornássemos comunistas."

Jane Fonda, discurso na Universidade de Michigan, 1970

Quais são essas características? Como podem programas tão diversos, como as fazendas coletivas da Coreia do Norte, os supermercados administrados pelo Estado da Venezuela, as empresas dirigidas pelo Estado na Índia e as escolas públicas americanas, serem classificadas como parte do mesmo tipo de sistema? E, se a definição de *socialismo* é assim tão flexível, como pode de fato significar alguma coisa?

Para responder a essas perguntas, precisamos levantar outra: o que é socialismo? Normalmente é difícil obter uma resposta honesta ou racional a essa questão.

Os socialistas idealistas ocidentais costumam afirmar que "socialismo" pode ser qualquer coisa, exceto o que os governos socialistas de verdade alcançaram no mundo real. É importante ter em mente que o socialismo não é um conjunto particular de condições políticas, mas um tipo específico de arranjo econômico. O socialismo não é idêntico às políticas esquerdistas nem está restrito à esquerda. Os diversos tipos de sistemas políticos que se desenvolveram com base em economias socialistas, do autoritarismo soviético à "Licença Raj" indiana, são, em grande parte, respostas a inadequações e contradições inerentes aos sistemas socialistas de produção e distribuição — sistemas que buscam ignorar ou subverter as leis da economia.

No entanto, assim como as leis da física ou da biologia, as leis da economia não podem ser colocadas de lado. As reações políticas às contradições econômicas do socialismo são inevitavelmente condicionadas pela cultura na qual o sistema socialista opera. O socialismo cubano jamais poderia se assemelhar ao da Índia, da Suécia ou do setor responsável pelas escolas públicas americanas. Mas, com um pouco de empenho e uma abordagem crítica apropriada, é possível distinguir, por exemplo, quais características do socialismo indiano são *socialistas* e quais são *indianas*, quais qualidades do sistema de escolas públicas dos Estados Unidos são inerentes à cultura do país e quais são derivadas de sua natureza socialista.

Para isso, precisaremos encontrar uma definição melhor para socialismo. Nosso modelo de socialismo terá duas partes principais: 1) a provisão pública de bens não públicos; 2) um planejamento econômico central.

Socialismo significa, entre outras coisas, usar órgãos políticos para fornecer bens e serviços que de outra forma seriam oferecidos de maneira privada no mercado. Em sua forma mais extrema, socialismo significa que o governo dirige a economia como um todo. Em suas expressões mais brandas, assume a forma de indústrias nacionalizadas (como a extração de cobre no Chile de Allende, o setor petroquímico e indústrias pesadas do Paquistão de Bhutto), propriedade ou direção estatal de empresas (como Mussolini com a Alfa Romeo ou o sistema ferroviário japonês), fornecimento direto de bens e serviços por parte do governo (o sistema de saúde britânico) ou administração estatal de atividades de mercado nominalmente privadas (subsídios agrários na França, Fannie Mae — o banco habitacional da Depressão — nos Estados Unidos).

Uma definição levemente mais técnica do socialismo é: *provisão pública de bens não públicos*. "Bens públicos" é um termo aberto, obviamente, e tem significados diferentes para pessoas diferentes.[6] Para os propósitos dessa argumentação, a expressão será usada em seu sentido econômico técnico: "bens públicos" não são coisas que fazem bem ao público ou coisas que o público deseja, mas coisas que, por sua natureza, não podem ser facilmente fornecidas pelo mercado livre, como a defesa nacional, a aplicação das leis e certos tipos de serviços públicos.

Toda ação governamental com fins de provisão pública de bens não públicos é um exemplo de socialismo, pelo menos num nível superficial. Mas esse tipo de socialismo é descrito melhor como "Estado de bem-estar social". Na prática, todos os governos modernos exercem algum tipo de provisão pública de bens não públicos e, por esse motivo, se encaixam no que podemos chamar de socialismo de base ou socialismo *ad hoc*. Isso não quer dizer que todo governo seja, ao pé da letra, socialista, ou que faria sentido descrever todos os governos que administram um sistema de educação pública ou autoestradas estatais como socialistas. Há questões de graus e de julgamento, e as respostas a tais questões variam de um caso para outro.

**A verdade é autoevidente**

"Um governo não pode controlar a economia sem controlar as pessoas. E os pais fundadores dos Estados Unidos sabiam que, quando um governo decide fazer isso, é necessário o uso de força e coerção para atingir seu objetivo."

Ronald Reagan, discurso "Tempo de Escolhas", 1964

O que distingue um Estado de bem-estar social ordinário de um sistema que pode e deve ser identificado como *socialista*? Além da provisão pública de bens não públicos, um segundo fator — planejamento econômico central — será crucial para identificar e compreender as diferenças entre o socialismo real e a abundância de políticas de bem-estar social tipicamente encontradas nas democracias liberais e formas correlatas de governo no Ocidente.

É importante compreender o seguinte: o socialismo, como o discutiremos, não é inteiramente sinônimo de Estado de bem-estar social. O socialismo não trata apenas da redistribuição de renda ou de riquezas por meio de programas de impostos e assistência governamental. Muitas vezes, o socialismo é descrito como um sistema que faz da caridade algo compulsório; no entanto, é muito mais (e, ao mesmo tempo, muito menos) que isso. Socialismo significa planejamento centralizado. Um programa de vales-alimentação é bem-estar social; fazendas e supermercados administrados pelo governo constituem socialismo. Subsídios para moradia oferecidos pelo governo são parte do bem-estar social; projetos de habitação administrados pelo governo fazem parte do socialismo. *Vouchers* escolares são bem-estar social; um sistema escolar administrado pelo governo é socialismo.

Todas as sociedades avançadas se ocupam de alguma forma de caridade, e, em praticamente toda sociedade avançada, parte dessas atividades beneficentes é efetuada por meio da máquina do Estado. Há muitas razões para isso, incluindo psicologia popular e interesses pessoais, mas, na maior parte, tais razões não têm a ver com eficiência ou capacidade de suprir efetivamente as necessidades dos pobres e vulneráveis. Um dos motivos pelos quais o Estado é usado de tal forma é a intenção de garantir pelo menos um nível mínimo de serviços. Isso, na realidade, não acontece, mas ajuda a criar uma ilusória "rede de segurança social". Esse sentimento de segurança, embora parcamente baseado na realidade, tem seu valor político.

Uma das linhas de argumentação realmente emocionais presentes na política de todas as sociedades avançadas é a questão da aversão ao risco. Pequenos empreendedores, empresários, profissionais autônomos, investidores profissionais e inovadores são menos avessos a riscos que a população em geral — quase por definição. Pessoas com alta aversão ao risco não começam seus próprios negócios; em vez disso, estão inclinadas a trabalhar para empresas estabelecidas ou, em muitos casos, para o governo, particularmente na área de educação. Tendem a trabalhar e confiar em grandes instituições. Essa população avessa a riscos se torna um lar natural para o socialismo no mundo desenvolvido, particularmente nos Estados Unidos e em outros países de língua inglesa.

Pessoas altamente avessas a riscos estão dispostas a trocar uma parcela de eficiência, inovação e progresso por segurança. Por exemplo, americanos avessos a riscos preferem os retornos baixos e garantidos do sistema de previdência social (que na verdade, para a maioria dos homens negros e outros americanos de vidas menos longas, se trata de *perdas* garantidas) aos altos retornos e riscos administráveis de poupanças e investimentos privados. Preferem a mediocridade garantida do sistema escolar estatal à possibilidade de que um sistema amplamente privado possa servir de maneira deficiente a alguns alunos. No debate recente sobre a reforma do sistema de saúde americano, muitos dos progressistas bem-informados e inteligentes compreenderam que um maior envolvimento governamental no sistema levaria a perdas em eficiência, inovação e qualidade, mas estavam dispostos a aceitá-las em troca de acesso garantido à assistência médica, mesmo que fosse de qualidade inferior.

No entanto, dificilmente se encontrará um empresário que acredite que a previdência social é uma forma melhor de organizar a aposentadoria dos americanos do que uma conta de investimentos privados. Do mesmo modo, provavelmente não encontrará um professor de escola pública que pense o contrário. Essa é a psicologia secreta do socialismo nas sociedades avançadas.

Diferentemente da Europa do século XIX ou da Ásia do século XX, não é o fervor revolucionário que dá base ao movimento rumo ao socialismo no mundo avançado — na realidade, é o contrário: a aversão a riscos. O calcanhar de Aquiles do socialismo é que a organização política de determinada atividade não elimina de fato os riscos nem os reduz de modo confiável e previsível. Até o momento em que o presente texto foi escrito, o sistema de previdência social dos Estados Unidos está a alguns trilhões de dólares de ter os fundos necessários para pagar os benefícios supostamente garantidos por ele, e é quase certo que uma combinação de aumento de impostos, comprovações de meios e reduções de benefícios resultará em milhões de americanos que não receberão o que lhes foi prometido. Em outras palavras, a garantia estatal de benefícios não é garantia alguma.

**Mantendo viva a esperança**

"Por meio de suas próprias lutas internas, o Partido Socialista se esvaiu para sempre e contribuiu para reduzir o radicalismo trabalhista em Nova York a uma posição de marginalidade e insignificância, da qual jamais se recuperou. É uma história triste e também punitiva para aqueles que, mais de meio século depois do declínio do socialismo, ainda almejam mudar os Estados Unidos. Muitas vezes os radicais sucumbiram à tentação devastadora do sectarismo; afinal, é mais fácil combater um companheiro do que batalhar contra um inimigo poderoso e inveterado. Mesmo assim, se há algo que a história de Nova York mostra é que os radicais americanos não podem deixar que eles mesmos se transformem em seus piores inimigos. Na união está a sua única esperança."

Trabalho final de graduação em Princeton de Elena Kagan, nomeada pelo presidente Obama para a Suprema Corte de Justiça dos Estados Unidos, *New Yorker*, 4 de junho de 2010

De maneira semelhante, o defeituoso sistema de escolas públicas não garante que os estudantes pobres e pertencentes às minorias escaparão de um fardo que os deixará em desvantagem por toda a vida: ter recebido uma educação de baixa qualidade a um custo exorbitante. Pelo contrário, garante que a grande maioria desses alunos será privada das oportunidades educacionais de que goza a classe média branca. (E *pagarão* um preço maior também por sua "educação pública gratuita": a política de impostos federais subsidia generosamente a aquisição de imóveis para os americanos da classe média, contrabalançando os modestos impostos sobre propriedades a ela vinculados. Por outro lado, os pobres tendem a viver em habitações alugadas, lutando para pagar aluguéis inflacionados pelos índices reais de taxação mais altos aplicados a apartamentos e outros bens imóveis.)

O planejamento centralizado socialista sempre funciona melhor para a classe de onde saem os planejadores, que podem se assegurar de que seus interesses pessoais sejam relativamente bem-servidos. É por esse motivo que o socialismo estadunidense é um fenômeno da classe média, e não da classe operária. Trata-se também, ao contrário da versão hollywoodiana da política americana, de um fenômeno corporativo; os Grandes Negócios são amigos de confiança dos regimes de planejamento centralizado, já que essas empresas acreditam, acertadamente, que poderão usar o aparato do planejamento para seus próprios interesses. Isso acontece, por exemplo, ao aplicar pesadas cargas reguladoras para evitar que novos competidores entrem em suas áreas de mercado.

E ainda assim o socialismo mantém certa atração, ainda que nos Estados Unidos e em outros países geralmente seja forçado a adotar outros nomes: liberalismo, progressivismo, "colocar as pessoas acima do lucro" etc.

## O plano: o alfa e o ômega do socialismo

Além da aversão ao risco, outra grande fonte de sustentação ideológica do socialismo, raramente mencionada em público, é também psicológica: usar o aparato do Estado para forçar a caridade oferece a satisfação prazerosa do exercício da virtude — sem qualquer um de seus custos. É por isso que os socialistas tanto se gabam de seu comprometimento com os pobres — um comprometimento teórico cujos frutos práticos dificilmente são vistos nos regimes socialistas com experiências documentadas pelo mundo. É também esse o motivo por que os socialistas combinam o socialismo ao Estado de bem-estar social e simples impulsos beneficentes. Segundo afirma o escritor e editor Roger Kimball na revista *The New Criterion*:

> Socialismo é o otimismo traduzido num programa político... O socialismo é também o altruísmo considerado doutrina: a *emoção* gratificante do altruísmo, vivida alternadamente como ressentimento contra os outros e satisfação consigo. A filosofia de Rousseau, elevando o que ele chamava de sensação "indescritivelmente doce" da virtude a uma obrigatoriedade política, é o socialismo *in ovo*. "O homem nasce livre", foram as palavras famosas de Rousseau, "mas por todas as partes vive acorrentado". Esse enigma de arrepiar — arrebatador demais para ser corrigido pela simples experiência — é o motor fundamental do socialismo. E esse motor é abastecido pelo seguinte corolário: que as pessoas inexplicavelmente conspiram para perpetuar sua própria servidão e devem assim, na expressão agourenta de Rousseau, "ser forçadas a se libertar".
>
> [...] O socialista finge ter vislumbrado o paraíso na Terra. Aqueles que recusam o convite para abraçar tal visão não são apenas ingratos: são também traidores à causa da perfeição humana. A dissidência não é uma simples divergência de opiniões, mas sim traição. E tal traição não é confrontada com argumentos, mas (se as circunstâncias permitirem) com a guilhotina, com o campo de concentração, com o expurgo.[7]

Kimball está cirurgicamente correto no que diz respeito ao *pathos* socialista, ainda que sua argumentação pouco tenha a ver com o modo de operação real do programa socialista. Por sua natureza, a prática de caridade forçada pelo governo é obviamente coercitiva; o uso do Estado para pôr em prática a redistribuição de renda, riquezas e outros bens é algo moral e economicamente complicado. Mas não é o suficiente, por si só, para constituir o socialismo. É o planejamento centralizado, e não a simples redistribuição, a característica que define o socialismo, no qual o plano é tudo. A presença do plano e a outorga de poderes aos PLANEJADORES é para o socialismo o que os sacramentos eucarísticos são para os cristãos, o que a Lei Mosaica é para os judeus, o que a iluminação é para os budistas: é a expressão fundamental do que é bom e verdadeiro.

Quando o plano entra em conflito com o desejo de redistribuir a renda ou de subsidiar os pobres e a classe operária, o plano sempre prevalece. Até Mikhail Gorbachev, um socialista ferrenho que acreditava poder salvar a União Soviética por meio de suas reformas, desistiu da ideia de igualar salários quando percebeu que na prática ela interferia na condição das autoridades centrais de implementar o plano. "O nivelamento dos salários", discursou Gorbachev diante do Comitê Central Soviético, em 1988, "possui um impacto destrutivo não apenas na economia, mas também na moralidade do povo e em suas maneiras de pensar e agir. Ele diminui o prestígio de atividades conscienciosas e criativas, enfraquece a disciplina, destrói o interesse no aperfeiçoamento de capacidades e é prejudicial ao espírito competitivo do trabalho. Devemos ser diretos ao dizer que o nivelamento de salários é um reflexo das visões pequeno-burguesas que nada têm em comum com o marxismo-leninismo ou com o socialismo científico."[8] Tais ideias poderiam muito bem ser ouvidas no almoço anual de qualquer Câmara de Comércio americana — exceto pela parte do socialismo científico.

O que Gorbachev deixou claro — e o que muitos críticos do socialismo teimam em não entender — é que, do ponto de vista dos socialistas, o necessário não é uma política econômica igualitária, mas sim um controle por parte do governo. Tal controle não precisa ser aplicado em âmbito nacional ou imposto por uma ditadura de partido único, como a chinesa ou a soviética. A direção estatal pode ser feita em diversos níveis e assumir muitas formas, como as nacionalizações venezuelanas, os cartéis de Franklin Delano Roosevelt e o regime de controle de salários e preços de Richard Nixon. Por anos, os socialistas americanos vêm buscando usar o sistema Medicare/Medicaid para impor um controle sobre os preços praticados por indústrias farmacêuticas e outros prestadores de serviços médicos — e a legislação de 2010, conhecida como ObamaCare, hoje prepara o solo para que logo tenham o poder para fazê-lo. Stalin defendia o "socialismo num só país", enquanto os progressistas americanos defendem o socialismo numa só indústria — ou uma só indústria por vez.

A experiência moderna sugere que o economista Ludwig von Mises estava apenas parcialmente correto quando escreveu: "O Estado socialista é proprietário de todos os fatores materiais de produção e, por isso, a controla."[9] Tal fato valia para os poderes únicos e autoritários daqueles tempos. Nos dias de hoje, uma descrição mais precisa do verdadeiro arranjo econômico seria: no socialismo, o Estado controla os fatores materiais *como se fossem de sua propriedade*. O Estado não precisa de fato ter fábricas, minas ou centros de processamento de dados, uma vez que possui o poder de decretar, nos mínimos detalhes, como os negócios devem ser conduzidos em tais atividades. A regulamentação serve como uma procuração para a propriedade direta dos meios de produção por parte do Estado.

Mesmo em suas formas modernas mais dispersas, o planejamento centralizado socialista é facilmente identificado por meio de uma característica difícil de passar despercebida: o fracasso. O socialismo sempre causa disfunções econômicas quando aplicado em âmbito nacional (União Soviética, China, Índia, Chile, Vietnã), quando aplicado sob formas modificadas em economias mistas (indústrias nacionalizadas da Grã-Bretanha no pós-guerra) e quando aplicado em setores particulares em economias amplamente capitalistas (programas nacionais de saúde). Bolsões de socialismo encontrados em países amplamente liberais podem ser classificados *como socialismo*, independentemente de operarem num contexto amplamente não socialista, assim como as limitadas atividades de mercado livre permitidas na Rússia soviética ou na China de Deng Xiaoping podem ser consideradas iniciativas capitalistas. As falhas econômicas do socialismo surgem de defeitos bem-conhecidos presentes em sua própria forma de organização; tais falhas não dependem de inteligência, de boa vontade ou de caráter moral daqueles que tentam implementar um sistema socialista, embora, em muitos casos, falhas humanas ligadas à corrupção tenham amplificado os problemas inerentes ao socialismo.

Os principais defeitos do socialismo são: a incapacidade daqueles a quem cabem as decisões políticas de tomar decisões racionais sem as informações fornecidas por valores gerados pelas transações do mercado; o desalinhamento de incentivos e recursos; e a subjugação das necessidades econômicas a mandatos políticos sem qualquer base na realidade econômica material. É essa última, acima de todas as outras, que faz do socialismo algo perigoso. Como defendeu F.A. Hayek, colega de Mises, em *O caminho da servidão*, os planejadores centrais, frustrados por sua incapacidade de moldar a economia às suas vontades, inevitavelmente são tentados a passar por cima dos direitos e dos interesses daqueles a quem deveriam servir. Às vezes, isso tudo assume a forma relativamente inofensiva de oficiais arrogantes do sistema de saúde público canadense se recusando a prestar serviços ou dificultando o acesso à assistência médica; outras vezes, assume uma das diversas formas exploradas com horrendo vigor por Kim Jong-il.

O diagnóstico de Hayek, frequentemente mal-interpretado e exagerado, não é perfeito, mas ele estava certo ao dizer que existe um caminho ligando às várias permutações do planejamento estatal; em outras palavras, as laranjas apodrecendo na Califórnia, o leite estragado na Venezuela, as depredações insignificantes da Licença Raj na Índia e os expurgos de Castro e Kim são paradas no caminho da servidão.

## Capítulo 2

# SIM, O "VERDADEIRO SOCIALISMO" JÁ FOI TESTADO — E FRACASSOU

**Você sabia?**

- O socialismo, em sua teoria, é tão falho quanto o socialismo na prática
- As disfunções do socialismo brotam, em parte, da moralização sugerida por Marx
- O capitalismo coloca mais fé nas pessoas comuns que o socialismo

"O verdadeiro socialismo jamais foi testado." Esse é um argumento recorrente utilizado pelos defensores do socialismo, ainda que seja mais um artifício amador. As deficiências do socialismo praticado no mundo real — deficiências que vão dos montes de laranjas na Califórnia aos montes de crânios empilhados por Pol Pot no Camboja — são descartadas como desvios do "socialismo real". Essa linha de argumentação pode ser reafirmada da seguinte maneira: "A versão ideal do meu sistema é preferível à versão não ideal do seu sistema."

Obviamente, é verdade que uma versão ideal, pura, não diluída e não corrompida do Estado socialista jamais existiu, assim como uma expressão completamente irrestrita e perfeitamente competitiva do capitalismo. Nunca houve uma república constitucional, uma democracia liberal ou um Estado administrativo tecnocrata ideais. Ideais não existem; o sentido literal da palavra *utopia* é "não lugar". As utopias existem apenas na imaginação de idealistas políticos e estudantes de ciência política chapados.

Uma variação desse tema é o argumento que diz: "O socialismo é ótimo na teoria, mas não funciona na prática." O socialismo é ótimo na teoria? Se é tão bom assim, por que seus resultados são sempre uma decepção? Na realidade, a teoria por trás do socialismo é bastante falha: é intelectualmente limitada, desumana e altamente irracional, fracassando em reconhecer como funciona o conhecimento numa sociedade. O socialismo teórico é tão ruim quanto aquele aplicado na prática, desde o momento em que se compreende sua teoria e se deixa de confundi-lo com o impulso natural e humano de fazer caridade.

Comparar o ideal socialista ao capitalista é um exercício de frivolidade intelectual. O que podemos fazer, no entanto, é examinar como o socialismo foi empregado no mundo real. Fazer isso significa operar sob a teoria radical de que *o socialismo é o que o socialismo faz,* não o que os socialistas gostariam que fosse. Mas a ideia de que URSS, Cuba, Venezuela, Vietnã, China e outros tenham fracassado com o socialismo — não que o socialismo tenha fracassado com eles — persiste, e em níveis relativamente elevados do discurso intelectual, como na vergonhosa defesa do genocida Khmer Rouge pelo padroeiro da esquerda, Noam Chomsky.

Entretanto, ela existe também em níveis mais baixos de discurso, e talvez seja nesse aspecto que provoque mais danos. Considere este diálogo reconhecidamente simplório, mas completamente típico, de uma discussão *on-line*: "Que fique o registro — o comunismo nunca existiu, nem por um só dia. Hoje só podemos julgar sua ideia. A URSS tentou construir o comunismo, mas fracassou. A China ainda está seguindo seu caminho. O comunismo é uma utopia — todas as pessoas são iguais, não há dinheiro, todos recebem apenas aquilo de que precisam."[1] Essa fala foi seguida por: "O comunismo, na teoria, é ótimo. Na prática, não funciona."[2] Outras observações incluíam: "Sim, a maior parte das experiências com o comunismo fracassou; no entanto, isso não se deu por causa de uma falha fundamental da teoria, mas sim por falhas na implementação."[3] E: "Obviamente, o comunismo absoluto não funciona. Nem o capitalismo absoluto. Entretanto, em termos de direção e ideais, o primeiro possibilita à esmagadora maioria melhores condições de vida. Veja Venezuela, Cuba e boa parte da Europa. Esses países nem se aproximam dos problemas de disparidade e lutas de classe que os capitalistas ferrenhos apresentam. O sistema oferece às massas uma situação melhor e mais feliz, em vez de permitir a alguns poucos uma riqueza inata, passada de geração para geração."[4]

É essa a atração juvenil do socialismo, mas não devemos nos limitar aos jovens em si. Uma quantidade extraordinária de líderes nacionais, entre os quais alguns dos cidadãos mais cultos do mundo, caiu no conto do planejamento centralizado. No Ocidente, isso contribuiu para uma estagnação econômica e uma calcificação política. No Terceiro Mundo, levou à tragédia absoluta. Como afirma o ex-secretário de Estado Zbigniew Brzezenski no livro *O grande fracasso*:

> De modos diversos, os novos governos de grandes países como Índia e Indonésia e dos novos Estados africanos adotaram alguma forma de socialismo estatal como norma, embora em cada caso tenham afirmado que o estavam mesclando a suas próprias culturas nacionais. O líder do novo Estado de Guiné, na África Ocidental, Sékou Touré, em resposta ao líder soviético Nikita Kruschev, expressou tal idealismo ao declarar: "O marxismo que serviu para mobilizar as populações africanas e, em particular, a classe operária foi amputado de suas características que não correspondiam às realidades africanas." Mesmo assim, os novos líderes consideraram o apoio soviético útil e mostraram-se inclinados a flertar com as doutrinas propagadas pelos soviéticos, especialmente por motivos políticos. Foram particularmente atraídos pelas técnicas leninistas de tomada e manutenção do poder, e o conceito de um governo disciplinado e hierárquico era algo que convinha à nova geração de chefes de Estado.
>
> [...] Em 1970, inúmeros países africanos abraçaram o marxismo como sua doutrina e proclamaram seu comprometimento com a missão de construir o socialismo. Seis deles — Angola, Moçambique, Madagascar, Congo, Benin e Etiópia — chegaram até a adotar o marxismo-leninismo como linha de ação e afirmaram sua lealdade aos traços gerais da experiência soviética na construção do socialismo. Nove outros — Argélia, Líbia, Cabo Verde, Guiné-Bissau, Guiné, São Tomé e Príncipe, Zâmbia, Tanzânia e Seicheles — tornaram-se regimes socialistas autodeclarados, ainda que destacassem a centralidade de suas próprias condições nacionais na implementação real dos objetivos socialistas e evitassem qualquer identificação explícita com o leninismo. Todos, porém, elevaram o Estado à condição de órgão central das mudanças socioeconômicas.[5]

**Crime e castigo num paraíso operário**

"O governo cubano afirma não deter prisioneiros políticos. Os números fornecidos por agências de direitos humanos — estimados em quinhentos mil desde 1959, tendo milhares sido executados — contam uma história diferente. Na Cuba de Fidel Castro, é considerado crime se reunir para discutir a economia, escrever cartas ao governo, relatar acontecimentos políticos, falar com repórteres internacionais, advogar em prol dos direitos humanos e visitar amigos ou parentes fora de sua área local de residência sem permissão do governo. Cubanos são presos sem mandados e processados por 'falhar em denunciar' outros cidadãos, por 'periculosidade' geral e, caso algum delito não se encontre entre os artigos desse código criminal, por 'outros atos contra a segurança do Estado.'

Os cubanos considerados culpados por esse sistema de justiça criminal — e raramente há dúvida quanto a isso — normalmente cumprem de dez a vinte anos de cadeia por crimes políticos. Mas a maioria dos criminosos cubanos não é política. Uma grande parcela dos criminosos comuns, estimados entre 180 mil e 200 mil, espalhados pelas quinhentas prisões de Cuba, é formada por pessoas que infringiram a lei ao matar seus próprios porcos, bois e cavalos e depois vender a carne excedente no mercado negro."

Larry Solomon, *National Post*, maio de 2003

Obviamente, nosso comentarista virtual anônimo, elogiando as maravilhas de Cuba e da Venezuela, não estaria disposto a lidar com casos perdidos, como Etiópia e Congo. Mas o Congo seria um alvo fácil para os detratores do socialismo. Façamos uma cortesia ao comentarista e vejamos os casos que ele julga como bons exemplos de socialismo: o modelo cubano-venezuelano e os cantos mais socialistas da Europa. Há algo de interessante em suas observações. (Não muito, e não o que ele pensa, mas ainda assim há algo.) Examinemos os modelos variados de socialismo pelo mundo e os países por eles representados. Vejamos seus problemas de prosperidade, disparidade e lutas de classes, comparando-os a países mais capitalistas. E, acima de tudo, vejamos, como sugere o comentarista, as direções e os ideais colocados em prática. Na verdade, comecemos com eles.

## Karl Marx, Lady Gaga e a teoria do valor-trabalho

No cerne da diferença entre capitalismo e socialismo está uma questão sobre o cálculo do valor econômico. Numa economia de mercado livre, os valores econômicos são estabelecidos economicamente; isto é, um produto vale o preço pelo qual você pode vendê-lo no mercado. Os seguidores de Ayn Rand, que estão entre os mais ferrenhos defensores do capitalismo em todo o mundo, chamam a si próprios de "objetivistas". Na verdade, porém, o capitalismo assume um *subjetivismo* radical no mercado. O valor econômico objetivo e real das coisas equivale ao modo como as pessoas as valorizam subjetivamente.

Podemos debater sobre quem, entre Lady Gaga e J.S. Bach, é o melhor compositor musical (tudo bem, *não podemos*, mas deixemos isso de lado por enquanto), mas é indiscutível que, na primeira década do vigésimo primeiro século, a srta. Gaga alcançou uma parcela de mercado maior que a do sr. Bach. Da mesma forma que atrizes pornográficas podem receber salários superiores aos de professores de filosofia. Os consumidores podem ter mau gosto, podem ter preferências imorais, mas seus interesses são o que são e o mercado nos permite compreendê-los.

Veja pela seguinte óptica: um cirurgião renomado não ganha bem por causa de sua inteligência, sua capacidade ou sua educação dispendiosa, por mais importantes que essas sejam. Ele recebe um salário alto porque os serviços que presta são altamente valorizados por aqueles que os desejam, seja ele um neurocirurgião salvando uma vida ou um cirurgião plástico retorcendo algum nariz em Beverly Hills. O trabalho de um cirurgião pode ser, em certo sentido, mais importante socialmente que o de um jogador de basquete profissional ou o de uma estrela pop. Pode ser socialmente menos importante que o trabalho de um padre ou de um professor. Mas o motivo pelo qual o salário médio de um cirurgião é mais alto que o de um padre ou de um professor e mais baixo que o de um armador da NBA ou uma princesa da música nada tem a ver com qualquer característica ou qualidade objetiva de seu trabalho. Nada tem a ver com o valor moral de seu trabalho: paga-se tão bem por implantes de silicone quanto pelo tratamento de crianças com câncer. Em outras palavras, a abordagem capitalista é responder a questões econômicas *economicamente*. Essa teoria não é normativa; ela não avalia se as pessoas *devem* valorizar bens e serviços do jeito que o fazem.

O socialismo difere do capitalismo precisamente nessa questão. Ele procura dar aos processos profundos e fundamentais da economia — o estabelecimento de preços — um sentido moral. De fato, métodos normativos e moralistas para calcular valores econômicos são uma obsessão para socialistas e outros pensadores utópicos há mais de um século. É uma das maiores ironias da história que os capitalistas tenham construído sociedades decentes e humanas com base em uma abordagem amoral da política econômica de implementação de preços, enquanto os socialistas construíram sociedades exploradoras e desumanas com base em uma abordagem moralmente inflamada da economia. De todas essas abordagens normativas em relação a preços e salários, a mais conhecida vem do pai do socialismo, Karl Marx, e sua chamada "teoria do valor-trabalho".

Em linhas gerais, Marx sustenta que o valor real de um produto é medido pelo trabalho necessário para produzi-lo, independentemente do preço de mercado ou do valor de outros custos materiais. Se é necessário o dobro de trabalho para produzir um "produto A" do que para produzir um "produto B", então, para Marx, em termos econômicos reais o "produto A" vale duas vezes mais que o "produto B". "O que determina a grandeza do valor de um artigo", escreveu ele em *O capital*, "é a quantidade de trabalho socialmente necessária ou o tempo de trabalho socialmente necessário para sua produção."[6] A análise de Marx é moralmente normativa ao afirmar que, uma vez que o trabalho é a medida de valor, os salários devem equivaler ao preço do produto. A mera existência do lucro — acrescentando valor econômico sobre um produto, além do que recebem os operários — era, para Marx, prova de que o capitalismo explorava os trabalhadores. Algo indistinguível de um roubo declarado.

**Piadas: a única coisa que o comunismo produz em abundância**

Um cidadão pobre e faminto da Coreia do Norte decide protestar em frente à residência oficial de Kim Jong-il. Do lado de fora do portão, grita: "Não temos comida! Não temos eletricidade! Não temos água! Não temos nada!"

Naturalmente, o sujeito é detido pela gestapo local, que o leva a uma das muitas masmorras policiais de Pyongyang e o interroga. Quando terminam, decidem pregar-lhe um susto e o amarram a uma cadeira, apontando uma arma contra sua cabeça. Ele não sabe, mas as balas são de festim. O policial puxa o gatilho — BANG! — e diz: "Que isto lhe sirva de lição." O dissidente responde: "Não temos comida! Não temos eletricidade! Não temos balas! Nada!"

Marx não era completamente simplista e deixou espaço para o fato de que alguns tipos de trabalho valem mais que outros. (Marx, deve-se dizer, às vezes é vago e confuso; é possível interpretar de diversas maneiras algumas passagens conflituosas e inconsistentes em sua obra. Uma pessoa pode citar Marx em qualquer tipo de situação, assim como se pode fazer com as Escrituras.) Ele escreve em *A pobreza da filosofia*:

> O tempo de trabalho, como medida de valor, supõe ao menos que os dias sejam *equivalentes* e que o dia de um homem tenha o mesmo valor que o de outro? Não.
>
> Suponhamos por um instante que um dia de um joalheiro seja equivalente a três dias de um tecelão; ainda assim, qualquer mudança no valor de joias em relação ao valor de artigos de tecelagem, exceto quando resultado transitório da flutuação de oferta e demanda, deve ter como causa uma redução ou um aumento no tempo de trabalho empregado na produção de um ou do outro. Se três dias de labuta de diferentes trabalhadores são relacionados na proporção 1:2:3, uma mudança no valor relativo de seus produtos será uma mudança na mesma proporção de 1:2:3. Dessa forma, o valor pode ser medido pelo tempo de trabalho, apesar da desigualdade de valor de diferentes dias de trabalho.[7]

Entendeu? Ótimo. Adam Smith, visto no imaginário popular como o antimarxista supremo, elaborou sua própria versão para a teoria de valor-trabalho, explicando a questão de maneira levemente diversa em *A riqueza das nações*:

> Embora o trabalho seja a medida real do valor de troca de todas as mercadorias, não é por ele que seu valor normalmente é estimado. Por vezes é difícil determinar a proporção entre duas quantidades diferentes de trabalho. O tempo gasto em dois tipos de atividade diferentes, por si só, não pode determinar tal proporção. Os diferentes níveis de dificuldade e habilidade também devem ser levados em consideração. Pode haver mais trabalho numa hora de uma atividade difícil do que em duas de outra mais simples; ou no emprego de uma hora em um ofício que leva dez anos para ser aprendido do que num mês de trabalho em um emprego simples e óbvio. Não é fácil, entretanto, encontrar uma medida precisa, seja para dificuldade ou habilidade. De fato, ao

trocar as diferentes produções de diferentes tipos de trabalho uma pela outra, certa tolerância geralmente é concedida a ambas. O ajuste, no entanto, não é feito por uma medida precisa, mas por meio de barganhas no mercado, seguindo aquele tipo de equivalência aproximada que, embora não exata, é suficiente para levar adiante o comércio da vida comum.[8]

Aqui começamos a entender o sabor moral verdadeiro do socialismo. Adam Smith, um liberal clássico, criou uma escola de economia que levava em consideração os erros, as fraquezas e as deficiências humanas. Esquivando-se de qualquer ideologia rígida, colocava fé em "barganhas no mercado" — o que significa fé nas pessoas — e mostrava-se satisfeito com um sistema que, apesar de suas imperfeições, é "suficiente para levar adiante o comércio da vida comum".

Já o socialismo, por outro lado, tornou-se um credo de revolucionários, mantendo suas características radicais até os dias de hoje, quando o sonho de uma revolução socialista mundial é tão capenga e desbotado quanto uma camiseta suada com o rosto de Che Guevara. A ideia de dizer "Ei, vamos pegar uma AK-47 e resolver o problema" está sempre no ar. Não começou com Marx, mas ele a tornou ortodoxa, e seus escritos são repletos de ódio e moralismo puritano. Sua crítica ao liberalismo não é apenas econômica, mas também moral, com tons inflamados: "O capital é o trabalho morto, sobrevivendo, tal qual um vampiro, de sugar o trabalho vivo, e, quanto mais viver, mais trabalho sugará."[9] No que diz respeito à filosofia, Marx escreveu: "A questão não é simplesmente compreender o mundo, mas mudá-lo."[10]

A questão de como estabelecemos preços e salários pode ser considerada, em certo nível, trivial, mas é a pedra fundamental do socialismo. Quando um planejador central socialista recebe poderes para ir ao mercado e começa a ditar regras — afirmando que o valor de "X" é diferente do que concordaram o produtor e o consumidor de "X", e que o mundo deve se curvar àquele julgamento —, surge uma lista infindável de problemas políticos e questões. A primeira delas é a seguinte: se os preços não forem estabelecidos pelo mercado, quem os estabelecerá? E como nossos novos legisladores poderiam estimá-los? Esse é o tema do nosso próximo capítulo.

**...E boa noite, Liberdade**

Juntos,
Podemos tomar tudo:
Fábricas, arsenais, casas, navios,
Ferrovias, florestas, campos, pomares
E entregá-los às pessoas que trabalham.
Governá-los e administrá-los para nós, pessoas que trabalham.
— Langston Hughes, "Bom dia, revolução"

Capítulo 3

# O PREÇO DE ESTAR ERRADO: SOCIALISMO E O GRANDE DEBATE SOBRE CÁLCULO

**Você sabia?**

- O socialismo é um parasita intelectual do capitalismo
- O planejamento racional, na amplitude que requer o socialismo, é impossível
- "Preço socialista" é um paradoxo

A atitude de Marx em relação à economia é vigorosamente moral, e as reações ao socialismo também são vigorosamente morais. Mas a objeção mais importante ao socialismo é técnica, não moral. Ainda que as restrições morais ao socialismo sejam bastante fortes — e essas serão discutidas posteriormente neste livro —, seu golpe fatal foi desferido em 1920 por Ludwig Von Mises, tendo por base a questão relativamente direta e técnica do uso e da natureza dos preços numa economia.

Como sabemos por meio de nossa discussão sobre a teoria do valor-trabalho, os socialistas de inclinação marxista afirmam que os preços são, em determinado nível, *objetivos*. Em parte, trata-se de um fruto do pretexto socialista de ser um sistema científico que pode compreender e organizar a sociedade. Uma vez que os valores econômicos estão em fluxo constante — como sabem todos aqueles que seguem o mercado de ações ou observam a flutuação de preços no supermercado local —, o planejamento centralizado é algo impossível. Para neutralizar essa crítica, o socialismo pressupõe que valores econômicos são fixos e reconhecíveis. Para o socialista, um produto tem determinado valor, e é moralmente imperativo que o trabalhador seja compensado no mesmo nível do valor daquilo que produziu.

Sob a óptica do socialismo, os preços são endógenos, um aspecto do próprio produto, refletindo a matéria-prima, os recursos, o tempo, o conhecimento e — acima de tudo — a mão de obra empregada em sua criação. No entanto, para Mises — e praticamente para todos os economistas modernos — os preços são exógenos, refletindo apenas o modo como as pessoas valorizam determinado produto. Isso pode parecer uma simplificação exagerada — um produto vale apenas o preço pelo qual se consegue vendê-lo —, mas na prática o subjetivismo radical de Mises oferece um modelo infinitamente mais rico e cheio de nuances de estipulação de preços — e, consequentemente, de ação humana — do que faz o estático modelo marxista. Isso porque o modelo de Mises não pergunta somente "Quanto vale?", mas sim "Quanto vale? Para quem? Em que momento? Em que contexto? Em relação a que outros produtos?".

Mises não só rejeitou a teoria de estabelecimento de preços elaborada por Marx, mas deu um passo adiante e sustentou que a falta de preços de mercado reais numa economia socialista tornaria *impossível* o cálculo econômico. Segundo Mises, se definirmos o socialismo como um planejamento econômico centralizado conduzido de acordo com um cálculo econômico racional, aquele se torna não só impraticável, mas irrealizável. Isso significa que *o socialismo é impossível,* uma vez que, sem preços, não pode haver cálculo econômico e, consequentemente, não pode haver um planejamento econômico no sentido real da expressão. Tendo em vista que os poderes socialistas da época de Mises — entre eles destacava-se a União Soviética — ocuparam-se de cálculos econômicos, isso só foi possível porque os preços eram calculados nas economias capitalistas.

O socialismo, afirmava Mises, não era apenas um parasita material e econômico amparado pela prosperidade capitalista, mas também um parasita intelectual. Em outras palavras, o socialismo precisava que o capitalismo pensasse por ele. Como descreve Mises em seu magistral livro *Socialismo*:

> O problema do cálculo econômico é o problema fundamental do socialismo. O fato de que as pessoas puderam escrever e debater o socialismo por décadas sem mencionar tal problema apenas demonstra quão devastadores foram os efeitos da proibição marxista em relação a um escrutínio científico sobre a natureza e os mecanismos de uma economia socialista.

Provar que o cálculo econômico seria impossível numa comunidade socialista é também provar que o socialismo é impraticável. Tudo o que foi apresentado em favor do socialismo durante os últimos cem anos, em milhares de textos e discursos, todo o sangue derramado por seus defensores, não é suficiente para fazer com que o socialismo funcione. As massas podem desejá-lo ardentemente, guerras e revoluções incontáveis podem ser feitas em seu nome, mas ainda assim jamais será algo realizável. Toda e qualquer tentativa de colocá-lo em prática levará ao sindicalismo ou, tomando outro rumo, ao caos, que rapidamente dissolverá a sociedade, baseada na divisão de trabalho, em minúsculos grupos autárquicos.

A tentativa dos bolcheviques russos de transferir o socialismo de um programa de partido para a vida real não deparou com o problema do cálculo econômico dentro de um regime socialista, uma vez que as repúblicas soviéticas existiam num mundo que estabelece preços para todos os meios de produção. Os governantes dessas repúblicas usam tais preços como base para os cálculos com base nos quais tomam suas decisões. Sem isso, suas medidas não teriam um sentido ou um planejamento. Somente ao recorrerem a esse sistema de preços conseguem calcular, manter a contabilidade em dia e estabelecer seus planos.

Sabemos que as empresas socialistas em ramos únicos de produção podem ser colocadas em prática apenas graças ao suporte que recebem do meio não socialista. O Estado e os municípios podem levar adiante suas próprias iniciativas, pois os impostos que as empresas capitalistas pagam cobrem suas perdas. De maneira similar, a Rússia — que, se fosse deixada a seus próprios cuidados, teria há muito entrado em colapso — foi sustentada pelas finanças dos países capitalistas. Incomparavelmente mais importante que essa assistência material, no entanto, foi a assistência mental que recebeu. Sem a base para o cálculo que o capitalismo coloca à disposição do socialismo, sob a forma de preços de mercado, as empresas socialistas jamais poderiam seguir adiante, nem dentro de ramos únicos de produção ou em países isolados.[1]

Os pensadores socialistas interpretam mal o papel do preço. Este não é uma medida do esforço aplicado para obter determinado produto. Em vez disso, trata-se de uma espécie de interface epistemológica, que facilita a troca de informação sobre o que produzem os produtores e o que consomem os consumidores, o que querem produzir os produtores e o que querem consumir os consumidores.

## Leite: faz bem à economia

Peguemos um exemplo simples: o leite. Imagine o que seria necessário, em termos de informações, para colocar em prática um sistema socialista de distribuição de leite nos Estados Unidos. Algumas pessoas, como os veganos e os intolerantes a lactose, não o consomem. Há outros lares, porém, que consomem grandes quantidades: aqueles com um número grande de crianças, aqueles onde o líquido e seus derivados são usados com frequência para cozinhar etc. Outros podem variar seu consumo: em julho, quando o tempo é quente e úmido, a família pode dar preferência a limonadas, mas, em agosto, pode consumir quantidades maiores de leite caso decida preparar sorvete caseiro para uma reunião com os parentes.

Além do cálculo das quantidades, existem outras questões a serem respondidas: integral ou desnatado, 1% ou 2%? Você prefere o leite orgânico, mais caro, ou aquele mais barato, produzido em fábricas? Caso prefira o primeiro, quanto mais estaria disposto a pagar por ele? E quanto ao leite de soja? Ou ao leite achocolatado? E a deliciosa guloseima que os alemães da Pensilvânia chamam de leite de baunilha?

Existem 115 milhões de lares nos Estados Unidos. Se imaginarmos um orçamento semanal do consumo de leite para cada um desses lares, teremos 5,98 bilhões de planejamentos semanais a serem feitos. Acrescentando uma lista altamente restritiva de variantes — quantidade de zero a vinte litros por semana, quatro níveis de conteúdo de gordura, orgânico ou não orgânico, soja ou leite natural, além de três opções de sabores —, terminamos com seis *trilhões* de opções de planejamento semanal.

**E nem comecemos a falar do leite!**
"Como é possível governar um país onde há 246 tipos de queijo?"
Charles de Gaulle, falando mais do que deveria

São essas as escolhas com que deve deparar nosso comitê de planejadores centrais — e vamos aqui considerar que esses estejam entre os melhores e mais inteligentes planejadores que o mundo tem a oferecer, todos com o temperamento de um anjo, completamente inabalados pelas questões cotidianas envolvendo a política ou a influência dos vários lobistas rivais da indústria do leite (ou seja, consideremos que não sejam seres humanos como aqueles que conhecemos), e tenham à sua disposição uma vasta gama de supercomputadores de última geração. Caso levassem apenas um segundo para considerar cada uma dessas opções, precisariam de 190.128 anos só para avaliar as possibilidades referentes ao consumo de leite nos Estados Unidos durante um ano. É muito para calcular. Quando os planejadores centrais dizem que estão considerando todas as opções e levando em conta todo tipo de informação, jamais estão dizendo a verdade. Nem sabem quais são as opções — porque *não podem* saber.

No entanto, mesmo se os planejadores tivessem um modo milagroso de considerar todas as opções e levar em conta todo tipo de informação, como poderiam obter tal informação? Poderiam enviar questionários para cada família, perguntando sobre suas preferências quanto ao consumo de leite para o ano seguinte. Mas será que receberiam respostas precisas? Provavelmente não. Muitas vezes as pessoas mentem em pesquisas de opinião, fornecendo informações que transmitem o que consideram qualidades desejáveis sobre si mesmas. Por exemplo: assustadas pelo declínio de leitores, as editoras de jornais frequentemente pedem a opinião dos americanos sobre o que desejam de um jornal. Geralmente, as respostas são:

1. Mais notícias internacionais
2. Mais reportagens investigativas
3. Mais notícias culturais

Na verdade, as seções mais lidas da maioria dos jornais são:

1. Os obituários
2. Os resultados esportivos
3. As cartas ao editor

Em outras palavras, as preferências *declaradas* pelos leitores apresentam certa discrepância em relação a suas preferências *averiguadas*. Dizemos que queremos assistir aos programas culturais da PBS, quando na realidade assistimos a *American Idol*.

Outro elemento complicador é que os consumidores não sabem quais serão seus desejos e necessidades futuros. Caso você esteja planejando o consumo de leite de sua família em janeiro, talvez encontre dificuldades em fazer o planejamento adequado para a reunião familiar de agosto — pois você não sabe que haverá uma reunião familiar em agosto. Você não sabe quantas crianças aparecerão para a festa de aniversário de sua filha em maio. Você pode não saber que terá um filho daqui a nove meses. (É claro, os regimes socialistas mais rígidos usam uma política bastante agressiva para ajudá-lo a "planejar" essa última contingência — pergunte a uma família chinesa.)

O que Mises e Hayek compreenderam foi que essa questão sobre o consumidor final era apenas uma pequena parte do problema referente ao planejamento centralizado. Embora seja difícil fazer planos de acordo com as reais preferências do consumidor — Mises diria *impossível* —, o problema maior e mais irascível seria a quantidade de capital necessária para suprir tais necessidades. Vamos imaginar que os planejadores tenham calculado que 10% dos consumidores prefiram leite orgânico a não orgânico. (Obviamente, numa economia sem preços a maior parte das pessoas escolheria as opções mais caras, mas deixemos essa questão de lado pelo momento.) Tendo calculado que um décimo da produção de leite deve ser orgânica, eles constroem uma fábrica de leite orgânico para cada nove de leite não orgânico.

Fábricas de leite representam operações grandes e complicadas. Estradas devem ser construídas para servi-las, além da necessidade de frotas de caminhões, vastas gamas de maquinário e ferramentas para mantê-lo, alojamentos para os operários etc. Obviamente, numa economia de planejamento centralizado, não é possível comprar esses caminhões no mercado livre; é preciso planejar e construir fábricas, minas e siderúrgicas, plantações de borracha, poços de petróleo e refinarias. Tudo isso se junta à sobrecarga de informação que torna impossível planejar racionalmente uma economia quando faltam os dados transmitidos por meio de preços.

Inevitavelmente, os planejadores centrais cometerão erros, pois não estarão fazendo cálculos, mas sim suposições instruídas — na melhor das hipóteses. Digamos que a demanda por leite orgânico acabe se mostrando maior que 10% — suponhamos que seja de 30%. Como podem os planejadores atender às preferências dos cidadãos em relação ao consumo de leite? Já construíram suas fábricas, sistemas de transporte, prédios de apartamentos e uma vasta infraestrutura para abastecer os estimados 10% de preferência por leite orgânico. Suas opções não são das melhores: podem tentar uma retroadaptação das velhas fábricas de leite não orgânicas de modo a torná-las orgânicas ou construir novas fábricas orgânicas e deixar que a capacidade excedente de suas fábricas não orgânicas caia em desuso, constituindo um enorme desperdício de recursos e esforços.

O mais provável é que os planejadores centrais se recusem a atender às preferências dos cidadãos. Passarão a condenar sua opção por leite orgânico como uma extravagância burguesa. Nas economias socialistas mais robustas, os planejadores informam à população sobre suas preferências, e não o contrário. De qualquer forma, fique certo de três coisas:

1. As reais preferências dos consumidores não serão saciadas.
2. Recursos serão alocados de maneira ineficiente.
3. Algo que não um planejamento econômico racional e sem interesses será a verdadeira força por trás das decisões dos planejadores centrais.

## Nós o enterraremos, a não ser que estejamos errados sobre aquele troço do planejamento

Esse não é um exemplo fantasioso, a propósito. Nas economias socialistas mais ferrenhas do século XX, a produção e a distribuição de gêneros alimentícios se mostrou terrivelmente disfuncional. Por mais sanguinários que fossem tiranos como Stalin e Mao, um número muito maior de pessoas morreu desnecessariamente de fome sob o controle socialista da produção de alimentos. Na verdade, entre as estimadas cem milhões de mortes atribuídas ao socialismo em todo o mundo durante o século XX, a maior parte delas foi provocada pela fome. E o problema inescapável da ineficácia da produção e distribuição de alimentos em regimes socialistas ainda hoje se faz evidente nas vastas provisões de alimentos deixadas para apodrecer nos armazéns estatais venezuelanos enquanto os súditos de Hugo Chávez passam fome.

Entretanto, o fenômeno também pode ser visto nos Estados Unidos, onde um cartel apontado pelo governo estabelece o preço mínimo do leite. Isso significa que, pela lei americana, é ilegal que um comerciante venda um galão de leite a uma mãe pobre para alimentar seu bebê faminto por um valor inferior ao que o cartel do leite diz ser o preço de mercado justo. Levando-se em consideração o que aprendemos sobre a complexidade de calcular um plano racional para um sistema de distribuição de leite, não será surpresa descobrir que essa pobre mãe americana está pagando mais que o valor de mercado do leite. Em outras palavras, nos Estados Unidos, a casa do capitalismo, uma pitada de socialismo está literalmente afastando o leite da boca de bebês famintos. (A esquerda há muito afirma que um capitalista é alguém que rouba doce de crianças; na verdade, um socialista é alguém que rouba *leite* de bebês.)

**O grande baluarte americano de aspirantes a planejadores centrais**

"Como qualquer grupo, os acadêmicos gostam de demonstrar influência e se sentir importantes. Poucos intelectuais no mundo das ciências sociais e humanas ficam satisfeitos simplesmente em observar, descrever e explicar a sociedade; a maioria quer melhorá-la e é ingênua o bastante para acreditar que poderia de fato fazê-lo caso tivesse a influência necessária. A existência de um enorme governo dá aos acadêmicos a possibilidade real de colocar em prática suas fantasias reformistas."

Dwight Lee, *Go to Harvard and Turn Left (Vá a Harvard e vire a esquerda)*, 1994

"Após o colapso do planejamento centralizado na Europa Oriental e na ex-URSS, o único lugar no mundo onde ainda prosperam os marxistas é no Departamento de Ciências Políticas de Harvard."

Peter G. Klein, *Why Intellectuals Still Support Socialism (Por que os intelectuais ainda apoiam o socialismo)*, 2006

Naturalmente, nessa situação os interesses que estão sendo atendidos não são os dos pobres e famintos, mas sim os dos produtores de leite. O padrão se repete em todos os países onde há um planejamento estatal das atividades econômicas, seja num setor socializado de um país não socialista, como no caso dos produtores americanos de leite, seja na economia mais ampla de um país socialista.

Não é por coincidência que, em todos os países socialistas, planejadores centrais e funcionários do governo gozam de um padrão de vida substancialmente maior do que o do pobre proletariado, em nome do qual, teoricamente, administram a economia. Isso se mostrou verdadeiro durante longos períodos de tempo, em diferentes países, com culturas e hábitos sociais bem diferentes. Não se trata de uma característica de algumas supostas más aplicações do socialismo, mas sim do próprio socialismo. A economia desastrosa de Cuba e a economia desastrosa da Coreia do Norte são expressões regionais de um único fenômeno.

Embora a maioria dos socialistas de hoje tente distanciar suas crenças e ideologias do marxismo — em grande parte devido aos horrores infligidos ao mundo por governos marxistas —, a convicção de que uma economia complexa possa ser planejada racionalmente é marxista por excelência. Em seu famoso ensaio de 1939, "Materialismo dialético e histórico", Josef Stalin claramente dissertou sobre a questão filosófica:

> Contrariamente ao idealismo, que contesta a possibilidade de conhecer o mundo e suas leis, que não crê na autenticidade de nosso conhecimento, não reconhece a verdade objetiva e sustenta que o mundo é cheio de "coisas em si" que a ciência jamais conhecerá, o materialismo filosófico marxista defende que o mundo e suas leis são perfeitamente conhecíveis, que nossos conhecimentos sobre as leis da natureza, comprovados por experiência e prática, são conhecimentos autênticos e possuem valor de verdade objetiva, e que não há no mundo coisas que não possam ser conhecidas, apenas coisas que ainda não são conhecidas, mas que serão descobertas e se tornarão conhecidas por meio dos esforços da ciência e da prática.[2]

Stalin comete aqui um dos equívocos intelectuais característicos do século XX: unir o conhecimento rígido e objetivo das ciências naturais ao conhecimento superficial, contingente e temporário das ciências sociais — e, mais importante, ao conhecimento indiscriminado da vida cotidiana. Saber quantos prótons existem num átomo de urânio não é o mesmo que saber se você deve plantar milho ou trigo em determinado campo da Ucrânia ocidental. Stalin mostraria grande aptidão para obter o primeiro tipo de conhecimento, mas não tanto em relação ao segundo, e foi por isso que a URSS conseguiu construir um arsenal nuclear aterrorizante e inovador, ao mesmo tempo que milhões de seus habitantes morriam de fome.

Os russos são um povo dotado de dons matemáticos e científicos, e talvez isso seja parte do motivo pelo qual a natureza supostamente científica do planejamento centralizado os tenha atraído. Nikita Kruschev, numa das maiores manifestações de arrogância na história da política, afirmou num congresso do Partido Comunista em 1961 que, no máximo em 1980, o socialismo científico teria superado, tanto em quantidade quanto em qualidade, o melhor que o capitalismo ocidental tivesse a oferecer.

Anos antes do crescimento da tecnologia da informação transformar o capitalismo, os soviéticos já contavam com a "cibernética" — a ciência da computação aplicada — para fornecer as soluções referentes à informação e à administração que os cálculos do mercado oferecem às economias capitalistas. Em sua fascinante análise da economia soviética, *Red Plenty* (*Abundância vermelha*), Francis Spufford coloca esse projeto em contexto:

> Durante grande parte dos oitenta anos em que a URSS constituiu um experimento único na condução de uma economia não voltada ao mercado, esse experimento foi estúpido, de força bruta. Porém, durante o momento soviético, houve uma tentativa séria de aplicar os recursos intelectuais do país que os bolcheviques transformaram à força em um lugar culto. Todas as perversidades da economia soviética são as consequências clássicas ao se implementar um sistema sem o fluxo de informações fornecido pelos mercados, e ficou claro no início dos anos 1960 que, para que o sistema atingisse a abundância prometida de maneira tão insana para 1980, seriam necessários reparos informativos para cada deficiência. Por isso houve tanta ênfase na cibernética, que em poucos anos deixou de ser condenada como uma "pseudociência burguesa" e se tornou uma panaceia oficial.
>
> Os pioneiros informatas da URSS se envolveram profundamente, assim como o verdadeiro gênio Leonid Kantorovich, a contrapartida soviética mais próxima de John Von Neumann, que depois se tornaria o único soviético a vencer um prêmio Nobel de economia. Suas ideias partiam das tradições incorruptas da matemática soviética. Enquanto algumas partes adaptavam elementos da implementação racional de preços ao contexto soviético, outras se dedicavam de verdade a sobrepujar os processos do mercado. Obviamente, tal esforço fracassou, por motivos repletos de ironia. Os poços da economia comandante eram escuros, profundos e privados de acesso aos acadêmicos; a industrialização stalinista colocara em prática uma série de incentivos

que um programa inteligente de computador não era capaz de igualar; o sistema era administrado por mafiosos em busca de renda; os matemáticos se basearam (em dois graus) numa economia neoclássica convencional para caracterizar os processos do mercado que tentavam simular, e os neoclacissistas poderiam muito bem estar errados quanto aos mecanismos do capitalismo.[3]

Nos dias de hoje, a abordagem "cibernética" de Kruschev caiu em descrédito — sendo relegada à lixeira da história —, mas a crença numa administração "científica" e "racional" dos sistemas econômicos incompreensivelmente complexos permanece uma ideia fixa no mundo da política. Outros modelos de base científica substituíram a cibernética soviética — biologia evolutiva, sistemas em rede, teoria da complexidade —, mas o conceito central continua fatal. A questão principal são as dimensões dessas tentativas de planejamento; o socialismo aplicado a setores do sistema de saúde, da agricultura e da educação americanos é bastante limitado, por isso seus efeitos são relativamente brandos. Regimes que utilizam um planejamento centralizado mais abrangente produzem fracassos mais abrangentes — e um retorno mais perversamente abrangente para os planejadores centrais.

**Se o sapato tem o número certo, não foi produzido pelo socialismo**

"Ao manter o preço dos bens de consumo relativamente baixos, os planejadores soviéticos criaram a ubíqua 'fila de espera'. Em torno dessa instituição surgiu 'uma elaborada subcultura, com seus próprios hábitos e regras'. O mais estranho foi observar nessa fila de espera a falta de bens dos quais a União Soviética era a maior produtora do mundo. No final dos anos 1980, a URSS produziu mais de três pares de sapatos para cada habitante, mas ainda assim as pessoas tinham de esperar para comprá-los. O problema foi que os calçados disponíveis não refletiam os gostos dos consumidores: os sapatos foram feitos para atender ao plano do governo, não para satisfazer a demanda do mercado."

James Dorn, pesquisador do Instituto Cato, 1994

A húbris científica do socialismo acabou se tornando uma de suas características mais perigosas, e a má implementação do conhecimento científico — a literalização da metáfora científica — demonstra ser um tema recorrente. Por exemplo, a filosofia socialista norte-coreana conhecida como ideologia Juche é altamente influenciada por uma leitura superficial e mal-interpretada da ciência da evolução biológica. Referindo-se ao Estado como "organismo sociopolítico", do qual o grande líder é o cérebro, a ideologia Juche pressupõe que o planejamento centralizado é tão necessário para a sociedade quanto o sistema nervoso para um organismo biológico. (Woodrow Wilson, anos antes do surgimento da ideologia Juche, fez uma afirmação similar, descrevendo o líder ideal como um autocrata que se comporta como o cérebro do corpo político. Sua administração também buscaria implementar uma versão americana de segunda categoria da ideologia Juche. Voltaremos a esse assunto.)

Na medida em que iterações consecutivas da ideologia de planejamento centralizado foram deixando de ser metafóricas e se tornando mais literais — o regime de Pyongyang de fato quer assumir a responsabilidade por todas as ideias relativas à sociedade norte-coreana, como se fosse um organismo biológico, e não literal —, a convicção da necessidade de um planejamento centralizado vem se tornando cada vez mais arraigada, ainda que seja impossível ignorar seus resultados desastrosos.

Obviamente, os planejadores centrais não estão dispostos a admitir que sua capacidade de agir racionalmente seja limitada. Quando o plano fracassa — como sempre acontece com o plano, haja vista que é baseado em informações erradas e inadequadas —, os planejadores invariavelmente tentam forçar que a sociedade se adapte a seu plano, em vez de reformulá-lo para que se adapte à sociedade. Na verdade, eles não podem reformular seus planos de acordo com as reais necessidades da sociedade, uma vez que não sabem quais são essas necessidades e não têm meios para identificá-las.

O exemplo do leite é relativamente simples e direto; imagine como seria mais complicado falar sobre o sistema de saúde. Sabendo que os planejadores têm acesso limitado a informações úteis, mas amplo acesso à força política bruta, Hayek previu que tentativas de programar um planejamento centralizado levariam a más administrações autoritárias como aquelas que caracterizaram os regimes socialistas de meados do século XX, argumento esse sobre o qual discorreu longamente em *O caminho da servidão*.

### A vingança de Hayek

Hoje em dia, Mises e Hayes são sinônimos do que ficou conhecido como a Escola Austríaca de Economia, passando por experiências diretas que lhes mostraram aonde leva o caminho da servidão. Os austríacos, numa ironia histórica, realizaram a maior parte de seu trabalho intelectual fora da Áustria, que se tornara inabitável para eles após a ascensão de um dos mais notáveis movimentos socialistas do século XX, tendo este tomado Viena sob a forma do Partido Nacional Socialista Austríaco dos Trabalhadores, também conhecido como Partido Nazista Austríaco. Mises passou boa parte do resto de sua vida nos Estados Unidos, e Hayek, na Grã-Bretanha. Os dois foram atormentados pelo crescimento do *ethos* do planejamento centralizado no Ocidente e pelo espírito romântico que se tornou parte do socialismo. Ambos teriam reconhecido a familiaridade dos governos contemporâneos da Coreia do Norte e da Venezuela com aqueles dos totalitarismos gêmeos dos anos 1930.

Mises foi o primeiro a compreender integralmente que a divisão entre Stalin e Hitler, socialismo e fascismo, direita e esquerda, era uma ilusão, e que o movimento totalitarista baseado em Berlim era substancialmente similar àquele de Moscou. "A terminologia da linguagem política é uma tolice", escreveu:

> O que é "esquerda" e o que é "direita"? Por que Hitler deve ser considerado de "direita" e Stalin, seu camarada contemporâneo, de "esquerda"? Quem é "reacionário" e quem é "progressista"? Reações contra políticas insensatas não devem ser incentivadas. Nem o progresso rumo ao caos. Nada deveria ser aceito por ser novo, radical e estar na moda. A "ortodoxia" não é um mal se a doutrina sobre a qual o "ortodoxo" se sustenta é sã. Quem é antitrabalhista: aqueles que querem reduzir o trabalho ao nível russo ou aqueles que querem como trabalho o padrão capitalista dos Estados Unidos? Quem é "nacionalista": aqueles que querem colocar sua nação sobre as botas dos nazistas ou aqueles que querem preservar sua independência?[4]

Os socialistas modernos americanos e seus defensores fizeram relativamente pouco para contestar a essência das críticas dos austríacos. Algumas poucas exceções são os jornalistas ligados à *Dissent*, uma revista socialista americana. Os socialistas que responderam às críticas dos austríacos em grande parte ignoraram Mises e se concentraram em Hayek, cuja análise é mais holística e menos economicamente técnica. Suas linhas de raciocínio são familiares e, se não completamente óbvias, ainda assim inadequadas.

**Fascismo liberal**

"Os socialistas devem estar maravilhados por finalmente encontrarem um socialista que fala e pensa como fazem os soberanos responsáveis."

George Bernard Shaw, sobre o líder fascista Benito Mussolini

Uma delas defende que o profetizado "caminho para a servidão" de Hayek jamais aconteça; a Suécia, como se sabe, não é um buraco autoritário, apesar de seu grande e custoso Estado de bem-estar social. A segunda objeção diz que todos os governos programam, em níveis diferentes, medidas de planejamento centralizado. A ideia de "ordem espontânea" de Hayek, argumentam eles, não é realmente espontânea, mas depende do estado de direito e de outras instituições que só podem ser criadas e garantidas pelo Estado. Implicitamente, perguntam: se o Estado pode criar um regime de estado de direito, por que não pode criar outro no qual as transações econômicas sejam feitas de modo a maximizar os benefícios sociais (seja qual for a definição de benefícios sociais)? Num artigo da *Dissident* publicado em 1994, David Miller analisou ambos os casos:

> Hayek tinha uma visão maniqueísta do mundo. De um lado estava a liberdade, um governo restrito e a economia de mercado; do outro estava a coerção, um governo autoritário e planejamento. Para defender seu argumento, era essencial que não houvesse acomodações. Um planejamento em escala integral seria economicamente desastroso, mas tentar uma *união* entre mercado e planejamento, lançando mão de agências governamentais para guiar os investimentos ao mesmo tempo que os preços dos bens de consumo fossem implementados pelo mercado, por exemplo, seria ainda pior. Por trás disso estava sua visão de que dois sistemas políticos eram como incorporações de duas filosofias opostas, ambas fortemente arraigadas na cultura europeia. O primeiro abrigava aqueles que enfatizavam os limites e a falibilidade do intelecto humano, daí chegando-se à conclusão de que devemos agir com cautela e pragmatismo no que diz respeito a temas sociais,

aplicando métodos de tentativas e erros e confiando numa vasta extensão de tradições hereditárias... No fim, então, a questão de liberdade econômica *versus* planejamento era uma questão de conhecimento. Aqueles que defendiam este não estavam apenas cometendo um erro empírico, mas também pressupondo que a mente humana seria capaz de adquirir certo tipo de conhecimento que, segundo Hayek, era categoricamente inatingível. Por esse motivo, nenhuma união com o inimigo era possível.

Claramente, ele pertencia àquela geração de liberais europeus que tinham de confrontar o impacto combinado do comunismo soviético com o fascismo. É tentador pensar que os ataques de Hayek ao planejamento e ao socialismo sejam motivados por um desejo de proteger as democracias liberais de uma infecção totalitarista. É possível encontrar provas que sustentam esse argumento em *O caminho da servidão*, onde Hayek coloca grande ênfase nas origens socialistas do nazismo e afirma que a adoção de políticas socialistas em outros lugares possivelmente culminaria numa forma de fascismo. Em sua essência, tal argumento diz que o planejamento econômico não pode nem ser testado numa democracia parlamentar, de modo que o poder deva gravitar nas mãos de um pequeno grupo de governantes e, eventualmente, nas de um único ditador.[5]

O sr. Miller responde a Hayek com um argumento ético que coloca a igualdade como um produto a ser considerado como peso igual (ou talvez maior) ao peso moral que Hayek dá à liberdade. Consequentemente, ele considera todos os tipos de limitações dos direitos de propriedade, de direitos diferenciais a diferentes tipos de propriedade, passando por sistemas de impostos altamente redistributivos e desaprovação da herança de propriedade. O peso relativo da igualdade e da liberdade constitui uma velha e dura questão de moralidade política e ultrapassa nossos limites neste livro. Mas o que o sr. Miller e seus companheiros socialistas não compreenderam bem foi o seguinte: mesmo que estejam certos quanto à questão moral — mesmo se chegarmos à conclusão de que a igualdade material (comparada à igualdade política) deva ser considerada tão ou mais importante do que a liberdade —, a independência que torna o mercado capitalista possível não é apenas uma preocupação moral, mas também prática.

Sem a liberdade que possibilita a existência de mercados reais, vemo-nos diante de um regime de planejamento centralizado ou de um sistema incoerente que tenta implementar um programa de planejamento parcial parasita sobre a economia de mercado. Hayek estava comprovadamente correto ao afirmar que os regimes a usar um planejamento centralizado mais robusto acabam se transformando em ditaduras inumanas. Ainda não há um veredicto sobre os regimes de planejamento parcial; tenha em mente que, historicamente falando, pouco tempo se passou depois da Segunda Guerra Mundial. Na memória dos homens que hoje jogam dominó nos centros para veteranos de guerra, a maior parte da Europa se encontrava sob ditaduras autoritárias. Em meu próprio tempo de vida (no momento em que escrevo este livro, estou ainda longe dos quarenta anos), tais protótipos do Iluminismo europeu ocidental, como na Espanha, em Portugal e na Grécia, foram submetidos a desventuradas ditaduras.

Nos dias de hoje, a União Europeia é cada vez mais intrusiva e hostil à soberania democrática de seus estados constituintes. Enquanto isso, movimentos nacionalistas de extrema direita e movimentos socialistas de extrema esquerda ainda estão a todo vapor na Europa — e tanto a extrema esquerda quanto a extrema direita não lutam pelo capitalismo e pela liberdade pessoal, mas sim por planejamento centralizado, nacionalismo econômico, autarquia e diversas expressões do neomercantilismo. Não estejam tão seguros de que a Europa tenha encontrado uma saída do caminho da servidão.

## Capítulo 4

# ÍNDIA: UM CASO EXEMPLAR DO FRACASSO SOCIALISTA

**Você sabia?**

- Gandhi abriu o caminho para décadas de pobreza na Índia
- O socialismo, e não o legado do colonialismo, foi o maior causador da miséria econômica indiana no pós-guerra
- Os indianos viam seus planejadores centrais da mesma forma que viam seus antigos senhores coloniais

As formas mais extremas de socialismo normalmente foram implantadas por movimentos políticos que se autodenominavam "comunistas". E embora o socialismo tenha sido uma parte fundamental do governo de Adolf Hitler — é fundamental lembrar que *Nazi* é uma abreviação de nacional *socialista* —, as particularidades da ideologia do Terceiro Reich, com seu antissemitismo eliminatório, seu romantismo racial e suas delirantes ambições imperiais, fazem dele um exemplo imperfeito. Meu colega Jonah Goldberg está absolutamente certo ao afirmar, como faz em *Fascismo liberal*, que os totalitarismos gêmeos do século XX são variações do mesmo fenômeno, em vez de manifestações filosoficamente opostas. No entanto, para nossas propostas aqui, desassociaremos os dois, ainda que isso não ofereça qualquer tipo de consolo aos defensores modernos do socialismo. Stalin não perdia em monstruosidade para Hitler; Lenin não perdia em monstruosidade para Hitler; e Trotsky não deixava nada a dever em monstruosidade para Lenin ou Che Guevara.

"Mas isso é comunismo!", irá contestar o socialista moderno. "Estamos falando de socialismo! Do socialismo decente, humano, democrático! Estamos falando sobre o socialismo sueco, não sobre o comunismo soviético."

Qual, precisamente, seria a diferença entre socialismo e comunismo? Os socialistas afirmam invariavelmente que, em essência, tudo de ruim que foi feito em nome do socialismo é comunismo, enquanto as coisas boas fazem parte do socialismo. Assistência médica gratuita? Socialismo. Repressão política? Comunismo. Previdência pública? Socialismo. Gulag? Comunismo. Essa, no entanto, é uma visão superficial e desonesta. Além de ser uma enorme e exagerada simplificação. Quando se descreve algo em particular como socialista ou comunista, está se falando sobre expressões diferentes de um mesmo fenômeno: o marxismo. Os grandes líderes comunistas muitas vezes descrevem a si mesmos, seu trabalho e sua filosofia como *socialistas*.

Ainda assim, os socialistas e planejadores centrais dos dias de hoje, da Europa ao governo Obama, argumentam que é injusto colocá-los no mesmo campo de atuação que Lenin ou Ho Chi Minh. Tal objeção não se sustenta, por diversos motivos. O primeiro é que temos de ver o mundo como ele é, e não como os filósofos gostariam que fosse. O segundo é que a relação entre o socialismo democrático e os pesadelos autoritários vividos sob o comando de ditadores como Stalin e Mao não é assim tão distante quanto os socialistas ocidentais querem nos fazer acreditar.

Temos suas próprias palavras acerca do assunto. O opositor marxista Chistopher Hitchens, que passou boa parte de sua vida como soldado e pensador influente em várias facções socialistas, é franco ao admitir que até os antiestalinistas da esquerda democrática-socialista estavam loucos para ampliar a influência de seus colegas declaradamente comunistas no Bloco Oriental. "Em todo lugar onde encontrávamos facilidade", escreveu ele, "apoiávamos suas causas — particularmente a Frente de Libertação Nacional no Vietnã —, cujos objetivos eram estender o poder soviético".[1] Seu irmão, Peter, um veterano dos Socialistas Internacionais que depois romperia definitivamente com os objetivos utópicos do grupo, conta uma história semelhante:

> Os outros socialistas eram mais honestos que nós. Defendíamos uma visão extremista na qual fingíamos que a URSS não era culpa dos socialistas ou mesmo dos bolcheviques (que desejávamos ser). É claro que era culpa deles, culpa de pessoas como nós, mas fechamos nossas mentes para isso com uma teia de desculpas. Fingíamos não ser quem somos e que a URSS não era o que era.[2]

Contamos também com a vantagem de podermos nos voltar às palavras de nossos principais pensadores socialistas para ter melhor avaliação da relação entre o socialismo democrático e o comunismo autoritário. O maior periódico socialista dos Estados Unidos se chama *Monthly Review*. Foi fundado pelo falecido economista de Harvard Paul Sweezy, a quem o *New York Times* descreveu como "o maior intelectual marxista do país".[3] É uma revista bastante prestigiosa — a primeira edição contou com um artigo escrito por Albert Einstein intitulado "Por que o socialismo?". O Professor Sweezy e seu colega, Leo Huberman, publicaram uma coleção instrutiva de epigramas relacionando o socialismo ao comunismo. Em suas próprias palavras:

> Qual a diferença entre socialismo e comunismo?
>
> Socialismo e comunismo são parecidos por ambos serem sistemas de produção baseados na propriedade pública dos meios de produção e no planejamento centralizado. O socialismo nasce diretamente do capitalismo; é a primeira forma da nova sociedade. O comunismo é um desenvolvimento subsequente ou um "estágio avançado" do socialismo.
>
> O socialismo é o estágio de transição necessário do capitalismo ao comunismo.
>
> Não se deve pensar, diante da distinção entre socialismo e comunismo, que os partidos políticos espalhados pelo mundo que se chamam Socialistas defendam o socialismo, enquanto aqueles que se intitulam Comunistas defendam o comunismo. Não é assim. Uma vez que o sucessor imediato do capitalismo só pode ser o socialismo, os partidos comunistas, assim como os partidos socialistas, têm como objetivo o estabelecimento do socialismo.[4]

Nas palavras de seus principais expoentes, o socialismo é um estágio no desenvolvimento do comunismo — a crisálida de onde emergirá o inseto marxista completamente formado. As diferenças entre os dois, segundo as argumentações de Sweeney e Huberman, são em grande parte táticas e técnicas:

> Os comunistas acreditam que tão logo a classe operária e seus aliados estejam em posição para tal, estes devem promover uma mudança básica no caráter do Estado; devem substituir a ditadura capitalista sobre a classe operária pela ditadura dos operários sobre a classe capitalista

como o primeiro passo no processo pelo qual a existência dos capitalistas, enquanto classe (mas não enquanto indivíduos), é extinta e uma sociedade sem divisão de classes entra em cena. O socialismo não é construído simplesmente tomando o poder e utilizando os velhos mecanismos capitalistas de governo; os trabalhadores devem destruir o que é velho e estabelecer seus próprios novos aparatos estatais. O Estado dos trabalhadores não pode permitir às velhas classes governantes a possibilidade de organizar uma contrarrevolução; deve assim usar suas Forças Armadas para subjugar a resistência capitalista quando esta se manifestar.

Os socialistas, por outro lado, acreditam que é possível fazer a transição do capitalismo para o socialismo sem que haja uma mudança básica no caráter do Estado. Têm essa visão porque não pensam no Estado capitalista essencialmente como uma instituição para a ditadura da classe capitalista, mas sim como um mecanismo perfeitamente adequado que pode ser usado segundo os interesses de qualquer que seja a classe comandante. Não há necessidade, então, de que a classe operária subjugue o velho aparato estatal capitalista e estabeleça o seu — a marcha rumo ao socialismo pode ser feita passo a passo dentro do quadro das formas democráticas do Estado capitalista.

A atitude de ambos os partidos em relação à União Soviética está diretamente ligada à sua abordagem desse tema. De maneira geral, os partidos comunistas glorificam a União Soviética; os partidos socialistas a denunciam em diferentes graus. Para os comunistas, a União Soviética é digna do aplauso de todos aqueles que creem de fato no socialismo, pois foi ela quem transformou o sonho socialista numa realidade; para os socialistas, a União Soviética merece apenas ser condenada por não ter construído socialismo algum — ou pelo menos não o socialismo com o qual sonhavam.[5]

*Não o socialismo com o qual sonhavam!* Essa é a essência dos defensores modernos do socialismo: esqueçam o socialismo que temos, o socialismo que o mundo experimentou — julguem-nos pelo socialismo com o qual sonhamos. (Será que eles julgam os capitalistas pelo capitalismo com o qual sonham? O capitalismo no qual inovações competitivas e voltadas ao mercado significam que as escolas de áreas pobres melhorem tão rapidamente, em termos de qualidade e preço, quanto os iPhones nos bolsos dos alunos dessas escolas? *Esse* capitalismo?)

É interessante que Sweezy e Huberman ecoam Hayek e Mises ao enfatizar a diferença entre bens de consumo (suas compras no supermercado, suas posses domésticas) e bens de capital (os meios de produção: fábricas, minas, indústrias e outros do gênero). Os austríacos viam a alocação equivocada de bens de capital (chamam-na de "mau investimento") como o principal desafio à economia socialista. Para Sweezy e Huberman, as diferentes atitudes em relação a bens de capital e bens de consumo definem as diferenças entre socialismo e comunismo.

**Livres para escolher**

"Uma das maiores fontes de objeção à economia livre é exatamente porque dá às pessoas o que elas querem, em vez do que determinado grupo pensa que devem querer. Por trás da maior parte dos argumentos contra o mercado livre está uma falta de convicção na própria liberdade."

Milton Friedman, *Capitalism and Freedom* (*Capitalismo e liberdade*), 1962

Segundo eles, num regime socialista os bens de consumo podem permanecer como propriedade privada. Na verdade, preveem que uma aplicação inteligente do planejamento centralizado produziria uma superabundância de bens de consumo, um estado de plenitude que permitiria a reconstrução radicalmente igualitária da sociedade que tanto buscam. Sob o comunismo, dizem, os bens de consumo devem ser extintos com outras formas de propriedade privada:

> Há dois tipos de propriedade privada. Há propriedades de natureza pessoal, bens de consumo, que são usados para usufruto próprio. Há também um tipo de propriedade privada que não é de natureza pessoal, a propriedade nos meios de produção. Esse tipo de propriedade não é para usufruto próprio, mas para produzir os bens de consumo. O socialismo não significa abolir o primeiro tipo de propriedade privada, como suas peças de roupa; significa abolir o segundo tipo de propriedade privada, como a fábrica que produz peças de roupas.[6]

Em outras palavras, quando se fala das questões amplamente estruturais da economia — investimentos, infraestrutura, direitos de propriedade em larga escala, mercados de capital, comércio etc. —, o socialismo e o comunismo são, na análise dos principais pensadores socialistas americanos, *idênticos*. Exceto pelo status teoricamente legal dos bens de consumo privados, as economias comunista e socialista devem ser substancialmente iguais. Os autores minimizam questões de organização política, embora deixem escapar uma pitada de autoconscientização em sua alegação de que "os capitalistas, como classe (mas não como indivíduos)", devem ser erradicados; obviamente, a história sanguinária do socialismo armado não foi completamente negligenciada por seus defensores americanos.

Porém, como demonstra habilmente Hayek, a estrutura política do socialismo é em grande parte uma resposta às contradições econômicas inerentes ao sistema. Isso quer dizer que, se as *economias* socialista e comunista são substancialmente iguais, devemos esperar que as *estruturas políticas* socialista e comunista sejam substancialmente iguais. Isso não significa necessariamente que devamos esperar que a Suécia seja tão repressiva e retrógrada quanto foi a União Soviética; significa que devemos esperar que uma Suécia socialista tenha aspectos parecidos com os de uma Suécia comunista.

É difícil dissociar tais fatores como nacionalismo russo, cultura camponesa russa, o legado político do czarismo e as experiências de guerra russas do caráter político da União Soviética. Mas é possível tirar das diversas experiências ocorridas em países e culturas bem diferentes, com tipos de socialismo bem diferentes, elementos em comum que nos dizem algo sobre as características do próprio socialismo.

## Socialismos teóricos e socialismos em prática

Tanto para o bem quanto para o mal, a história nos oferece um excelente estudo de caso sobre como o socialismo funciona numa cultura única e como tipos de socialismo funcionam em culturas semelhantes. Na verdade, temos um experimento realizado na encruzilhada de duas das maiores civilizações do mundo num dos momentos mais dinâmicos e carregados da história da humanidade: China e Índia, no fim da Segunda Guerra Mundial.

Na época em que conquistou sua independência, em 1947, a Índia estava muitos anos à frente da China, melhor sobre quase todos os aspectos imagináveis. A Índia escapara das devastações da Segunda Guerra Mundial, enquanto a China fora dilacerada pela guerra civil e pela brutal invasão japonesa. Na Índia, o domínio colonial britânico chegou a um fim em grande parte pacífico graças aos esforços de Mohandas K. Ghandi. Com sua partida, os ingleses deixaram para trás uma infraestrutura econômica bem desenvolvida e instituições sociais e econômicas cruciais, como um serviço civil profissional altamente disciplinado e tribunais independentes. Mais importante, talvez, foi terem deixado um código legal baseado no direito comum inglês, indiscutivelmente a maior instituição política da humanidade, que deixou a Índia em boa posição para se integrar facilmente à rede de comércio global que emergiria na ordem pós-guerra, catapultando os Estados Unidos, o Japão e a reformulada Alemanha a níveis nunca sonhados de prosperidade.

Na Sinosfera, as coisas eram diferentes. O domínio colonial britânico deixara um legado muito menos produtivo aos chineses, cuja cultura antiga e orgulhosa era menos flexível e menos sincrética do que a da Índia. Enquanto esta tinha um longo passado de incorporar influências de culturas tão diversas quanto Portugal e o Império Mogol em suas práticas sociais e econômicas, a China, vendo a si própria como o Reino Médio e o centro do mundo, sempre ficou de lado.

Com o fim da Segunda Guerra, os japoneses se retiraram da China e os ingleses começaram a se retirar da Índia. A guerra civil chinesa terminou num *modus vivendi* que viu seu território continental sob o domínio das forças comunistas de Mao Zedong, enquanto os nacionalistas estabeleciam uma ditadura de partido único em Taiwan e Hong Kong voltava ao domínio britânico após a saída dos japoneses. A distribuição final de poderes e soberanias produziu uma das grandes experiências socialistas da história mundial, um fascinante estudo de caso — ao mesmo tempo trágico, resultando na morte de milhões de chineses e no empobrecimento de gerações de indianos.

**Um comissário entra num bar...**

Um comissário agrícola soviético visita uma fazenda coletiva e exige saber como vem procedendo a colheita de batatas. "Maravilhosamente!", responde o responsável pela fazenda. "Temos tantas batatas que se as empilharmos, alcançariam os pés de Deus!" O comissário fecha o rosto e vocifera: "Esta é a União Soviética! Não temos Deus!" No que o fazendeiro responde: "Tudo bem, também não temos batatas."

Na China continental, Mao implantou o socialismo integral. O mesmo povo chinês, entretanto, logo encontrou o caminho de um capitalismo quase desenfreado em Hong Kong. E, ainda que as doutrinas indocêntricas de *swaraj* (autogoverno) e a filosofia *satyagraha* de Ghandi tenham recebido muita ironia, a Índia acabaria se voltando para o Ocidente e seu antigo colonizador, assumindo uma forma democrática de socialismo aos moldes de Cambridge e Fabian sob a liderança de Jawaharlal Nehru. Enquanto isso, nas camadas mais remotas da Sinosfera, uma outrora obscura posse do Sultanato de Johor, Cingapura, se veria no caminho da independência, que alcançou em 1965 — e, mais importante, no caminho para se tornar uma das nações mais capitalistas e globalizadas do mundo.

Sob muitos aspectos, cada uma dessas sociedades estava se reformulando completamente, e apenas a Índia fora poupada da tempestade de ferro e fogo que foi a Segunda Guerra Mundial. O povo chinês se ergueu das cinzas de uma guerra dupla e tentou construir sua utopia socialista no território continental, enquanto seus compatriotas alhures — com quem compartilhava uma cultura, uma língua e uma história — se afastavam do socialismo, primeiro em Hong Kong e depois em Taiwan. No meio-tempo, o enclave amplamente diferente, mas profundamente chinês de Cingapura, encontraria sua própria estrada. Em poucas décadas, o mundo ganharia um exemplo vívido que ilustrava as diferenças práticas entre o socialismo totalitário chinês, o socialismo democrático indiano e o capitalismo de Hong Kong. Os resultados dessa experiência deveriam encerrar o caso contra o socialismo, mas seus defensores permanecem curiosamente imunes às provas.

## O que Gandhi moldou

A Índia desafia qualquer generalidade. Seu povo é bastante diverso. Sua história é uma baderna e a política, caótica. A confusão desconcertante de suas cidades e povoados contêm praticamente todos os aspectos da existência humana, com o sublime e o tenebroso nunca muito distantes. Alexandre, o Grande, Islã, Budismo, o Império Britânico, o Império Mogol, o Império Português — todos entraram e saíram do Vale do Indo e todos foram transformados pelo encontro com essa cultura.

Não é surpresa alguma que duas das maiores figuras do século XX adentraram o palco da história pela Índia. Ironicamente, ambos os gigantes históricos eram fisicamente diminutos: Madre Teresa, a freira albanesa que nos deu um exemplo de santidade moderna, e Mohandas Karamchand Gandhi, conhecido como "Mahatma" ou "a grande alma", uma figura igualmente santificada que fez carreira numa forma bastante espiritualizada de política.

No Ocidente, Gandhi é admirado de maneira uniforme. É até mais reverenciado que Madre Teresa; é difícil imaginar a publicação nos Estados Unidos de um livro sobre Gandhi como *The Missionary Position* (*A posição missionária*), de Chistopher Hitchens, um ataque brutal e malicioso contra Madre Teresa. Talvez encontrasse um mercado maior na Índia, onde o legado de Gandhi é contestado com maior veemência, apesar de ser devidamente considerado o pai da nação.

Os indianos têm visões conflitantes sobre Gandhi por diversos motivos, sendo o principal o consentimento dado à partilha da Índia, que resultou no ocidente de inclinação islâmica dando origem a um novo país: o Paquistão. Mas há uma reavaliação silenciosa em curso das ideias políticas e econômicas de Gandhi, que são bastante confusas.

Gandhi, como a maioria dos socialistas, era no fundo um pensador moral, e não econômico. Diferentemente dos socialistas ocidentais, era bastante franco ao admitir que preferia ver indianos pobres vivendo sob seu sistema a indianos ricos sob outro regime. Defendia uma espécie de autoconfiança que nos faz lembrar mais Thomas Jefferson do que Marx ou seus epígonos. Gandhi descreveu seus pensamentos numa carta a Leon Tolstoi:

> A independência começa na base. Deve-se construir uma sociedade onde cada vilarejo seja autossustentável e capaz de cuidar de seus próprios negócios. Esse será treinado e estará preparado para perecer na tentativa de se defender de qualquer investida externa. Isso não exclui a dependência ou a ajuda de vizinhos ou do mundo. Será um acordo livre e voluntário de forças mútuas. Nessa estrutura composta de inúmeros povoados, haverá apenas círculos que se alargam, jamais ascendentes. A vida não será uma pirâmide com o topo sustentado pela base, mas sim um círculo oceânico cujo centro será o indivíduo. Dessa maneira, a circunferência mais externa não terá o poder de subjugar o

círculo mais interno, mas dará força a todos dentro dele e tirará suas próprias forças de lá.[7]

Esse sistema de povoados autossuficientes mas interligados ficou conhecido como *gram swaraj* e carrega consigo a marca única da imaginação moral e estética de Gandhi. Carrega também a marca de sua ingenuidade, que era voluntária e o levou a refutar o comércio, os investimentos e a tecnologia, criando uma cultura moral e política que deixou seu povo sujeito ao empobrecimento e a uma extrema vulnerabilidade diante de vicissitudes econômicas normais que outras culturas econômicas mais sofisticadas conseguem lidar com relativa facilidade. Era especialmente hostil a investimentos em indústria e tecnologia, caindo na falácia da criação de empregos que unem o valor do trabalho ao valor dos bens produzidos pelos empregados. "Não se rendam de imediato ao desenvolvimento promovido pela tecnologia", alertou ele. "Primeiro, avaliem o impacto que isso terá nos empregos e, consequentemente, no bem-estar dos pobres."[8]

Aqui vemos Gandhi articulando algo parecido com a teoria do valor-trabalho de Marx, ao interpretar equivocadamente o problema da valorização do trabalho. Ele não compreendia que na realização de um trabalho não há um valor inerente, e que o valor do trabalho vinha do valor das coisas produzidas por esse trabalho. Você pode atingir um índice de emprego de 100% ao pagar para que as pessoas cavem buracos pela manhã e os preencham à tarde, mas isso não tornará a sociedade mais rica. A preocupação de Gandhi com os pobres ao nosso redor era tão admirável quanto a de Madre Teresa. Diferentemente dela, entretanto, Gandhi teve participação na criação de um sistema desastroso de política e economia que foi especialmente devastador para os pobres.

Da mesma forma que Gandhi demonstrava hostilidade em relação ao desenvolvimento tecnológico, que poderia ter multiplicado o valor do trabalho dos pobres da Índia, enriquecendo tanto os trabalhadores quanto o país, também era hostil ao comércio, interno e externo. Sem dúvida, muito disso era uma reação à colonização histórica indiana por grandes forças comerciantes — particularmente portuguesas e britânicas — e ao fato de que o enorme campesinato indiano, que subsistia de agricultura primária e artesanato, vinha há muito sendo explorado pelos poderosos locais, que por sua vez enriqueceram com o comércio do país ou estavam associados às forças do comércio.

A filosofia de autossuficiência de Gandhi, chamada *Swadeshi*, evita o comércio de bens e de capital e, dessa forma, rejeita ideias econômicas fundamentais, como a divisão do trabalho e a vantagem comparativa. Como de hábito, Gandhi não deu muita atenção às consequências econômicas práticas de sua filosofia, concentrando-se nos aspectos morais do argumento: "*Swadeshi* é aquele espírito em nós que requer que sirvamos nossos vizinhos imediatos antes dos outros", escreveu, "e que utilizemos artigos produzidos em nossa vizinhança, em vez daqueles produzidos em locais mais remotos. Com isso, servimos à humanidade com a plenitude de nossa capacidade. Não podemos servir à humanidade negligenciando nossos vizinhos."[9]

O pensamento econômico clássico defende que, se somos bons em cultivar arroz e nossos vizinhos são bons em pescar, devemos nos especializar no cultivo de arroz, enquanto eles se especializam na pesca, e ambos os lados fazem comércio, resultando em mais arroz e mais peixe para todos. Ao fazer com que grupos diversos se especializem na área em que se destacam, a produtividade geral da economia aumenta e todos desfrutam um padrão mais elevado de vida. Os economistas clássicos chamam isso de *ganhos do comércio* — mas Gandhi não queria nem saber: rejeitou tal conceito por motivos morais. Em vez de ajudar seu povo a prosperar da mesma maneira como as grandes forças do comércio enriqueceram na Índia, encorajou que todos adotassem exatamente o mesmo modo de economia de subsistência — um pouco de agricultura, outro pouco de tecelagem rudimentar —, que originalmente deixara os indianos sujeitos à exploração colonial.

Gandhi afirmou que estava usando a humanidade e os interesses humanos como o centro de sua economia. Certa vez, ao ser contestado por um crítico marxista militante, que lhe disse que seu espiritualismo não tinha qualquer valor por não ter qualquer sentido econômico, Gandhi respondeu que economia alguma possuía valor se não tivesse um sentido moral de acordo com o espírito humano. Alguém poderia ter perguntado a ele: "De que vale sua preocupação pelos pobres se sua filosofia os mantém em condição de pobreza? Ou, na verdade, se os deixa ainda piores do que estavam antes?"

Numa palestra de 1973 sobre a economia gandhiana, E.F. Schumacher expandiu as ideias de Gandhi, afirmando que o modelo de desenvolvimento econômico da época deixava os pobres numa situação irremediável, abandonados diante de um déficit malthusiano de recursos:

> É amplamente aceito o fato de que há limites para o crescimento diante dos padrões estabelecidos, de modo que, em toda a sua probabilidade, as tendências estabelecidas nos últimos 25 anos não poderiam ter seguimento nem que todos assim desejassem. Os recursos físicos necessários simplesmente não existem e a natureza que nos cerca, o ecossistema, não suportaria as demandas. Gandhi sempre soube, e os países ricos agora começam relutantemente a aceitar, que sua afluência teve por base o esgotamento do mundo. Os Estados Unidos, com 5,6% da população mundial, vinha consumindo cerca de 40% dos recursos mundiais, sendo a maioria não renovável. Tal estilo de vida não poderia ser alargado para toda a humanidade. A verdade que agora está vindo à tona é que o mundo não poderia de fato sustentar os Estados Unidos, quanto mais os Estados Unidos somados à Europa, ao Japão e a outros países altamente industrializados.[10]

Ironicamente, essas observações foram publicadas em *Gandhi no mundo contemporâneo* — em 1997, logo quando a Índia começava a adotar o capitalismo de estilo ocidental que era um anátema para Gandhi e seus contemporâneos. O que Schumacher não percebeu, assim como não o teria feito Gandhi, é que os mesmos Estados Unidos que consumiam 40% dos recursos globais também produziam 40% das riquezas do mundo. Em outras palavras, o mais chocante não é o fato de que poucas pessoas estivessem *consumindo* tanto, mas de que poucas pessoas estivessem *produzindo* tanto. A economia gandhiana, obcecada pelo problema do desemprego, poderia ter se beneficiado bastante diante de tal compreensão.

Em vez de se espelhar no modelo econômico americano, o herdeiro político imediato de Gandhi, Jawaharlal Nehru, se voltou para o socialismo administrativo que esteve em voga durante seus tempos de estudante em Cambridge. Enquanto as ideias de Gandhi eram etéreas e filosóficas, formando um emaranhado nebuloso de ideais e ideologias, preconceito e superstição, as ideias de Nehru partiam de um socialismo democrático direto da Sociedade Fabiana inglesa, e ele decidiu juntar uma versão inócua do marxismo às bases morais estipuladas por Gandhi. Enquanto Gandhi falava sobre a "força da alma" e sobre o poder moral, Nehru começaria a construir um Estado industrializado de aço e concreto, decretando "planos de cinco anos" ao estilo soviético que fracassaram exatamente como Mises e Hayek teriam previsto — e que colocaram a Índia no caminho da servidão, na medida em que a burocratização do planejamento centralizado foi acompanhada pela inevitável centralização do poder. Uma geração depois de adotar o socialismo democrático, a Índia recorreria à autocracia, e a filha de Nehru com maiores dotes socialistas, Indira Gandhi, tomou posse como ditadora. Econômica e politicamente, o socialismo se tornaria um desastre para a república emergente — que levaria quase cinquenta anos para se recuperar.

## A Índia socialista: espalhando a pobreza

Fazendo um contraste, considere que, ao mesmo tempo que a Índia finalmente abriu sua economia no final dos anos 1990, a pequena e destemida Hong Kong — um antigo porto de piratas que fora destroçado na Segunda Guerra Mundial, ocupado pelos japoneses, viu dois terços de sua população desaparecer na forma de refugiados ou baixas de guerra, ameaçado pela China de Mao e governado por um poder colonial estrangeiro — se tornara uma das nações mais ricas do mundo dentro de poucas décadas. Enquanto os herdeiros de Gandhi se preocupavam em criar trabalhos de mentirinha para as legiões de desempregados indianos, Hong Kong vinha anunciando seu "capital humano" — a força de trabalho altamente produtiva que ajudou a transformar sua economia. E não foi por acidente que Hong Kong decidiu lançar suas fichas sobre o "capital humano": além de estar geograficamente bem-localizada para se beneficiar do comércio oceânico, o país praticamente não possuía recursos naturais, ao passo que a Índia contava com vastos campos de terra arável, florestas, minerais, portos de água quente e assim por diante.

O PIB per capita de Hong Kong cresceu 8.700% de 1961 a 1997, seus portos passaram a rivalizar com gigantes mundiais como Nova York e Roterdã e suas companhias de navegação chegaram a ponto de fazer frente à longínqua dominação grega. E a ascensão de Hong Kong não foi o sucesso de um homem só: conforme apontado pelo coeficiente de Gini, a população do território tornou-se economicamente mais equilibrada à medida que o país enriqueceu.

**A resposta: nada de socialismo**

"Segundo as últimas estatísticas, a renda per capita em Hong Kong é quase idêntica à dos Estados Unidos. Isso é quase inacreditável. Aqui estamos nós — um país de 260 milhões de pessoas, que se estende de um oceano a outro, com inúmeros recursos, um passado de duzentos anos de crescimento mais ou menos estável, supostamente a nação mais poderosa e rica do mundo, e, ainda assim, seis milhões de pessoas vivendo numa minúscula ilhota, com recursos desprezíveis, consegue alcançar uma renda per capita elevada assim. Como podem?"

Milton Friedman, *The Hong Kong Experiment* (*A Experiência de Hong Kong*), 1998

A Índia, por sua vez, continuou sendo uma sociedade altamente estratificada. Em vez de se voltar para o comércio exterior, voltou-se para o interior, guiada pelas ideias românticas do socialismo e da autossuficiência. O resultado foi a pobreza. "Descobriu-se que a minúscula Hong Kong arrecadava mais com suas exportações do que toda a Índia", escreveu o economista indiano Gurcharan Das. "A parcela da Índia no comércio mundial caiu de 2,2% em 1947 para 0,5% em 1990."[11] Isso significa que, depois de 43 anos de independência e autogoverno, a Índia perdera 77% de sua parcela no comércio global.

O caminho da Índia rumo à servidão começou com a política espiritualizada de Gandhi, mas foi Nehru, inspirado pelo socialista britânico Harold Laski, quem construiu o Estado socialista sob o qual o país penaria por décadas. O tipo de socialismo implantado por Nehru era de vertente democrática, mas o estudante de socialismo não deveria se surpreender ao constatar que esse se identificava bastante com os dois maiores Estados socialistas não democráticos de sua época — a União Soviética e a China de Mao — e neles se espelhava para governar. Ainda que tivesse chegado a uma conclusão diferente daquela dos críticos modernos do socialismo, Nehru pareceu entender que a organização política dos Estados socialistas, embora uma questão de consequências reais, era secundária e subordinada à organização econômica desses Estados. O socialismo na Índia democrática lembrava muito o socialismo na URSS não democrática.

Nehru, como a maioria de seus colegas fabianos, tinha uma visão amplamente romântica do socialismo, um fato que o cegou para a ameaça militar representada por seu vizinho socialista ao leste. Acreditando no slogan socialista *Hindi-Chini bhai bhai* — "Indianos e chineses são irmãos" —, Nehru não tomou qualquer precaução contra as predações purulentas de Mao Zedong. Os socialistas eram partidários autodeclarados da paz, e isso parecia ser suficiente para Nehru, que foi pego com a guarda baixa quando o Exército Vermelho chinês invadiu seu país em 1962 e anexou o território contestado de Aksai Chin, próximo à fronteira tibetana, enquanto o resto do mundo estava concentrado na Crise dos Mísseis de Cuba, outro caso curioso de pacifismo socialista.

Embora Nehru tenha sido um dos primeiros líderes mundiais a reconhecer a China comunista e tenha defendido sua agressão na Coreia, uma invasão armada era suficiente para azedar até um romance socialista como aquele. Mas Nehru continuou apaixonado pela União Soviética, em particular com seu modelo restrito de administração econômica centralizada, conhecida como *piatiletka* ou plano de cinco anos.

A versão indiana do plano de cinco anos foi a pedra fundamental da abordagem de Nehru ao desenvolvimento econômico, e seu desenvolvimento e implementação sugerem que a versão de Nehru do socialismo era de certa forma mais livre e menos ideológica do que as versões instituídas em Moscou e Pequim, embora essa seja uma questão muito difícil de avaliar. No lugar de uma administração estatal direta de todos os aspectos da vida econômica, Nehru preferiu um sistema misto, em que o governo nacionalizava as indústrias no alto comando da economia, como as siderúrgicas e grandes indústrias, ao mesmo tempo que usava um sistema de licenças, subsídios, regulamentações e cartéis para alcançar objetivos políticos e econômicos socialistas, tanto no setor público quanto no privado. Nehru estava aberto a certo nível de empreendedorismo, mas queria que o Estado fosse o maior empreendedor da sociedade.

Para ajudá-lo em sua visão, Nehru (como Roosevelt antes dele e como todos os partidos socialistas desde então) recorreu ao maior e mais inteligente talento de planejamento central disponível, encontrando tal instrumento na figura de P.C. Mahalanobis, um reconhecido matemático e estatístico. Milton Friedman, um dos maiores economistas do século XX e alguém que não demonstrava entusiasmo pelo planejamento centralizado, conhecia Mahalanobis e lhe deu alguns conselhos em particular, que seriam publicados anos mais tarde:

> Mahalanobis começou como matemático, demonstrando grande talento. Matemáticos talentosos geralmente têm suas capacidades reconhecidas em idade relativamente precoce. Cientes de suas próprias habilidades e trabalhando num campo absoluto, tendem, em minha opinião, a se tornar perigosos quando se aventuram em planejamentos econômicos. Desenvolvem planos específicos e detalhados nos quais confiam, sem talvez perceber que o planejamento econômico não é uma ciência absoluta como a matemática.[12]

Certamente não é, e o planejamento centralizado da economia indiana acabou se mostrando tão desastroso quanto o das economias russa e chinesa, ainda que não tenha sido acompanhado pela violência política quase genocida lançada nesses dois baluartes da pureza socialista. Seria possível ocupar bibliotecas inteiras com as estatísticas que documentam o terrível desempenho da economia indiana durante esse período, mas os números não capturam a estagnação subsequente da sociedade e o enorme desperdício de vidas humanas causado por esse empobrecimento desnecessário.

Embora as estatísticas sejam uma medida útil, talvez seja mais revelador descobrir que os dois termos mais populares para caracterizar a economia indiana durante esse período sejam expressões de desgosto e autodegradação nacionais. O aparato de regulamentação e licenciamento que Nehru impôs ao país com o intuito de cuidar dos interesses dos pobres obviamente não atingiu tal objetivo. Em vez disso, tornou-se, como em todos os países socialistas, uma fonte de corrupção barata. Assim, os indianos deram ao sistema o apelido de "licença raj" — *raj* era o termo utilizado para descrever os odiados ocupantes coloniais britânicos. Os indianos, a quem a história transmitiu um senso de ironia que certamente age como um mecanismo psicológico de sobrevivência, compreenderam que seus planejadores centrais haviam, em nome da libertação e do desenvolvimento nacionais, se transformado em analogias precisas de seus antigos mestres coloniais. Encontravam-se na mesma posição que os animais ao fim de *A revolução dos bichos*, incapazes de distinguir os porcos recém-arbitrários dos fazendeiros contra os quais se rebelaram.

O segundo termo descrevia os ganhos desprezíveis da economia indiana desde o tempo de sua independência até a implantação de grandes reformas econômicas nos anos 1990, enquanto os povos então retrógrados e empobrecidos da Coreia do Sul e de Hong Kong enriqueciam com a ascensão dos Tigres Asiáticos. Certamente reconhecendo que a estagnação econômica indiana se dera em grande parte ao legado da política espiritualizada e da economia moralizada de Gandhi, tal herança foi ironicamente descrita como a "taxa hindu de crescimento".

A proeminência desses dois termos é algo pequeno, porém revelador. As nações, assim como os indivíduos, podem sofrer crises de confiança e de autoaversão. E o declínio indiano sob a batuta do socialismo, a doutrina econômica mais progressiva de sua época, ideia endossada pelos intelectuais mais célebres daquele tempo, certamente deve ter sido inexplicável. Ainda mais surpreendente deve ter sido o fato de que aqueles que evitaram o socialismo e o planejamento racional da economia, atuando em enclaves sem recursos como Hong Kong, Cingapura e Taiwan, haviam enriquecido de modo estupendo. O desempenho da Índia não foi apenas minúsculo em relação ao crescimento meteórico de Hong Kong, mas estava um ponto e meio abaixo do índice médio de crescimento do Terceiro Mundo entre 1950 e 1980.

**Serviços particulares para mim, não para ti**

"K.N. Raj, reconhecido economista desenvolvimentista e professor, além de ser um dos arquitetos do plano indiano, morreu na quarta-feira. Tinha 85 anos."

"O dr. Raj — que foi o conselheiro econômico de primeiros-ministros, de Jawaharlal Nehru a P.V. Narasimha Rao, e ditou o ritmo do crescimento econômico indiano desde o primeiro plano quinquenal — enfrentava problemas de saúde havia algum tempo. O paciente chegou aqui ao *hospital particular* no sábado com sinais de febre e respirando com dificuldade, morrendo após uma parada cardíaca às duas horas e quarenta minutos da tarde." [ênfase acrescentada]

Obituário de K.N. Raj, que ajudou a esboçar o primeiro plano quinquenal indiano, *The Hindu*, 2010

"A história é cheia de ironias imprevisíveis", escreveu Jagdish Bhagwati em *India in Transition* (*A Índia em transição*), uma análise inteligente das primeiras reformas econômicas do país. Ele continua:

> O período pós-guerra, agora nos anos 1980 adentrando sua quarta década, começou com um forte desempenho econômico, além da simpatia e da aprovação ocidental em relação aos esforços e ideias desenvolvimentistas indianos. Terminou com uma economia em sérias dificuldades e, pior, com a percepção de que o país não só escolhera o caminho econômico errado, mas também, em consequência, se marginalizara na economia global. As realidades econômicas não podem ser ignoradas, e o fracasso indiano deve ser analisado cuidadosamente, uma vez que ele e suas causas são mais complexos do que se acredita, ainda que haja também sucessos compensatórios.[13]

De maneira perceptiva, Bhagwati deu àquele capítulo o título de "O modelo que não podia", acrescentando:

> Permita-me enfatizar que países como a Coreia do Sul e Taiwan, que cresceram muito mais do que a Índia no período pós-guerra até os dias de hoje, tiveram um impacto substancial em seus padrões de vida. Para se ter uma ideia da força desse argumento, ou seja, de que o fraco desempenho indiano afetou suas perspectivas de elevar o padrão de vida, é preciso compreender a força dos juros compostos. Caso o PIB da Índia crescesse entre 1960 e 1980 na mesma velocidade daquele da Coreia do Sul, hoje somaria 531 bilhões de dólares, em vez dos atuais 150 bilhões — ultrapassando o do Reino Unido, igualando o da França e alcançando o dobro do PIB chinês. A renda per capita indiana seria de 740 dólares, em vez de 260; mesmo que os benefícios do crescimento fossem distribuídos desigualmente, não é difícil imaginar que a maioria da população pobre estaria em melhores condições.[14]

A outra grande ironia é que a Índia certa vez foi sinônimo de riqueza e extravagância. Avaliando sua lamentável situação antes das reformas de mercado livre, os indianos constataram que mogóis, portugueses e britânicos não tinham ido à Índia por esta ser um país pobre, mas sim porque eram ricos — grandiosamente ricos, na verdade, sendo responsáveis por mais de 1/5 de toda a produção mundial no início do século XVIII. Na mesma época, eram uma das maiores potências manufatureiras, com suas indústrias têxteis de dar inveja ao mundo. O país tinha um sistema sofisticado de bancos e finanças. Além disso, embora a repressão política e a exploração da era colonial não deva ser subestimada, a Índia emergiu como uma nação independente com os benefícios dos sistemas britânicos e padrões de legislação e administração pública a seu lado — e foi a falta de tais instituições prolíficas, como documentou Hernando de Soto em *The Mystery of Capital* (*O mistério do capital*), que destinou tantas outras nações à pobreza e ao fracasso. "Dado o enorme superávit financeiro, uma classe tecelã especializada, grandes exportações, terras aráveis em abundância e uma produtividade razoável," pergunta Das, "a questão é: por que uma economia industrial moderna não nasceu na Índia? Ou melhor: por que a Índia empobreceu?"[15]

## Onde tudo deu errado

Enquanto os marxistas e os críticos pós-colonialistas atribuem o empobrecimento indiano às predatórias forças coloniais britânicas, existe pouco fundamento para sustentar tal alegação. Como destacou Das, a evidência econômica sugere que as operações coloniais da Grã-Bretanha constituíram um ganho econômico bruto para a Índia. O problema, como teriam previsto Mises e Hayek, era o planejamento econômico central. Ainda que o socialismo indiano tenha sido politicamente diferente do socialismo extremo da União Soviética e da China de Mao, e embora sua arregimentação econômica tenha certamente sido menos radical e mais liberal, o aparato de implantação foi o mesmo: o plano governamental, o planejador governamental e a autoridade de planejamento governamental.

Devido à impossibilidade de assegurar e organizar o conhecimento necessário para conduzir um planejamento econômico racional, os planos quinquenais da Índia eram tão defeituosos quanto os planos soviéticos, que se tornaram alvo de desdém e ridicularização nos anos da Guerra Fria, tanto no mundo livre quanto do outro lado da Cortina de Ferro.

**Um longo caminho pela frente**

"Ainda que nos últimos anos a Índia tenha desenvolvido uma economia de alto crescimento ao desmantelar grande parte da arquitetura da licença raj, o país ainda é atormentado por vestígios do socialismo, como mostra o seguinte relato: 'Fazendeiros em Vidarbha, na Índia, foram obrigados a vender suas terras ao regime socialista por um preço muito mais baixo que o valor de mercado. As leis socialista-comunistas indianas, que demonstram pouco respeito aos direitos de propriedade do indivíduo, autoriza a administração a tomar posse e desprover um indivíduo de sua terra e propriedade, ao mesmo tempo que permite que o governo estabeleça o valor do terreno. Os vendedores, vitimizados, não podem barganhar ou rejeitar o que lhes é imposto. De qualquer forma, o governo tomará posse da propriedade — tem autoridade para tal: é o maior mafioso que existe, e assim todo roubo, saque e confisco é feito de maneira legal; a vítima nem mesmo pode reclamar... O prosseguimento de uma legislação ditatorial como esta é justificada por seus defensores socialista-comunistas, que dizem que, haja vista que o governo usará o terreno para o bem-estar público (estradas etc.), este deve ser autorizado a se apossar da terra de proprietários insubmissos'"

Sudha Amit, comentarista indiano, *Don't Steal: The Government Hates Competition (Não roube: o governo detesta concorrência)*, 2007

O planejador de Nehru, Mahalanobis, era, para todos os efeitos, um homem brilhante, totalmente comprometido com a melhoria de seu país. Mas seu plano, como documentou Das, tinha falhas profundas e incorrigíveis. Os planos quinquenais não eram apenas irrealistas, mas a tentativa de implementar um planejamento centralizado foi nociva ao desenvolvimento indiano e deixou sua política pública altamente deformada. Seguindo a filosofia *Swadeshi* de Gandhi, buscou substitutos para a importação e evitou o comércio, voltando o foco para o interior durante esse processo. Seguindo as instruções do socialismo, Fabiano de Nehru estabeleceu uma enorme gama de empresas públicas nas quais o Estado tentou desempenhar o papel de empreendedor; um sistema que não era só ineficaz, mas também monopolista, uma vez que as empresas administradas pelo Estado deixavam a competição privada fora do mercado.

Da mesma maneira, a "licença raj" sufocou o empreendedorismo privado e se certificou de que o pouco capital do mundo exterior que conseguisse chegar à Índia encontraria poucos projetos para financiar. A distorção subsequente tanto da iniciativa privada quanto do enorme setor público garantiu que uma quantidade massiva de capital fosse mal utilizada em investimentos ruins e empresas improdutivas e voltadas à política. Isolados do resto do mundo por sua hostilidade ao comércio e a investimentos externos, os indianos perderam o contato com as correntes dinâmicas de pensamento, especialmente aquelas que tratavam do desenvolvimento e do uso da tecnologia.

Na base de tudo isso estava uma hostilidade à competição, um sentimento que ainda hoje é ouvido nas vozes daqueles que se opõem ao comércio global e à abertura dos mercados. Segundo Das, Mahalanobis "presumiu que a competição fosse imoral".[16] Mas a competição — diferentemente do planejamento centralizado — incentiva a produtividade, disponibilizando mais e melhores produtos a preços mais baixos. A competição necessita de inovação e investimento. A competição é o motivo pelo qual Hong Kong e Cingapura enriqueceram, enquanto a Índia cambaleou até 1997, quando abriu sua economia e começou sua notável transformação numa grande potência econômica mundial. A competição é a antítese do planejamento centralizado. É também a razão pela qual o iPhone em seu bolso é uma maravilha da engenharia e da economia, enquanto a escola pública na esquina é uma porcaria.

Capítulo 5

# AS RAÍZES PRUSSIANAS DO SOCIALISMO AMERICANO

**Você sabia?**

- O progressismo americano foi altamente influenciado por políticas autoritárias e socialistas prussianas
- O sistema escolar público dos Estados Unidos é baseado no modelo prussiano do século XIX
- A educação pública procura transformar alunos em servos úteis ao Estado

A literatura que documenta as ideias por trás do socialismo constitui uma excelente leitura — filosófica, bastante moral e séria. Ao ler as palavras de Mohandas K. Gandhi, desejemos de todo o coração que a essência humana de sua visão pudesse ter sido implementada sem a pauperização das próprias pessoas que sua *swadeshi* pretendia favorecer. Gandhi era um gigante moral, assim como Marx, a seu próprio modo, também o era — ambos tinham seus planos para transformar radicalmente o mundo, melhorando a vida dos pobres. O problema, como apontaram os economistas austríacos, não está bem no conteúdo do plano, e não necessariamente na carga moral dos homens que o desenvolveram, mas com o plano em si.

Diferentemente da Índia, Hong Kong teve muita sorte ao ter seus negócios moldados por dois homens, que não eram gigantes morais mas entendiam bem o seguinte trecho crucial de sabedoria: "No longo prazo", escreveu sir John James Cowperthwaite, secretário de finanças de Hong Kong de 1961 a 1971, "o conjunto de decisões de homens de negócios isolados, mesmo que frequentemente equivocadas, é menos suscetível de causar danos do que as decisões centralizadas de um governo, e certamente tais danos podem ser combatidos com maior rapidez."[1]

Em Hong Kong, essa ideia é conhecida como "não intervencionismo positivo" e forma o alicerce do sucesso econômico praticamente sem precedentes da cidade-estado. A opinião de Cowperthwaite foi ecoada por seu sucessor, sir Charles Phillip Haddon-Cave, cuja visão estava alinhada à de Hayek:

> O não intervencionismo positivo considera a ideia de que a tentativa do governo de planejar a alocação de recursos disponíveis ao setor privado e frustrar as operações das forças de mercado é algo normalmente infrutífero e prejudicial ao índice de crescimento de uma economia, em especial o de uma economia aberta.[2]

Esse é o tipo de discernimento que não contém a carga moral satisfatória da visão de Gandhi ou as declarações românticas dos socialistas que, ao longo da história, afirmaram trabalhar em nome dos pobres e explorados.

Os Estados Unidos, por inúmeras razões culturais, sempre se mostraram relutantes quanto a ideologias políticas altamente romantizadas, preferindo seguir seu modelo anglo-protestante de liberalismo clássico, não muito distante do "não intervencionismo positivo" de Cowperthwaite e Haddon-Cave. Mas o país não está completamente imunizado, é claro — fenômenos como a Ku Klux Klan, o movimento de milícias, a contracultura dos anos 1960, os Panteras Negras e as comunidades utópicas que surgiram pelo território americano no século XIX são expressões políticas altamente romantizadas, assim como foram outros desenvolvimentos mais comuns, como o "Camelot" de Kennedy, o *New Deal* de Roosevelt, a Grande Sociedade de Lyndon Johnson, e a facção contemporânea de direita, anticomércio e antiglobalização, associada a Pat Buchanan e à revista *American Conservative*. Esse romantismo, que precisa sempre de uma rejeição do não intervencionismo positivo, não constitui um desenvolvimento de esquerda-direita, liberal-conservadora nos Estados Unidos. Críticos libertários e paleoconservadores estão certos ao apontar uma linha de romantismo que parte do progressismo de Theodore Roosevelt até a determinação de George Bush de livrar o mundo, ou pelo menos os governos do mundo, de todo o mal.

Talvez o movimento mais romântico da história política americana — e, não por coincidência, o movimento mais europeu — tenha sido o progressismo de Woodrow Wilson, combinando o pragmatismo do espírito americano ao romantismo alemão que servia como base para o modelo prussiano de governo de Otto Von Bismarck, o santo patrono do progressismo. Críticos conservadores e libertários do progressismo americano, em especial o autor de *Liberal Fascism* (*Fascismo liberal*), Jonah Goldberg, exploraram os elos intelectuais e políticos entre as políticas almejadas pela esquerda contemporânea e aquela almejada por Bismarck, e, indo mais direto ao ponto, a seus epígonos políticos mais radicais, que vão de Lenin a Mussolini, mas incluem também, ainda mais notoriamente, os socialistas democratas.

Essa linha de crítica geralmente é rebatida com rejeição e uma boa dose de escárnio: "Como pode alguém pensante ligar Bismarck aos socialistas?", perguntam. "Bismarck era inimigo jurado dos socialistas". O que é verdade, até onde se sabe — e não é muito.

**Do cara que depois prometeria fazer do mundo um lugar seguro para a democracia**

"A administração foi estudada e aperfeiçoada na Prússia. Frederico, o Grande, severo e magistral como seu governo, declarava com sinceridade ver a si mesmo apenas como o principal servo do Estado e considerar seu grande cargo um dever público; e foi ele quem, dando prosseguimento à base estabelecida por seu pai, começou a organizar o serviço público da Prússia como um serviço da mais alta seriedade ao público. Seu sucessor, não menos primoroso, Frederico Guilherme III, por sua vez, se aprofundou ainda mais em tal labuta, planejando muitas das características estruturais mais amplas que deram firmeza e forma à administração prussiana de hoje. Quase a totalidade desse admirável sistema foi desenvolvida por nobre iniciativa."

Woodrow Wilson, *The Study of Administration* (*O estudo da administração*), 1886

Bismarck foi atormentado pela influência emergente do Partido Social-Democrata, em particular sua ala radical, cujos membros estavam ligados à tentativa de assassinato de Guilherme I. O chanceler de ferro, muito mais associado na história ao nacionalismo alemão do que ao socialismo, adotou o *Sozialistengesetze*, uma série de reformas legais criadas especialmente para sufocar o Partido Social-Democrata, proibindo a reunião de seus membros, fechando seus jornais e revistas e dissolvendo uniões afiliadas ao movimento, entre outras medidas repressivas.

A principal analogia política para esse caso é a ruptura entre as facções de Stalin e Trotsky na União Soviética. Os stalinistas eram socialistas, assim como os trotskistas; eram somente duas facções brigando pelo poder. Na verdade, a longa batalha de Bismarck contra o Partido Social-Democrata nos revela muito pouco sobre sua afinidade ideológica — ou sua aversão — com o socialismo como o conhecemos hoje.

Vamos dar um passo à frente e supor que Bismarck não fosse um socialista no sentido que usamos aqui — não defendesse a propriedade pública do capital, a supressão da propriedade privada, o estabelecimento de uma sociedade sem classes ou qualquer dos principais objetivos que o socialismo alega buscar. Bismarck batizou sua filosofia de *Realpolitik*, que podemos traduzir como *pragmatismo*. Na época de Bismarck, significava "O grande jogo", a fina arte de equilibrar as principais forças europeias, jogando uma contra a outra. Mas havia também um aspecto doméstico na *Realpolitik*; ao mesmo tempo que seu governo trabalhava para reprimir o Partido Social-Democrata, Bismarck se apropriava de algumas de suas ideias para servir a seus próprios propósitos, apaziguando os pobres e a classe operária.

Foi a *Realpolitik*, e não o socialismo romântico, que levou ao estabelecimento do primeiro Estado de bem-estar social europeu. Bismarck decretou a criação de um programa de seguro social, o direito a um seguro de saúde, pensões de aposentadoria, benefícios em virtude de incapacidade e leis restritivas de trabalho. Esses foram os primeiros programas do gênero, adotados, em grande parte, para reduzir o apelo do movimento socialista, que prometia subsídios e benefícios ainda mais vantajosos. A *Realpolitik* calculista de Bismarck chamou a atenção de outro grupo de visionários políticos, dispostos a se autoproclamar pragmáticos, embora hoje sejam mais conhecidos como progressistas.

Os mais proeminentes entre eles eram John Dewey, principal intelectual público americano, e Woodrow Wilson, reitor das universidades de Bryn Mawr e Princeton, que acabou se tornando presidente dos Estados Unidos. No entanto, muito antes desses homens serem seduzidos pelos encantos do magistral pragmatismo prussiano, sua descoberta caberia a Horace Mann, hoje conhecido como o pai do sistema de ensino público americano, a mais notável ilha de socialismo no anteriormente tumultuoso, mas hoje mais tranquilo, mar do capitalismo americano.

**Não por meio do planejamento racional?**

"As grandes questões do dia não serão aplacadas com discursos e decisões majoritárias, mas por meio de ferro e sangue."

Otto Von Bismarck, autocrata prussiano e padrinho intelectual do progressismo americano

## Escolas públicas: o socialismo americano em ação

Ainda que o modelo prussiano de educação viesse posteriormente a ser adotado nos Estados Unidos, a provisão pública de ensino no país precede em muito o estabelecimento do próprio país. O sistema de educação ao estilo prussiano implementado depois seria apresentado explicitamente como um componente do plano econômico nacional: os alunos aprenderiam habilidades que os tornariam trabalhadores produtivos, exames nacionais seriam usados para canalizá-los aos empregos adequados e toda a iniciativa seria integrada a um plano racional de desenvolvimento econômico. Essa era a essência da visão progressista dedicada à educação. Mas o primeiro projeto de educação pública nos Estados Unidos tinha um objetivo bem diferente: inibir a influência de Satanás.

A primeira lei relativa à educação pública no país foi a "Lei do Velho Enganador Satanás", cujo nome originava de sua passagem de abertura. Diferentemente da maioria das leis modernas, esse estatuto de 1647 é bastante compreensível e vale a pena considerá-lo em sua totalidade:

> Sendo um dos principais projetos daquele velho enganador, Satanás, manter os homens distantes da sabedoria das Escrituras, como antigamente fazia ao mantê-las em línguas desconhecidas, o faz nos dias de hoje induzindo que as línguas não sejam usadas, de modo que pelo menos o sentido e o significado verdadeiros do original sejam obscurecidos e corrompidos com falsas interpretações feitas por enganadores com aparência de santos; e, para que o ensinamento não seja enterrado no túmulo de nossos ancestrais, na igreja e na comunidade, o Senhor assiste nossos esforços. Assim, urge que cada paróquia nessa jurisdição, depois que o Senhor tiver feito com

que aumentem ao número de cinquenta lares, devem, sem demora, apontar uma pessoa da cidade para ensinar suas crianças, que a ela recorrerão para ler e escrever, e cujo salário será pago ou pelos pais ou pelos tutores das crianças, ou pelos cidadãos em geral, por meio de provisões, de acordo com o que determinarem os curadores da cidade; contanto que aqueles que enviam suas crianças não sejam oprimidos ao pagar muito mais do que poderiam aprender seus filhos caso estivessem em outra cidade. É também fundamental que, quando uma cidade alcançar o número de cem famílias ou chefes de família, sejam estabelecidas escolas secundárias, o maestro da qual deve instruir os jovens de modo que se tornem aptos à universidade, considerando-se que, se uma cidade deixar de fazê-lo por mais de um ano, que todas as outras cidades devam pagar cinco libras para a próxima escola até desempenharem tal tarefa.[3]

Hayek tinha muito a dizer sobre o planejamento central como abordagem dos problemas econômicos, mas pouco sobre sua função na luta contra Satanás. Basta ler as entrelinhas, porém, para decodificar a linguagem e descobrir o verdadeiro intuito dessa lei. O programa descrito pela Lei do Velho Enganador Satanás não fala sobre o ensinamento de artes liberais, mas sobre a doutrinação — *doutrinação* no sentido literal, como os cristãos empregam a palavra —, usando as escolas, sob uma disciplina política, para forçar uma uniformidade de opinião, que significa: a conformidade de toda opinião com o dogma oficial dos poderes governantes. Desde então, as escolas públicas vêm servindo a essa função.

Não era, porém, algo sem precedentes. As primeiras leis de educação obrigatória apareceram na Alemanha, no século XVI, onde as escolas eram utilizadas para impor a ortodoxia luterana sobre populações heterogêneas. O próprio Martinho Lutero era um defensor enérgico da educação obrigatória como meio de aplicar a ortodoxia religiosa, e o totalitário João Calvino teve ideias semelhantes em Genebra. A imperatriz Maria Teresa da Áustria, outra monarca que lutou contra a dissidência religiosa, agiu rapidamente ao adotar o modelo prussiano e usá-lo para impor a ortodoxia. A União Soviética, posteriormente, adotaria a educação compulsória por motivos bem parecidos, embora tenha imposto uma espécie diferente de ortodoxia.

O economista austríaco Murray Rothbard cita o argumento de Lutero a favor do estabelecimento de escolas compulsórias:

> Sustento que as autoridades civis tenham a obrigação de compelir as pessoas a mandar seus filhos à escola. Se o governo conseguir compelir quantos cidadãos que estejam aptos ao serviço militar a carregar lanças e rifles, a construir barreiras e a desempenhar outras funções marciais em tempos de guerra, não teria também o povo direito a mandar seus filhos à escola, pois nesse caso estaríamos guerreando com o diabo, cujo objetivo é exaurir sorrateiramente nossas cidades e principados.[4]

Tal argumento foi facilmente transformado numa formulação menos religiosa e mais explicitamente estadista pelo pensador progressista Calvin Stowes, que exerceu bastante influência na adoção do modelo prussiano nos Estados Unidos:

> Se uma questão de segurança pública dá ao governo o direito de compelir seus cidadãos ao serviço militar quando o país é invadido, os mesmos motivos autorizam o governo a compeli-los a prover a educação de seus filhos. Um homem não tem o direito de colocar em perigo o Estado nele inserindo uma família de crianças ignorantes e depravadas, assim como não pode permitir a entrada dos espiões de um exército invasor.[5]

A mudança de uma guerra contra Satanás (que era eufemisticamente chamado de "O Inimigo") para uma guerra contra o Inimigo do Estado foi curta e ligeira, ilustrando um ponto importante sobre a educação pública, ou seja, que o objetivo não é a educação das pessoas. O objetivo da educação pública é, e sempre foi, fazer dos integrantes do povo servidores melhores e mais produtivos do Estado — não é de admirar que os socialistas tenham abraçado a causa. O presidente Obama, falando a uma plateia de crianças, descreveu detalhadamente como espera que as escolas produzam alunos que sirvam às necessidades do Estado; de maneira pouco surpreendente, colocou a situação em termos de sua própria agenda política, enfatizando a assistência médica, a discriminação racial e a criação de empregos:

> O modo como vocês lidam com a própria educação decidirá nada menos que o futuro deste país. O que estão aprendendo hoje na escola

determinara se nós, como uma nação, poderemos enfrentar nossos maiores desafios no futuro.

Vocês precisarão de conhecimentos e habilidades para solucionar problemas que aprendem nas aulas de ciência e matemática, para curar doenças como o câncer e a Aids e para desenvolver novas tecnologias energéticas de modo a proteger o meio ambiente. Precisarão da perspicácia e do pensamento crítico que ganham nas aulas de história e estudos sociais para combater a pobreza, o problema dos sem-teto, o crime e a discriminação, tornando nossa nação mais justa e mais livre. Precisarão da criatividade e da engenhosidade que desenvolvem em todas as aulas para fundar novas empresas, que criarão novos empregos e impulsionarão nossa economia.

Precisamos que cada um de vocês desenvolva seus talentos, suas capacidades e seu intelecto para que possam solucionar nossos problemas mais complicados. Se não o fizerem — se abandonarem a escola —, não estarão apenas desistindo de si próprios, mas também de seu país.[6]

**Educação: boa para colocar as pessoas em seus lugares**

"Queremos que uma classe de pessoas tenha uma educação liberal e que outra classe, muito maior, por necessidade, em cada sociedade, abdique dos privilégios de uma educação liberal e se disponha a desempenhar trabalhos manuais específicos e difíceis. Ou estamos tentando fazer delas pessoas educadas liberalmente, ou estamos tentando produzir servos capacitados da sociedade em linhas mecânicas, ou não sabemos o que estamos tentando fazer."

Woodrow Wilson, discurso na convenção dos professores do ensino médio, 1909

Obama descreve aqui um direito de domínio eminente sobre as vidas das crianças americanas, sem usar bem essas palavras. Outros ativistas socioeducativos foram mais explícitos, e é inegável que a provisão pública de serviços educacionais é vista hoje, e sempre foi, como um componente do planejamento econômico nacional.

Seria difícil encontrar nos Estados Unidos qualquer profissão mais dedicada ao socialismo do que a dos educadores, assim como encontrar uma defesa tão popular para o socialismo como a causa da educação pública. Quando alguns pais se opuseram à transmissão do supracitado discurso de Obama para todas as escolas da rede pública, alegando que ela constituía uma doutrinação política, foram ridicularizados pela esquerda. Percebendo que alguns dos críticos de Obama descreveram sua plataforma como "agenda socialista", um colunista da página *on-line* de esquerda *Daily Kos* escreveu: "Se seus filhos frequentam a escola pública, já fazem parte dessa agenda."[7] Para deixar a questão bem clara, deu ao texto o título: "O ensino público é socialista."

Escrevendo num fórum da revista *The Nation* intitulado "Reimaginando o socialismo", o professor de história da Emory University Patrick Allitt citou as escolas públicas como prova de que "milhões de americanos são defensores ferrenhos do socialismo". "É estranho", escreveu ele, "que tantos críticos da administração de Obama mencionem 'socialismo' como se fosse uma palavra do Diabo".[8] *Palavra do Diabo*: talvez ele jamais tenha ouvido falar da Lei do Velho Enganador Satanás.

De qualquer forma, essa é uma figura de linguagem comum à esquerda: *"socialismo" soa como algo assustador, mas na verdade estamos falando sobre coisas como ensino e autoestradas públicos*. O blogueiro Jerry Webster, escrevendo para a página About.com, deu a seu texto sobre as decisões quanto à nacionalização dos salários dos professores o título "Deem uma chance ao socialismo".[9] Num artigo para o periódico sobre artes e humanidades *Helium*, Daniel Reneau pergunta: "Você gosta do ensino público? Então diga 'Obrigado, socialismo'!"[10] Outros escritores de esquerda também afirmaram que a popularidade da educação pública sugere que os americanos gostam mais do socialismo do que deixam transparecer.

E gostam mesmo. A educação pública constitui um dos setores mais populares do socialismo na vida americana, ainda que a previdência social e os sistemas de transporte público fundados pelo governo não fiquem muito atrás. Mas populares entre que público? Certamente, os educadores e administradores que controlam o sistema estão satisfeitos, como deveriam; a natureza não competitiva da educação bancada pelo governo lhes dá salários e benefícios muito maiores do que poderiam receber no setor privado. Alguns pais e donos de propriedades também ficam muito contentes com as escolas públicas. Os ricos e bem-conectados tendem a desfrutar de escolas públicas razoavelmente boas, o que os ajuda a manter o alto valor dos imóveis residenciais nas comunidades, em maior parte suburbanas, que as abrigam.

## O fracasso das oportunidades iguais

Outros americanos, entretanto, não se mostram tão satisfeitos com as escolas do governo, em particular os pobres, não brancos e aqueles que vivem nas zonas menos favorecidas das cidades. As famílias negras, sobretudo, constantemente avaliam as escolas do governo como ruins, e suas impressões subjetivas vêm de dados empíricos. Em texto de 1973, Murray Rothbard argumentava que esse era um problema de planejamento centralizado socialista da variedade clássica:

> A conveniência burocrática invariavelmente levou os estados a criar distritos escolares geográficos, situando uma escola em cada distrito e forçando os alunos a frequentar o colégio no distrito mais próximo de sua casa. O presente sistema compele um monopólio de uma escola por distrito, forçando dessa maneira uma uniformidade em cada zona. Crianças que, por algum motivo, prefiram frequentar uma escola em outro distrito são proibidas de fazê-lo. O resultado é uma homogeneidade geográfica forçada, o que significa também que o caráter de cada escola é completamente dependente de sua vizinhança. Assim, é inevitável que as escolas públicas, em vez de serem totalmente uniformes, sejam apenas uniformes *dentro* de cada distrito, e que a composição dos alunos, o financiamento de cada escola e a qualidade da educação dependerão dos valores, da riqueza e dos impostos pagos em cada área geográfica. Não há como fugir do fato de que distritos escolares mais abastados contarão com um ensino mais caro e de maior qualidade e seus professores terão maiores salários e melhores condições de trabalho que nos distritos mais pobres. Os professores enxergarão as melhores escolas como lugares superiores para trabalhar e buscarão ensinar nos melhores distritos escolares, enquanto os pobres continuarão nas áreas de baixa renda. Por isso, a operação que estabelece os distritos escolares resulta inevitavelmente na negação do fim igualitário que deveria ser o maior objetivo do sistema público de educação.[11]

Rothbard vai em frente, citando o defensor da educação pública do século XIX Newton Bateman, que urgiu por um modelo socialista de ensino obrigatório. A educação, escreveu ele, era importante demais para ser relegada ao mercado; era um bem que "não poderia ser deixado aos caprichos e às contingências de indivíduos".[12] Antecipando-se ao presidente Obama, ele mencionou o "direito de domínio eminente" do Estado sobre "corações, mentes e corpos" das crianças da nação em apoio a sua causa.[13]

O raciocínio de Bateman atingiu sua conclusão natural no estado de Oregon, que tentou não só implantar o ensino público obrigatório, como também tentou, em 1922, banir as escolas privadas, citando a necessidade de oferecer uma educação uniformizada, que gerasse bons cidadãos e trabalhadores produtivos em todas as áreas. A força motriz por trás de tal proposta era a Ku Klux Klan, que queria se certificar de que os novos imigrantes, em especial os católicos, fossem devidamente americanizados — supostamente, buscavam o mesmo que Martinho Lutero, ou seja, deveriam se adaptar à ortodoxia político-religiosa da época. O teor da ortodoxia foi mudando com o passar do tempo — Robert Dale Owen, outro proponente da época progressista da educação pública, escreveu sobre um "ensino nacional, racional e republicano, pela honra, pela felicidade, pela virtude e pela *salvação* do Estado".[14] Mas o que permaneceu constante é que a missão política do sistema educacional socialista nos Estados Unidos domina sua missão educacional nominal.

Sheldon Richman, da revista *The Freeman*, menciona uma manifestação bastante descarada da ideia num artigo que cita William Seawell, defensor do ensino público e professor da Universidade de Virginia, que afirmou que as escolas estatais, diferentemente de colégios particulares, "promovem objetivos cívicos, em vez de individuais, criando cidadãos para o bem da sociedade. *Cada criança pertence ao Estado*".[15] Uma plataforma de petróleo venezuelana, um campo de trigo russo, uma criança americana — são todos propriedades do Estado, todos grãos para o moinho do planejamento centralizado socialista. Richman percebeu que esse sentimento era ecoado numa promessa ainda mais mesquinha de Winnie Mandela, política sul-africana que, em discursos de campanha, afirmou que "os pais que não enviassem seus filhos à escola seriam os primeiros prisioneiros" de seu governo.[16]

Apesar das alegações exageradas feitas por partidários da educação socialista, seus resultados nos Estados Unidos são semelhantes aos dos cartéis socialistas na Índia ou das fazendas coletivas da URSS: os recursos são mal-alocados ou desperdiçados, os supostos beneficiários dos programas são enganados e os interesses dos planejadores centrais são aqueles mantidos com maior eficiência. As escolas situadas em zonas de baixa renda são um pesadelo por todo o país. Os gastos com educação foram às alturas, enquanto os resultados educacionais estagnaram em muitos colégios e pioraram em outros tantos. O primeiro estado a adotar um programa obrigatório de educação pública, Massachusetts, tinha maior índice de alfabetização em 1850, ano em que a lei de presença compulsória foi implantada, do que nos dias de hoje.

**É esse o real propósito das aulas de comparação governamental?**

"Sem estudos comparativos entre governos não poderemos nos livrar do conceito equivocado de que a administração se situa sobre uma base essencialmente diferente num estado democrático daquela de um estado não democrático."

Woodrow Wilson, *The Study of Administration* (*O estudo da administração*), 1886

As escolas públicas de Medfield, Massachusetts, recentemente convidaram os pais a participar do desenvolvimento de um plano quinquenal — por que essa fixação dos estadistas por planos de cinco anos? — e são um estudo de caso bastante instrutivo. Medfield não poderia ser melhor no que diz respeito a escolas públicas. Trata-se de uma comunidade muito rica, com uma renda média de mais de cem mil dólares por família e valor médio de residência (base utilizada para a receita do ensino público) acima de meio milhão de dólares. É um lugar bem opulento e branco — tão branco que nem faz a desagregação das notas escolares de alunos negros e hispânicos. Gasta-se uma quantidade enorme de dinheiro por estudante; uma quantia comparável aos custos de muitas escolas particulares boas.

Como está se saindo o socialismo nas escolas de Medfield? Para citar um exemplo típico, os "boletins" do distrito sob a lei No Child Left Behind (Nenhuma criança deixada para trás) demonstram que as notas de matemática da quarta série ficaram bem abaixo do que se esperaria de uma comunidade tão próspera. Dos alunos, 14% foram classificados como "avançados", 36% como "proficientes", 45% "precisam melhorar" e 4% estavam "sob alerta", o menor nível da escala.

Mesmo se desconsiderarmos os extremos, ainda há cerca de um terço a mais de estudantes na categoria de não proficiência do que na de proficiência.

De maneira geral, o estado de Massachusetts conta com escolas públicas bastante reconhecidas, fato esse cercado de muita retórica sobre servir a pobres e carentes. Em termos de estados, os resultados das notas escolares da quarta série para estudantes negros em Massachusetts é: 5% entre os avançados, 20% entre os proficientes, 50% precisavam melhorar e 25% sob alerta. Vê-se que as notas dos alunos negros são ainda um pouco piores que a dos estudantes de baixa renda, que obtiveram os seguintes resultados: 6% entre os avançados, 22% entre os proficientes, 50% precisavam melhorar e 22% estavam sob alerta.

E essas estão entre as melhores escolas públicas *do país*. A situação é muito pior em outros estados, em particular para estudantes negros e de baixa renda. O *Wall Street Journal* relata:

> No teste Naep padronizado do ano 2000 para avaliar o desempenho em matemática, essa é a porcentagem de alunos negros da oitava série que passaram nos respectivos estados: Nova York, 8%; Califórnia, 6%; Michigan, 6%; Tennessee, 6%; Texas, 7%; Arkansas, 2%. A média nacional para alunos negros da oitava série é de 6%, comparada aos 40% de alunos brancos. Uma diferença de 34%.[17]

Por que pais de alunos negros e de baixa renda deveriam ser "defensores ferrenhos do socialismo", para citar as palavras do professor Allitt, quando o socialismo escolar produz esse tipo de resultado? Na verdade, não são. Programas de escolha escolar são bastante populares entre famílias negras e pobres; o programa de bolsas de Washington, recentemente destruído pelos democratas congressistas sob as ordens dos sindicatos de professores, recebeu milhares de requisições para suas poucas vagas. Os resultados deram sinais inegáveis de que os alunos estavam alcançando um desempenho melhor no programa de escolas particulares do que nas escolas socialistas. O *Washington Post* informou que:

> Alunos que receberam incentivos para frequentar colégios particulares apresentaram uma probabilidade significativamente maior de concluir o ensino médio e que os pais cujos filhos receberam bolsas estavam

satisfeitos em poder optar por escolas boas e seguras. Essas recentes descobertas sobre o sistema de tíquetes escolares (*vouchers*) em Washington ressaltam o valor do programa e mostram como é errado negar essa oportunidade a futuros estudantes.[18]

Mas a eles está sendo negada a oportunidade, e estes serão sentenciados a treze anos nas fracassadas escolas socialistas de Washington. Por quê?

Se os brancos e ricos habitantes da bucólica Medfield, em Massachusetts, não conseguem fazer funcionar um plano de cinco anos para seus colégios estatais, é bem improvável que os negros das escolas de Washington, em sua maioria pobres, consigam fazê-lo. Se a questão da informação identificada por Mises e Hayek torna impossível que o planejamento centralizado racional seja aplicado a algo simples, como um litro de leite, quais são as chances de os planejadores centrais conseguirem elaborar programas racionais e efetivos para um tema tão difícil e complicado como educar as crianças de um país diversificado com mais de trezentos milhões de habitantes?

O *establishment* educacional reivindica um "direito de domínio eminente" sobre "corações, mentes e corpos" das crianças, mas para que fim? Claramente, tal fim não é e nunca foi a educação — não dos tempos de Martinho Lutero e da Lei do Velho Enganador Satanás em diante. Os interesses das crianças no sistema de educação socialista não estão sendo mais bem-atendidos do que os interesses dos milhões de indianos forçados a um estado de pobreza por seus governantes ou os interesses dos venezuelanos que passavam fome enquanto toneladas de alimentos apodreciam nos armazéns do governo socialista de Hugo Chávez.

Aos interesses de quem atende o socialismo? Essa questão vital é o tema do próximo capítulo.

Capítulo 6

# O DINHEIRO DOS OUTROS: A EDUCAÇÃO SOCIALISTA E O PROBLEMA DOS INCENTIVOS

**Você sabia?**

- Os planejadores são os maiores beneficiados com o socialismo
- A política de educação pública é formulada para beneficiar grupos de interesse específicos
- Diferentemente do socialismo, o capitalismo atende aos interesses dos consumidores

Como vimos, o socialismo não consegue atender aos interesses dos cidadãos, pois os planejadores centrais não têm meios para saber quais são esses interesses. Na falta dos dados fornecidos pelas atividades do mercado — particularmente por meio dos preços —, os planejadores econômicos se veem diante de fontes de informação bastante falhas: pesquisas de opinião, questionários, declarações de preferências (que normalmente diferem dramaticamente das preferências reais ou constatadas) e assim por diante.

Sob a batuta do socialismo democrático, a principal forma de comunicação das preferências dos cidadãos são os resultados eleitorais — por sua vez, também pouco confiáveis. Os eleitores podem apoiar um candidato ou partido em particular por uma série de motivos, e o simples fato de que a maioria apoia o candidato A em detrimento do candidato B não significa que os eleitores apoiem o programa de governo do candidato A *in toto* ou mesmo os principais pontos. Barack Obama, por exemplo, foi eleito presidente dos Estados Unidos de maneira bastante convincente, mas ainda assim os eleitores se opuseram — com veemência, em certos casos — a grande parte de seu programa político (principalmente contra a lei de estímulos) e à reforma do sistema de saúde. Os dados disponíveis sugerem que os eleitores não escolheram Obama por apoiarem itens específicos de sua plataforma, mas sim porque tinham sentimentos negativos em relação a George W. Bush e transferiram tal aversão a outros membros de seu partido, incluindo John McCain e Sarah Palin, junto a muitos candidatos ao congresso.

A maior parte das democracias desenvolvidas tem um número relativamente baixo de partidos políticos. Assim, as decisões dos eleitores pouco nos revelam sobre suas reais preferências. Imagine que nos Estados Unidos fosse possível escolher apenas entre dois tipos de automóvel: sedans econômicos pretos, com quatro portas e motores de quatro cilindros, ou coupés esportivos vermelhos, com duas portas e motores de oito cilindros, que custam o dobro. Os compradores de sedans poderiam expressar uma preferência por carros econômicos, ou talvez não tivessem dinheiro o bastante para adquirir o modelo esportivo de custo mais alto. Pode ser também que detestassem carros vermelhos. Ou ainda que, de maneira geral, preferissem coupés, mas não gostassem do design ou da cadeia cinemática do único carro esportivo disponível no mercado. O fato de que a maioria dos consumidores teria escolhido um automóvel ou outro pouco nos diria sobre suas preferências gerais. O mesmo vale para os eleitores, dada a opção entre dois candidatos presidenciais dos grandes partidos ou de três partidos rivais num sistema parlamentar.

Os resultados eleitorais nos revelam ainda menos em termos locais, que é onde os conselhos escolares são eleitos e onde é feita a maioria das decisões cotidianas sobre o ensino público. Uma quantidade relativamente pequena de eleitores vai às urnas para escolher um presidente, mas um número ainda menor — muito menor, proporcionalmente — vai às urnas em eleições do conselho escolar. Em geral, a população de qualquer comunidade sabe muito pouco sobre seu conselho escolar, seus membros e seus programas políticos, ou sobre como e por que tomam determinadas decisões. Por causa da baixa afluência às urnas em eleições para o conselho escolar e também porque a população em geral dispensa pouca atenção às agendas políticas desses conselhos, um pequeno grupo de eleitores altamente motivados tende a exercer uma influência desproporcional na tomada de decisões relativas à educação pública.

Normalmente, esse grupo influente é dominado por pessoas cujos filhos frequentam as escolas públicas, embora a educação esteja longe de ser sua única preocupação. Sistemas prestigiosos de ensino público tendem a aumentar o valor dos imóveis de uma área, portanto é mais provável que os donos desses bens demonstrem maior interesse na política relativa à educação pública que os inquilinos. Uma vez que os donos de imóveis costumam mandar seus filhos à escola pública — os inquilinos geralmente são pessoas jovens, ainda sem filhos, ou mais velhas, com filhos adultos —, o incentivo para participar das decisões do conselho escolar é dobrado, tomando forma na tentativa de maximizar a quantidade de recursos investida na educação pública. Seus vizinhos, por outro lado, talvez prefiram gastar um pouco menos nas escolas ou sejam mais céticos ao vincular aumentos de financiamento a melhores desempenhos. No entanto, uma vez que as pessoas menos entusiastas quanto aos gastos da escola pública também tendem a ser inquilinos — que colaboram com as taxas escolares de maneira indireta, embora paguem aluguéis mais caros —, é provável que se mostrem menos dispostas a lutar para que seus interesses sejam atendidos pelo conselho escolar.

O ramo da economia conhecido como "teoria da escolha pública" se dedica particularmente a esses tipos de problema, normalmente descritos como "benefícios concentrados *versus* custos dispersos". Se você é dono de uma quantidade considerável de imóveis residenciais em determinado distrito escolar, terá um grande incentivo para apoiar maiores investimentos na educação pública. Mas se for um inquilino e o único impacto que sofrerá com tais investimentos for um aumento de dez dólares no aluguel, seu incentivo para contestar esses gastos será relativamente baixo. Numa escala maior, as companhias de petróleo que recebem bilhões de dólares por ano em subsídios por meio do programa de etanol americano (a BP recebeu seiscentos milhões de dólares em subsídios de etanol em 2010, mesmo depois que a empresa foi declarada inimiga pública número um por membros do congresso) têm fortes motivos para defender esses subsídios e fazer *lobby* para que sejam ampliados. Entretanto, os consumidores que pagam dez centavos a mais por galão nos postos de gasolina talvez nem saibam que estão contribuindo para um retorno de cinco bilhões de dólares para a indústria de energia. Uma indústria que movimenta tanto dinheiro certamente investirá pesadamente em *lobby* e em influência política; já o motorista e seus dez centavos, não.

**Uma lição sobre incentivos**

"Em Nova York, incêndios culposos se tornaram tão comuns (após a imposição do controle aos aluguéis) que a cidade respondeu com abonos especiais de bem-estar social. Por certo tempo, inquilinos que tiveram seus lares queimados foram colocados no topo da lista para cobiçadas moradias públicas. Aquilo deu aos inquilinos um incentivo para colocarem fogo no lugar onde moravam — e foi o que eles fizeram, muitas vezes colocando televisores e móveis nas calçadas antes de começarem o incêndio."

William Tucker, *Zoning, Rent Control and Affordable Housing* (*Zoneamento, controle de aluguel e moradias acessíveis*), 1991

A questão de benefícios concentrados *versus* custos dispersos significa que a única fonte de informação à qual têm acesso os planejadores centrais — as decisões dos eleitores — é distorcida, em muitos casos com grande intensidade. É essa distorção de conhecimento e incentivos — e (geralmente) não de corrupção ou prevaricação por parte dos políticos eleitos — que explica resultados paradoxos tão comuns nas democracias: um sistema de maioria absoluta que dá origem a decisões que a maioria não teria escolhido e, em muitos casos, são exatamente o oposto do que a maioria teria preferido.

Quanto mais socialista é um sistema, mais ele sofre com esse problema. Num mercado altamente competitivo, os consumidores tomam decisões por si próprios e — mais importante — são forçados a gastar seus próprios recursos de acordo com essas decisões. Já num sistema socialista, os consumidores de bens e serviços fornecidos pelo governo usam a força da política para consumir num nível mais alto que fariam caso tivessem de arcar, eles próprios, com todos os gastos. A maioria das pessoas provavelmente preferiria ter uma Ferrari a ter um Hyundai, mas a venda de Hyundais é muito maior, pois uma Ferrari custa caro. Se as pessoas pudessem votar para adquirir uma Ferrari ao preço de um Hyundai — e seus vizinhos fossem forçados a compensar a diferença de preço por meio de impostos mais altos —, a Ferrari venderia muito mais carros.

## Quem colhe os lucros do socialismo?

Os consumidores não são o único grupo de interesse capaz de jogar com o sistema no modelo socialista que oferece bens e serviços. Por mais fortes que sejam os estímulos de consumidores altamente motivados, há outro grupo de pessoas com uma série de estímulos ainda mais fortes: os próprios planejadores centrais, ou seja, os funcionários do governo que cuidam das burocracias socialistas. Mais uma vez, o sistema de educação pública americano é um bom exemplo de como atuam esses incentivos.

Embora os Estados Unidos sejam um país amplamente capitalista, as educações primária e secundária são conduzidas de acordo com um modelo quase exclusivamente socialista. O sistema de ensino americano é mais socialista que a agricultura soviética sob o comando de Stalin. Cerca de 90% dos alunos americanos frequentam escolas públicas durante os cursos primário e secundário e praticamente 100% dos contribuintes colaboram com o sistema. Conquanto tenham tentado, os soviéticos jamais conseguiram que a agricultura chegasse a ser 90% socialista.

Essa não é uma comparação jocosa; assim como os apparatchiks soviéticos usaram suas posições de influência para exigir melhores salários, melhores alimentos, melhores acomodações e outros privilégios discordantes do vasto proletariado em nome do qual afirmavam trabalhar, os funcionários do governo americano — e das escolas públicas, em particular — gozam de salários melhores, uma assistência médica mais vantajosa, maior segurança de emprego, aposentadorias garantidas, generosas férias remuneradas e outros benefícios que não passam de sonho para os trabalhadores em nome dos quais alegam terem se envolvido com o "serviço público". Além disso, a economia do sistema de ensino público americano seria prontamente familiar a qualquer estudioso da economia soviética.

O economista Paul Craig Roberts revela uma passagem interessante sobre as deficiências do planejamento econômico soviético: quando o desempenho de uma fábrica de pregos foi medido pelo total de unidades produzidas, os diretores da fábrica decidiram fazer grandes quantidades de pregos pequenos e finos. Quando a medida de desempenho foi mudada para peso bruto, os diretores resolveram produzir pregos grandes e pesados. Em ambos os casos, os produtores produziram o que mediam as medidas, independentemente de saber se a economia realmente precisava de um monte de pregos pequenos ou de um número menor de pregos pesados.

A economia socialista do sistema de educação pública americano funciona de maneira semelhante: quando as escolas eram avaliadas por seus índices de graduação, abaixavam os critérios, e mais alunos se formavam. Quando eram avaliadas por meio das notas de testes padronizados, deixavam de lado aspectos gerais da educação e se concentravam nos temas cobertos pelos testes, fazendo *lobby* para que os exames fossem elaborados de modo a maximizar a nota de seus alunos. (Em alguns casos, os educadores ensinavam os alunos a colar sistematicamente nos testes padronizados.) Quando foram disponibilizados recursos extras para alunos com "necessidades especiais", os educadores passaram a classificar mais e mais de seus estudantes como portadores de "necessidades especiais". Ao investigar os orçamentos dos distritos escolares na Filadélfia, descobri que um deles chegou a classificar seu programa para alunos proeminentes como destinado a portadores de "necessidades especiais", aumentando assim tanto os investimentos recebidos quanto seu sucesso na educação de alunos com necessidades especiais.

Obviamente, a melhor maneira encontrada pelos diretores para atingir as metas estabelecidas pelos planejadores centrais foi passar a reescrever eles próprios o plano central. Ao estudar a produção industrial soviética, o professor Roberts observou:

> Quando examinei pela primeira vez o sistema, ficou claro para mim que os sinais interpretados pelos diretores constituíam a principal diferença entre a economia soviética e uma economia de mercado normal. Num mercado normal, os diretores organizam a produção interpretando os preços e os sinais de lucro. Na economia soviética, os diretores interpretam indicadores brutos de produção. A diferença crítica é que esses indicadores brutos de produção se mostram irracionais do ponto de vista da eficácia econômica. Os diretores soviéticos eram tão autônomos quanto suas contrapartidas no mercado. Estabeleciam suas próprias metas encobrindo a capacidade produtiva e exagerando sua necessidade de recursos. Os planejadores soviéticos atuavam primariamente como fornecedores para empresas, esforçando-se para abastecê-las de entradas o suficiente para cobrir suas metas de saída bruta. O sistema de fornecimento material raramente conseguia atingir esse objetivo, e os diretores das fábricas soviéticas faziam permutas entre si e produziam suas próprias entradas. Tal atividade

me levou à conclusão de que a economia soviética, como um mercado, era organizada policentricamente, e não hierarquicamente, como um sistema de planejamento. O "plano central" nada mais era que a soma dos planos individuais dos diretores de fábricas.[1]

Em 1998, as escolas públicas de Nova York formularam um plano de cinco anos e conduziram suas atividades assim como faziam os diretores das fábricas soviéticas: o plano de cinco anos estabelecido coletivamente se tratava de uma soma das preferências preexistentes dos "diretores das fábricas" — nesse caso, os professores, representados por seus sindicatos, junto a seus chefes e outros administradores. Na verdade, os professores dominaram de tal maneira o processo que o plano de cinco anos se concentrou num único desejo central dos diretores da fábrica educacional: reduzir o tamanho das classes.

A literatura sobre as realizações educacionais demonstra que há pouca ligação entre o tamanho das classes e o desempenho dos alunos. Mas classes menores significam menos trabalho para os educadores — mas não menores salários —, e assim uma redução no número de estudantes por turma se tornou um objetivo-chave para professores e para as burocracias que cercam a educação. Os sindicatos de professores também vêm lutando há muito pela necessidade de uma graduação avançada ou por um salário maior para aqueles que possuem diplomas de mestrado ou mais. A pesquisa mostra que não há qualquer relação entre o nível de graduação dos professores e o desempenho escolar dos alunos. No entanto, graduações avançadas fazem aumentar os salários dos educadores — assim como os dos diretores — e, talvez o que seja mais importante, proporcionam benefícios de aposentadoria muito mais vantajosos, já que esses são diretamente ligados aos salários referentes aos últimos anos da carreira de um professor.

O professor Roberts teve bastante dificuldade em reunir dados econômicos significativos para seus estudos sobre a produção industrial soviética. Felizmente para os estudiosos do socialismo de economias mistas, temos dados muito melhores sobre a economia relativa à educação pública americana, e estes espelham as tendências das produções socialistas em indústrias e nações. Entradas são mal-alinhadas e recursos são mal-alocados; os interesses dos consumidores não são satisfeitos, mas os dos apparatchiks, sim. Para resumir: os gastos reais (isto é, gastos calculados de acordo com a inflação) com educação nos Estados Unidos foram às alturas — e não apenas nas últimas décadas. Os gastos reais com o ensino americano cresceram uma média de 3,5% acima e além do índice da inflação por um século, como relataram Eric A. Hanushek e Dale W. Jorgensen em seu estudo para o Conselho Nacional de Pesquisas, intitulado "Aprimorando as escolas americanas".[2] Ao mesmo tempo que as despesas reais vêm aumentando, na maior parte dos casos o real desempenho educacional permaneceu estagnado, embora tenha declinado em alguns e, em outros, mudado radicalmente. Mais gastos por uma produção menor — essa é uma boa definição dos resultados econômicos do socialismo.

Segundo Hanushek e Jorgensen, os custos da educação americana obedecem a três fatores: os salários dos educadores, a diminuição das classes e os gastos com fatores não instrucionais. Este inclui despesas administrativas e os salários de funcionários que não são ligados ao ensino, como conselheiros, assistentes e enfermeiras, mas esconde também uma boa parcela de dinheiro endereçada aos bolsos dos professores. Os gastos com os educadores que se aposentam, por exemplo — as generosas pensões e os altos benefícios investidos em suas assistências médicas, que os sindicatos dos professores exigem dos contribuintes —, são classificados como custos não instrucionais, uma vez que são destinados a profissionais aposentados, e não aos atuantes. Juntos, esses três elementos passam a fazer parte de um programa que paga muito mais para que os professores trabalhem menos, sem qualquer exigência de que alcancem melhores resultados diante da redução de suas cargas horárias. Como escreveram Hanushek e Joergensen:

> Comparado ao aumento dos custos, o desempenho dos alunos, na melhor das hipóteses, se manteve constante, embora possa ter decaído. Ainda que medidas de desempenho agregadas possam ser um tanto imprecisas, tudo indica que não houve melhoria nos desempenhos escolares nas últimas duas décadas. Conquanto haja uma leve oscilação, a figura geral é de estagnação.

Talvez a descoberta mais dramática da análise sobre as escolas tenha sido a de que classes menores geralmente não demonstram qualquer impacto no desempenho dos alunos, ainda que tenham implicações óbvias para os custos. Além disso, a evidência econométrica básica é sustentada por evidências experimentais, fazendo deste um dos resultados mais claros desse tema bastante pesquisado. Mesmo que algumas instruções específicas possam ser reforçadas em classes menores, o desempenho estudantil na maioria das aulas não é afetado pela variação do tamanho da classe em situações que contem com um número entre, digamos, quinze e quarenta alunos. Contudo, mesmo diante de altos custos que não trazem benefícios aparentes de desempenho, a política geral de estados e distritos locais vem sendo a de reduzir o tamanho das classes com o intuito de aumentar a qualidade.

Uma segunda constatação, quase igualmente dramática, é a de que a obtenção de uma graduação mais avançada não garante que os professores trabalhem melhor na sala de aula. A probabilidade de que um professor com um diploma de bacharel consiga extrair de seus alunos um bom desempenho é a mesma de um professor que tenha concluído o mestrado. Uma vez que o salário de um educador aumenta invariavelmente com o título de mestre, esse é mais um exemplo de despesas adicionais que não geram qualquer ganho no desempenho escolar.

Esses efeitos de recurso são importantes por dois motivos. Em primeiro lugar, as variações nas despesas educacionais nas salas de aula são amplamente determinadas pela proporção de alunos por professor e pelo salário do educador, que, por sua vez, é amplamente determinado por sua escolaridade e experiência. Se esses fatores não têm uma influência sistemática no desempenho do aluno — como mostram as evidências —, a ampliação dos recursos, como vem acontecendo até o momento, dificilmente proporcionará uma melhoria. Em segundo lugar, seja explícita ou implicitamente, as escolas vêm buscando um programa para acrescentar esses recursos específicos. Hoje em dia, as instituições de ensino apresentam recordes de baixa proporção de alunos por professor, recordes de educadores com mestrado e os profissionais com maior experiência, pelo menos desde os anos 1960. Esses fatores são resultados de muitos programas específicos que contribuíram para o rápido crescimento do custo por aluno, mas não levaram a um melhor desempenho escolar. As escolas não tentam se certificar de que o aumento das despesas produza uma melhoria no desempenho.[3]

> **A tentação do dinheiro alheio**
>
> "Há quatro maneiras de gastar dinheiro. Você pode gastar seu próprio dinheiro consigo mesmo. Ao agir assim, você presta bastante atenção no que está fazendo e tenta com que o dinheiro renda o máximo possível. Você pode também gastar seu dinheiro com outra pessoa. Por exemplo, posso comprar um presente de aniversário para alguém. Nesse caso, não darei a mesma importância com o teor do presente, mas prestarei bastante atenção ao custo. É possível também gastar o dinheiro de outra pessoa comigo mesmo. Fazendo isso, buscarei ter um ótimo almoço! Para terminar, posso gastar o dinheiro de alguém com outra pessoa. Caso faça isso, não me preocuparei com o valor nem com o que comprarei. É assim que funciona o governo. E significa cerca de 40% de nossa receita nacional."
>
> Milton Friedman, entrevista à Fox News, 2004

A última frase é particularmente reveladora: os educadores não tentam se certificar de que o aumento das despesas resulte num melhor desempenho escolar. Mas por quê? Para aqueles que dirigem as escolas, receitas infladas constituem um benefício intrínseco, independentemente de produzirem resultados superiores; quanto maior o orçamento, maior o salário do administrador responsável. Quanto mais dinheiro no sistema, mais será dispensado a salários e benefícios.

Vale a pena destacar que muitas das despesas classificadas como "custos não institucionais" acabam enriquecendo os funcionários do sistema escolar por meio de pensões e programas de assistência médica. Quando não há relação entre salários e desempenho, os custos inevitavelmente sobem e a qualidade diminui, e é precisamente o que aconteceu com as escolas públicas americanas. No entanto, uma vez que os custos são encobertos por um sistema bizantino de impostos e subsídios, em vez de serem explícitos, como na forma de um cheque anual destinado à educação, os consumidores desses serviços não têm uma experiência direta da disfunção econômica do sistema.

## Uma ligação para Gordon Gekko

Compare esse modelo de fornecimento de bens e serviços com praticamente qualquer produto oferecido pelo mercado competitivo. Defensores da escola pública, como Barack Obama, fazem discursos apaixonados sobre a necessidade de educação e seu papel crítico em nossa sociedade, mas continuam a proteger o que é — não esqueçamos — uma abordagem prussiana do século XIX sobre o tema.

Os Estados Unidos do século XXI não se parecem muito com a Prússia do século XIX (a Prússia de hoje também não se parece com a Prússia de outrora), mas ainda usa seus métodos educacionais. Jamais pensaríamos em utilizar seus métodos de transporte (cavalo-vapor era literalmente a potência do *cavalo*), seus meios de comunicação (os telégrafos) ou sua tecnologia militar (baionetas e armas carregadas pelo cano). Mas os sistemas estatais tendem a se preservar de modo que ultrapassem as barreiras racionais, e é por isso que os Estados Unidos ainda mantêm a reserva de hélio que criou para a guerra com dirigíveis — presume-se que para combater aqueles prussianos do século XIX.

Compare nossas defeituosas escolas públicas com telefones móveis. Celulares e os serviços prestados para a telefonia celular formam indústrias altamente competitivas, nas quais inovações e capital do mundo inteiro são canalizados — sem um plano de cinco anos, por incrível que pareça — para atender às necessidades dos consumidores. Houve uma melhoria imensurável num curto período. Em 2010, os espectadores de cinema que assistiram ao *trailer* do filme *Wall Street — O dinheiro nunca dorme*, de Oliver Stone, gargalharam ao ver o telefone celular vintage de 1985 que o criminoso de colarinho branco Gordon Gekko recebe entre seus pertences ao ser solto da prisão. É uma ótima piada — a coisa mais parece um tijolo. Mas há algo ali que vai além da estética desajeitada da tecnologia da era Reagan. O telefone celular de Gordon Gekko, o Motorola DynaTac, custaria o equivalente a pouco menos de dez mil dólares em 2010. As contas mensais pelo serviço chegavam a centenas de dólares. Envio de mensagens de texto e e-mails, comuns em 2010, não existiam então — mesmo um gigante de Wall Street como Gordon Gekko não poderia baixar uma canção pelo iTunes. No ano de 2010, você não poderia dar o celular de Gordon Gekko — seu estimado símbolo de status e mais notável indicador de riqueza e sofisticação — a um garoto de uma habitação pública no Bronx.

Contudo, o mesmo garoto do Bronx que tem acesso a algumas das melhores tecnologias de comunicação na história da humanidade se vê sem saída em meio a um sistema de educação pública fracassado — uma versão de terceira categoria de um modelo prussiano do século XIX que mesmo em seu auge provavelmente não atenderia a seus interesses. A diferença é que o modelo socialista de educação *não foi elaborado para atender aos interesses do garoto*, enquanto o modelo da iniciativa privada, que deve competir por consumidores e por seu dinheiro, não tem outra opção senão atender a seus interesses. O modelo do mercado livre também apresenta suas falhas, mas na maior parte dos casos um produto ruim ou defeituoso é expulso do mercado pela competição. No modelo socialista, não há competição para excluir maus produtos ou serviços ineficientes, e é por esse motivo que um visitante vindo do ano de 1929 reconheceria suas escolas públicas, mas ficaria maravilhado com os telefones celulares que o público recebe gratuitamente no shopping center local.

Vale a pena destacar — e isso deve deixar perplexos os planejadores centrais mais fanáticos — que algo tão milagroso quanto a rede de telefonia celular, responsável por levar uma tecnologia que antes pertencia aos quadrinhos de Buck Rogers às mãos de pessoas comuns, incluindo os pobres, não foi alcançado por meio de um plano nacional ou global coordenado. Na verdade, foi exatamente a ausência de um plano central que permitiu que a indústria prosperasse e inovasse.

Se tivéssemos estruturado a telefonia celular do mesmo modo que fizemos com a educação, os incentivos seriam radicalmente diferentes: o cara vendendo um DynaTac de 1985 teria o mesmo lucro daquele que vende um iPhone; os consumidores não teriam escolha entre a boa cobertura da Verizon e a da AT&T, que não funciona em alguns lugares, mas em vez disso teriam de se contentar com a rede a eles atribuída de acordo com a rua onde moram. Uma vez que todos pagariam impostos para fornecer telefones celulares à população inteira, apenas os ricos teriam dinheiro o bastante para entrar no mercado da telefonia celular privada, o que sufocaria qualquer inovação. Sem competição, não haveria estímulos para a redução dos preços — na verdade, todo incentivo seria para aumentá-los.

Dados os defeitos inerentes ao modelo socialista de fornecimento de bens e serviços, perguntamos: por que alguém escolheria o socialismo, em primeiro lugar? Há inúmeras respostas possíveis para essa questão: ressentimento de classe, inveja socioeconômica, aversão ao risco, desconfiança irracional dos empresários que buscam o lucro etc. A melhor resposta, entretanto, surpreenderá a muitos: a Suécia.

Capítulo 7

# POR QUE A SUÉCIA NÃO PRESTA?

**Você sabia?**

- Os suecos nos EUA capitalista se saem melhor do que aqueles que moram na Suécia socialista
- Os "sucessos" socialistas da Suécia não podem ser repetidos na maioria dos países
- O socialismo transformou a Suécia num país de trapaceiros baratos

Venezuela, Coreia do Norte, União Soviética, a China de Mao, a Índia pré-reforma, as escolas das áreas de baixa renda americanas, a Amtrak, a indústria do grafite no Sri Lanka, os bancos nacionalizados no México nos anos 1980, Cuba, Laos, Vietnã, Bangladesh, Líbia e o regime Sandinista — há um catálogo imenso envolvendo o socialismo, do âmbito local ao nacional, do geral ao particular, sobre o qual os socialistas não querem que falemos ao abordar o assunto. A lista de países sobre os quais querem que falemos é bem curta e diz apenas: Suécia.

Escrevendo para o *Independent*, da Grã-Bretanha, Hamish McRae chamou a Suécia de "A sociedade mais bem-sucedida do planeta".[1] Para não ficar para trás, Polly Toynbee, do *Guardian*, a batizou de "A sociedade mais bem-sucedida que o mundo já teve".[2] Em 1976, a *Time* descreveu a Suécia como uma verdadeira utopia que operava sob a *samhället*, resposta mais liberal sueca à ditadura de Marx sobre o proletariado e a "ideologia Juche" da Coreia do Norte:

> É um país cujo próprio nome se tornou sinônimo de um paraíso materialista. Seus cidadãos gozam de um dos padrões de vida mais elevados do mundo e muitos deles possuem símbolos de afluência individual: uma casa própria ou um apartamento moderno, um carro para a família, um *stuga* (chalé de verão) e, em muitos casos, um barco a vela. Não há favelas desfigurando suas cidades, o ar e a água do país são livres

de poluentes e seus habitantes têm cada vez mais tempo livre para se dedicar à paixão coletiva de estar *ut i naturen* (em meio à natureza) nas florestas que ocupam metade de seu território. Nem problemas de saúde, desemprego ou uma idade avançada representam motivo para que temam dificuldades financeiras. Para resumir, os 8,2 milhões de cidadãos suecos têm motivos de sobra para estar contentes. E a maioria está.

Os benefícios que vão do berço ao túmulo providos pela *samhället* não encontram pares em qualquer outra sociedade livre fora da Escandinávia. Os suecos gozam de uma educação pública que vai até a universidade, têm quatro semanas de férias anuais e programas de treinamento caso queiram mudar de carreira. Em busca de novas maneiras de aplacar a *Angst* da vida, um político local chegou a propor que o governo disponibilizasse parceiros sexuais gratuitos para pessoas solitárias.[3]

A Suécia, em particular, e o modelo escandinavo de socialismo, de modo geral, deram aos socialistas americanos a melhor evidência para seus argumentos. Um dos mais perspicazes entre eles, Jesse Larner, da revista *Dissent*, atribui o suposto sucesso do socialismo sueco a sua não inclinação a estabelecer um plano centralizado para toda a economia. Segundo Larner, "Hayek compreendeu pelo menos um grande ponto: a visão de uma sociedade perfectível inevitavelmente leva ao *gulag*".[4] Mas o modelo escandinavo, afirma ele, dá espaço a uma expressão menos autoritária e mais genuinamente democrática do socialismo. "A possibilidade da existência de modelos não totalitaristas da social-democracia, como aqueles surgidos na Europa pós-guerra, deveria alertar os leitores quanto às limitações de Hayek", defende.[5]

Pode haver socialismo sem um planejamento centralizado? Larner defende exatamente esse modelo e outros "socialistas de mercado" que insistem na implementação de sistemas semelhantes. Hayek escreveu sobre Lenin, Stalin e Hitler. As limitações articuladas por ele, segundo seus opositores, não se aplicam a outros tipos de socialismo, menos centralizados. Larner escreveu:

> Amplos modelos de como a sociedade deveria funcionar rejeitam a sabedoria de soluções que funcionam e refutam a legitimidade (Lenin, Mussolini, Mao, Ho, Castro e Qutb negam seu próprio direito de

*existir*) de indivíduos que demonstram uma sensatez antiortodoxa. Os defensores desse modelo devem, por sua própria rigidez, inventar a figura do *contrarrevolucionário*. Para Hayek, é isto que o socialismo, o comunismo e a coletividade — segundo ele, há pouca diferença — significam: a perigosa ilusão da perfectibilidade. O único tipo de socialismo que considera em *O caminho da servidão* é o utopismo de uma sociedade perfeita controlada pelo Estado, na qual a direção da economia e todas as suas entradas e saídas são planejadas, com a degradação moral e política agregada que Hayek demonstra de modo bastante convincente.[6]

Sob muitos aspectos, o modelo escandinavo é superficialmente atraente e nenhuma crítica ao socialismo pode ignorar seu sucesso. Enquanto os supermercados estatais da Venezuela demonstram falhas que podem ser comparadas à educação pública americana, os países escandinavos parecem ser uma exceção. Por quê?

Para entender o sucesso aparente do socialismo escandinavo, primeiro é necessário compreender as condições culturais e econômicas que permitira a ascensão desse sistema, o qual, na superfície, parece ser radicalmente mais bem-sucedido que outros modelos de socialismo. O economista Milton Friedman está entre aqueles que acreditam que exista algo mais profundo na cultura escandinava que sirva como óleo para a máquina socialista. Quando um socialista escandinavo se vangloriou para Friedman, dizendo: "Na Escandinávia não temos pobreza", sua resposta foi perspicaz: "Que interessante! Nos Estados Unidos, entre a população escandinava, também não temos pobreza."[7] Isso não é bem verdade: o índice de pobreza entre os suecos americanos é de cerca de 6,7%, segundo os economistas Geranda Notten e Chris de Neubourg. Qual o índice de pobreza na Suécia? Também 6,7%.

O que parece inegável é que os países escandinavos, especialmente a Suécia, possuem instituições de governo muito mais eficientes que os Estados Unidos. "É verdade, os impostos são altíssimos", dizem os admiradores do socialismo sueco, "mas pelo menos eles recebem algo em retorno". Uma das coisas que recebem é um governo relativamente eficiente, com baixos níveis de corrupção. Instituições públicas eficazes são uma característica das sociedades com altos níveis de confiança social, e a Suécia é uma delas. A má notícia para o resto do mundo — mas especialmente para sociedades muito complexas, como as dos Estados Unidos, da Índia e da China — é que as condições sociais que produzem esses altos níveis de confiança geralmente não são transmutáveis. (Isso também é uma má notícia para a Suécia, que está rapidamente se transformando no tipo de sociedade que não conseguirá dar continuidade ao Estado de bem-estar social relativamente bem-sucedido que a caracterizou pela maior parte do século XX.)

**Ele lutou contra o socialismo... e perdeu**

"O novo primeiro-ministro conservador sueco, Carl Bildt, de 42 anos, pretende levar a Suécia de volta à família de países de mercado livre. 'O coletivismo e o socialismo foram jogados na lixeira da história', disse-nos durante uma visita recente. 'Não há compromisso possível que possa estar entre o controle estatal e o capitalismo.'"

*Wall Street Journal*, 1992

Sociedades com um alto índice de confiança tendem a ser étnica, religiosa e linguisticamente homogêneas, relativamente pequenas, e muitas vezes culturalmente isoladas pelo uso de uma língua rara, como o sueco ou o islandês. As histórias de sucesso do socialismo escandinavo são tão culturalmente homogêneas que a maior parte desses países (Islândia, Noruega, Dinamarca e Finlândia) ainda conta com igrejas estatais financiadas pelos contribuintes, algo que seria um anátema numa sociedade religiosamente complexa como a dos Estados Unidos. A própria Suécia teve uma igreja estatal até 2000, e a Igreja da Suécia, uma congregação luterana, ainda retém algo próximo de um status oficial e lista 73% dos suecos como membros — num país onde 85% são ateus.

Mesmo que os americanos que apoiam a diversidade quisessem reproduzir as condições sociais que sustentam o socialismo sueco, isso se mostraria impossível, assim como o fato de sua população regredir para dez milhões, quando hoje é o terceiro país mais populoso do mundo, com mais de trezentos milhões de habitantes. Às vezes, essa constatação óbvia fica aparente até para os políticos americanos predispostos a adotar o modelo sueco do socialismo. O presidente Obama, desafiado por um crítico a explicar por que a Suécia solucionou sua crise bancária com relativa serenidade, comparada aos Estados Unidos, explicou:

> Eles assumiram os bancos, nacionalizaram-nos, livraram-se dos ativos ruins, revenderam os bancos e, alguns anos depois, estavam novamente a todo vapor. Olhando para o que fizeram, você pode pensar que a Suécia é um bom modelo. Mas o problema está aqui: eles têm só uns cinco bancos. Nós temos milhares. A escala da economia americana e os mercados de capitais são enormes, então os problemas para administrar e controlar qualquer coisa em tal escala seria... Nossa conclusão foi que não faria sentido. E também temos tradições diferentes nesse país.[8]

De alguma forma, uma série de fatos paralelos e conclusões igualmente óbvias passaram despercebidas pelo presidente e seu grupo quando se tratou da reforma do sistema de saúde americano. (Voltaremos depois a esse assunto.)

## O lado negro de um paraíso socialista

O elevado nível de coesão cultural da Suécia, assim como o de seus vizinhos escandinavos, tem suas desvantagens, entretanto. Nos últimos anos, o país abriu suas portas para um alto índice de imigração; cerca de 13% de sua população atual nasceu no estrangeiro, embora se deva destacar que o maior grupo de imigrantes é formado por *Finalndsvensk* — pessoas que falam sueco, vindas da vizinha Finlândia — que compartilham tradições culturais similares e são facilmente assimiladas pela sociedade sueca. Para os imigrantes não escandinavos, incluindo refugiados dos Bálcãs, da África e do Oriente Médio, as perspectivas são bem diferentes. A jornalista britânica Christina Patterson, que durante a infância passava os verões na Suécia, lamenta o "conformismo quase universal" do país e assim descreve a situação: "Numa nação onde quase todos são louros e belos (descobri que Goering passou um verão feliz no *resort* praiano de minha infância), o imigrante não branco é recebido com generosos benefícios do Estado de bem-estar social e uma bela dose de desconfiança."[9]

O que não recebem são trabalhos. Embora os imigrantes representem cerca de 15% da população em idade de trabalho, sua proporção de desempregados é muito maior. Na realidade, a Suécia possui uma das maiores disparidades no âmbito do índice de desemprego entre imigrantes e o índice de desemprego entre nativos no mundo desenvolvido. Seu mercado de trabalho é rigidamente segregado de acordo com linhas raciais, como relata o economista sueco Johan Norberg:

> Os problemas do desemprego resultam em segregação *de facto*. Apesar de um passado quase sem conflito racial, o mercado de trabalho sueco é mais segregado que os dos Estados Unidos, da Grã-Bretanha, da Alemanha, da França ou da Dinamarca — países com uma história racial muito mais complicada que a da Suécia. Um relatório do Partido Liberal precedente às eleições de 2002 demonstrou que mais de 5% de todos os distritos suecos tinham índices de emprego inferior a 60%, com índices de criminalidade e resultados escolares inferiores muito piores que o de outros lugares. A maioria desses distritos fica no subúrbio, portanto os estrangeiros raramente os veem. A quantidade de distritos segregados continua a crescer. Em algumas vizinhanças, as crianças crescem sem jamais ver alguém indo trabalhar pela manhã. Bolsões de desemprego e exclusão social são formados, especialmente em áreas onde vivem muitos imigrantes não europeus. Quando os suecos percebem que muitos imigrantes vivem à custa do governo, seu interesse em contribuir com o sistema esvaece.
>
> Como em outras partes da Europa Ocidental, a segregação de áreas para imigrantes leva a isolamento, crimes e, em alguns casos, radicalismo. No ano passado, Nalin Pekgul, presidente curda da Federação Nacional de Mulheres Social-Democratas, explicou que fora obrigada a se mudar de um subúrbio de Estocolmo devido à criminalidade e à ascensão do radicalismo islâmico. O anúncio abalou todo o sistema político. "Uma bomba pronta para explodir" é uma das metáforas mais comuns quando se fala na exclusão social na Suécia.
>
> Os imigrantes que conseguem manter seu espírito empreendedor intacto geralmente o levam para outro lugar. Centenas de somalis e iranianos desempregados deixam a Suécia a cada ano e se mudam para a Grã-Bretanha, onde frequentemente encontram um emprego. O contraste entre uma experiência e outra pode ser surpreendente. O historiador econômico sueco Benny Carlson recentemente comparou as experiências de imigrantes somalis na Suécia com aquela de seus compatriotas em Minneapolis, Minnesota. Apenas 30% encontrou um emprego na Suécia, praticamente a metade do número verificado nos Estados Unidos. Há também cerca de oitocentos empreendimentos administrados por somalis em Minneapolis, contra apenas 38 na Suécia.

Carlson citou dois imigrantes que, juntos, resumiram as disparidades. "Há oportunidades aqui", disse Jamal Hashi, que gerencia um restaurante africano em Minneapolis. Já seu amigo, que migrou para a Suécia, contou uma história diferente: "Você se sente como uma mosca presa sob um copo. Seus sonhos são destruídos."[10]

Assim como os somalis nos Estados Unidos obtêm resultados econômicos diferentes de seus compatriotas na Suécia, os suecos que vivem na América do Norte se saem bem melhor que aqueles em sua terra natal. O salário médio de um sueco na Suécia é de 36.600 dólares, enquanto a média nos Estados Unidos é de 45.500 — e o salário médio de um sueco nos Estados Unidos atinge 56.900 dólares —, 55% a mais que a média sueca.

Na verdade, se a Suécia fosse um estado americano, seria o mais pobre de todos. A classe demográfica mais pobre do país, constituída pelos afro-americanos, goza de uma renda familiar média levemente superior à média sueca. Quanto mais extremo o socialismo, mais extrema a pobreza; enquanto os negros americanos têm um padrão de vida melhor que os suecos, os negros sul-africanos sob o apartheid, sob muitos aspectos, desfrutavam de um padrão de vida superior a seus contemporâneos sujeitos ao socialismo russo. Por exemplo, os negros sul-africanos possuíam mais automóveis per capita em 1983 que os cidadãos soviéticos,[11] sugerindo que mesmo um sistema de opressão perverso e intencional não decretou sobre suas vítimas uma privação material maior que o sistema socialista, cujo intuito era ajudar seus menos favorecidos.

Não parece, mas a Suécia é relativamente pobre, e sua situação está se degradando cada vez mais; em 1970, o país tinha a quarta maior renda média do mundo, enquanto em 2000 se encontrava na 14ª posição, dando sinais de que cairia ainda mais no ranking.

Um dos motivos que levaram a isso é o fato de que há menos suecos trabalhando. Isso, por si só, já é um acontecimento estranho, considerando-se que a população daquele país figurava entre as que mais trabalhavam no mundo desenvolvido, ultrapassando em horas os Estados Unidos e os *workaholics* sul-coreanos. Hoje, 10% dos suecos em idade de trabalho estão precocemente aposentados, recebendo pensões por invalidez. Cerca de 16% das despesas do governo nacional são destinadas a subsidiar os dias de licença médica dos trabalhadores, e o índice de absentismo de funcionários alcançou níveis epidêmicos. O que explica que um dos povos mais saudáveis do planeta frequentemente se encontre incapacitado e tantas vezes doente demais para trabalhar? Será que houve algum tipo de acidente terrível? Uma batida envolvendo treze mil automóveis Saab? Uma epidemia escandinava?

A resposta mais provável é: esses funcionários não estão incapacitados nem doentes. Na Suécia, uma sociedade outrora definida tanto por sua ética de trabalho protestante quanto por seus ideais sociais igualitários, jogar de acordo com o sistema — defraudando seu vizinho contribuinte — se tornou socialmente aceitável, algo que seria inimaginável para os suecos da geração precedente. Norberg argumenta que essa mudança na psicologia nacional é uma reação direta aos incentivos criados pelo modelo sueco de socialismo:

**Felizmente eles têm assistência médica gratuita!**

A Suécia conta com "a força de trabalho menos saudável do mundo", relata o jornalista sueco Ulf Nilson. E segunda-feira é o "dia com maior incidência de doenças na semana". "Outro modo de descrever a *Svenska sjukan* (a doença sueca) é dizer que cerca de um milhão de suecos em idade de trabalho (num total de cinco milhões) não irão ao emprego hoje", escreve ele. "Ou amanhã, ou depois de amanhã. Em outras palavras, 20%. Um quinto [de cada sueco em idade de trabalho]." Apesar de tudo o que foi dito, a doença *não acomete* mulheres de idade avançada, mais suscetíveis que qualquer outro grupo. Pelo contrário: segundo informações, os suecos que mais ficam doentes são homens jovens, supostamente os espécimes mais saudáveis do planeta.

"A essa altura, você pode pensar: ops, tem algo de estranho nisso." E tem mesmo.

"A maioria dos homens jovens, num número que atinge milhares a cada dia, mente ao dizer que está doente para faltar ao trabalho. O mesmo vale para milhares de moças. E pessoas mais velhas também. Dizem estar doentes sem estar — e por quê? Porque se tornou um hábito. E porque — isto é muito importante! —, em função do estúpido sistema de impostos, perde-se muito pouco ao não ir ao trabalho."

Há uma tendência de que as mentalidades mudem quando os incentivos são alterados. O aumento dos impostos e dos benefícios públicos desestimulou o trabalho duro e encorajou o absentismo. Imigrantes e gerações mais jovens de suecos se viram diante de incentivos distor-

> cidos e não desenvolveram a ética de trabalho estabelecida antes que os efeitos do Estado de bem-estar social começasse a corrompê-los. Quando outras pessoas fraudam o sistema e saem ilesas, você passa a ser considerado um otário por acordar de manhã cedo e trabalhar até tarde. Segundo pesquisas, hoje metade dos suecos acha aceitável faltar ao emprego por motivos que não de doença. Quase a metade pensa que é possível faltar quando alguém da família não se sente bem e um número praticamente igual acha que pode ficar em casa quando há muito a ser feito no serviço. Nossos antepassados trabalhavam mesmo quando estavam doentes. Hoje, faltamos por "motivos médicos" mesmo quando nos sentimos bem.[12]

Se acreditarmos na palavra dos suecos, eles formam a sociedade menos saudável do mundo desenvolvido. Cerca de 20% dos suecos em idade de trabalho recebem alguma forma de benefício referente ao desemprego, muitos deles relacionados à doença e à incapacidade — e muitos deles quase certamente fraudulentos.

Talvez o mais interessante sobre essa mudança na psicologia nacional seja que o socialismo sueco, apesar de seus altos impostos e sua gama generosa de benefícios relativos ao estado de bem-estar social, não constitua um sistema especialmente redistributivo. Se o estado de bem-estar social americano tende a resultar num grande número de transferências interpessoais — cobram-se impostos de Pedro para subsidiar Paulo —, o mecanismo sueco é historicamente voltado para transferências intertemporais — cobrar impostos do jovem Pedro para financiar a aposentadoria do velho Paulo. Segundo estimativas, cerca de 80% a 85% dos benefícios sociais suecos são autofinanciados, ou seja, grande parte dos beneficiados recebem do sistema o que nele haviam colocado, subtraindo-se os custos (substanciais) representados pela administração estatal dos programas.

Os suecos têm plena consciência disso. Na verdade, a mentalidade de que "se recebe aquilo que se dá" é um dos motivos pelos quais a população aceitou índices tão altos de impostos e um estado de bem-estar social tão amplo e custoso. Mas defraudar o sistema por meio de ausências não justificáveis e exageros em termos de alegações de incapacidade enfraquecem essa mentalidade. Tais atitudes não só fazem do sistema de transferências algo mais interpessoal e menos intertemporal, mas também contribuem para reduzir os altos níveis de confiança social que originalmente tornaram possível tal sistema.

Não é nenhuma surpresa constatar que o modelo socialista sueco se encontra em problemas. Na verdade, parece cada vez mais provável que o socialismo acabará minando o *ethos* historicamente igualitário, confiante e trabalhador da nação — deixando aos suecos os altos impostos, as despesas e um setor público disfuncional familiar aos estudiosos do estado de bem-estar social europeu, privando-os, entretanto, de quaisquer benefícios que tal sistema lhes possa ter oferecido.

Além disso, esses benefícios não são totalmente claros. Os suecos são um povo saudável e longevo, por exemplo, e os aficionados pelo socialismo europeu argumentam que isso é uma prova do sucesso do sistema de saúde centralizado público. O país apresenta um índice de pobreza muito baixo e uma economia aparentemente igualitária, o que também é visto como evidências de que o socialismo sueco funciona maravilhosamente. Mas a verdade é que tudo isso já fazia parte da realidade da nação muito antes da implementação do Estado socialista sueco. Em 1950, a população já apresentava uma média de vida superior em 2,6 anos à dos americanos, segundo a usina de ideias sueca Captus.[13] Sessenta anos de "A sociedade mais bem-sucedida que o planeta já viu" fizeram com que a diferença aumentasse para 2,7 anos. Em 1980, o PIB per capita sueco era 20% mais alto que o americano, mas em 2001 o PIB per capita dos Estados Unidos era 56% mais alto. Boa parte da responsabilidade por essa diferença está nos altos níveis de impostos; em contraste com as taxas da Suécia dos anos 1960 que eram aproximadamente iguais às dos Estados Unidos, hoje o índice de impostos representa mais de 52% do PIB — metade da produção econômica do país é apreendida pelo Estado.

A maior ironia é que todo esse socialismo fez da Suécia uma sociedade, sob muitos aspectos importantes, menos igualitária e menos generosa que aquela criada pelo capitalismo supostamente implacável dos Estados Unidos. Embora a renda na Suécia seja distribuída de maneira muito mais balanceada que nos Estados Unidos, suas riquezas não são distribuídas de forma semelhante. Por outro lado, renda e riquezas estão intimamente correlacionadas nos Estados Unidos, onde a maior parte daqueles que enriquecem o fazem por meio de empregos bem-remunerados ou abrindo seus próprios negócios. Na Suécia, a riqueza está menos ligada à renda que nos Estados Unidos, o que sugere menor probabilidade de que os suecos mais abastados tenham trabalhado por seu patrimônio que os americanos ricos e maior probabilidade de que o tenham herdado ou obtido por meio de ligações de família.

**Os trabalhos que os suecos não fazem**

"Algumas pessoas em Washington se referem jocosamente à IKEA como a embaixada sueca. E não há dúvidas de que essa seja a cadeia de lojas sueca mais famosa no mundo. A IKEA é conhecida por sua falta de funcionários, tanto nas lojas quanto nos escritórios. Os consumidores veem a IKEA como uma experiência 'faça você mesmo'. Tal estilo de atendimento vem dos altos custos que representa um funcionário sueco. Ingvar Kemprad, fundador da IKEA, construiu um modelo de emprego que minimiza os custos de trabalho impostos pelo Estado".

*Washington Times*, 2007

Além de ser, sob muitos aspectos, menos igualitário que o capitalismo americano, o socialismo sueco não pode nem se vangloriar de ser mais generoso em relação aos pobres e desafortunados que os caubóis capitalistas dos Estados Unidos. Embora estudos baseados em estatísticas da Organização para a Cooperação e Desenvolvimento Econômico geralmente encontrem uma enorme disparidade entre os gastos sociais na Escandinávia socialista e nos Estados Unidos capitalistas, esses números não levam em consideração um fator importante: a Suécia e outros países do norte europeu cobram impostos sobre muitos dos benefícios concedidos, enquanto nos Estados Unidos a maioria dos benefícios é isenta de impostos e a própria legislação de impostos é usada para prover subsídios sociais, por meio de programas como o Crédito Fiscal por Renda Recebida.

Além disso, os custos sociais geralmente são calculados como uma porcentagem do PIB. Este, no entanto, é muito maior nos Estados Unidos que nos países socialistas escandinavos. Levando-se em consideração as diferenças de PIB, o sistema de taxação e o tratamento dos impostos destinado aos benefícios do estado de bem-estar social, a posição dos Estados Unidos fica bem em meio às utopias socialistas europeias no que diz respeito às despesas com benefícios públicos, cobrando impostos muito mais baixos e contando com uma economia muito mais robusta e dinâmica.

Gastar mais e receber menos: o socialismo sueco lembra bastante a educação pública americana.

Capítulo 8

# COREIA DO NORTE: LUTANDO POR UM SISTEMA FRACASSADO

**Você sabia?**

- O socialismo provocou diretamente milhões de mortes por desnutrição na Coreia do Norte
- A situação política norte-coreana é mais fruto do socialismo que dos caprichos de seus ditadores
- Como outros tiranos socialistas, Kim Jong-il mistura política com biologia

É difícil acreditar que a história faz surgir monstros toda vez que um governo centralizado excepcionalmente poderoso é criado. Sinceramente, quais seriam as probabilidades de Kim Il Sung, a verdadeira definição política de um monstro, ter um filho igualmente monstruoso, se não ainda mais, para herdar seu império? Quais seriam as probabilidades de que o grande demônio do século XX, Vladimir Lenin, contasse com um tenente igualmente perverso, Josef Stalin, para continuar sua obra quando morresse? E quais seriam as probabilidades de que Stalin visse sua imagem refletida em Adolf Hitler, outro monstro que se ergueu da penumbra da política no mesmo momento histórico?

Muito pode ser dito sobre a imoralidade desses homens, mas há tanto — ou provavelmente mais — a ser dito sobre as ideologias por eles adotadas. Ideologias movem o mundo. Uma ideologia política é o que difere um criminoso comum de um tirano genocida. Uma ideologia política é o que transforma um estudante de artes amargurado em Hitler ou um ladrãozinho de bancos em Stalin.

Surge então a pergunta: que tipo de ideologia pode ter transformado o time de pai e filho tiranos da Coreia do Norte nos senhores de um Estado anacrônico, faminto e escravo, uma ilha de estalinismo antiquado em meio ao mar do crescente capitalismo asiático? Tal ideologia tem um nome: "Juche".

Na ocasião do septuagésimo aniversário do ditador norte-coreano Kim Il Sung, seu filho, Kim Jong-il, futuro ditador, publicou um ensaio sobre a "ideologia Juche", a filosofia por trás do regime socialista de sua família. Trata-se de um documento bastante banal e bombástico, mas é notável por seu forte — na verdade, *fanático* — compromisso com a ideologia de um planejamento centralizado socialista. A Juche sustenta que o homem é o centro do universo, possuindo poderes ilimitados para transformá-lo, desde que tenha o tipo certo de liderança política e siga os princípios corretos. Como diria outro líder que tentou transformar sua sociedade, a ideologia Juche diz que "somos a mudança pela qual esperávamos". Kim escreveu:

> A ideologia Juche é um novo pensamento filosófico, centralizado no homem. Como disse o líder (Kim Il Sung), ela é baseada no princípio filosófico de que o homem é senhor de tudo e tudo decide. A mesma levantou a questão fundamental da filosofia ao considerar o homem seu fator principal e elucidou o princípio filosófico de que o homem é senhor de tudo e tudo decide.[1]

Esse tipo de pensamento heroico e antropocêntrico é familiar aos estudiosos de Jean-Jacques Rousseau, que via o soberano (em seu caso, um soberano abstrato: o "estado de direito") como uma espécie de receptáculo, por meio do qual a "vontade coletiva" é coletada e canalizada ao Estado, o caldeirão onde é fervida até virar política por meios obscuros. Ecos de Rousseau podem ser ouvidos ao longo da história do socialismo, e não é por coincidência que os defensores do antidemocrata Hugo Chávez o descrevem, num tom apologético, como um "democrata rousseauniano", o que significa um não democrata.

Os norte-coreanos certamente não têm em mente uma democracia familiar quando descrevem sua nação como uma República *Democrática* Popular. Se não é por meio da democracia, como pode o homem "decidir tudo"? E o que quis dizer Kim com a expressão? De maneira prestativa, ele explicou suas ideias:

Dizer que o homem é senhor de tudo significa que ele é o mestre do mundo e de seu próprio destino; dizer que o homem tudo decide significa que ele desempenha o papel decisivo na transformação do mundo e ao moldar seu destino.

O princípio filosófico da ideologia Juche é o da filosofia antropocêntrica que explica a posição e o papel do homem no mundo. O líder deixou claro que o homem é um ser social com *Chajusong* [uma expressão peculiar coreana que, *grosso modo*, significa "consciência social"], criatividade e conhecimento.

O homem, por meio de sua existência material, não é somente um ser material. É o ser material mais desenvolvido, um fruto especial da evolução do mundo material.

O homem já era proeminente ao emergir do mundo da natureza. Ele existe e se desenvolve reconhecendo e mudando o mundo para que este sirva a suas necessidades, ao passo que todas as outras vidas materiais permanecem.

O homem, obviamente, não pode viver fora do mundo; ele vive e conduz suas atividades no mundo. A natureza é o objeto do trabalho do homem e também a fonte material de sua vida. A sociedade é uma comunidade onde as pessoas vivem e conduzem atividades. Ambientes naturais e condições sociais exercem grande efeito sobre a atividade humana. Se os ambientes naturais se mostram bons ou maus, e, em particular, se os sistemas político e econômico de uma sociedade são progressistas ou reacionários — tais fatores podem afetar de maneira favorável o empenho humano em remodelar a natureza e desenvolver a sociedade ou limitar e restringir tal atividade.

Contudo, o homem não se adapta meramente a ambientes e condições. Por meio de sua atividade independente, criativa e consciente, ele continua a transformar a natureza e a sociedade, mudando a seu bel-prazer o que não atende às suas necessidades e substituindo o que é antiquado e reacionário com o que é novo e progressista.[2]

Isso significa que a realidade não é a realidade, mas apenas o material bruto com o qual o todo-poderoso HOMEM — pelo qual Kim claramente quer dizer o todo-poderoso ESTADO — molda uma nova realidade de acordo com os mandatos dos políticos.

**Exceto pelo canibalismo, o que mais vem produzindo esse socialismo?**

"Dezenas de milhares de pessoas sofreram com o último estado de fome na Coreia do Norte, entre 1995 e 1997. Lee, que pediu para que seu verdadeiro nome não fosse divulgado, era uma funcionária num escritório estatal que registrava as mortes em sua cidade. É uma bela jovem de 29 anos, com cabelos encaracolados até os ombros e uma pele lisa e impecável, que não revela as dificuldades pelas quais passou e que encontra dificuldade para explicar. 'Começamos a ver casos de canibalismo', relembra, fazendo uma pausa. 'Você provavelmente não entenderia.' Ela segue adiante: 'Quando se está morrendo de fome, você vai à loucura...'

'Não posso condenar o canibalismo. Não que eu quisesse comer carne humana, mas sofríamos tanta fome... Vi uma mulher ser questionada por canibalismo. Ela disse que o gosto era bom.'

O recebimento de auxílio internacional por meio de alimentos gradualmente interrompeu o estado de fome, deixando um número de mortos estimado entre trezentos mil e dois milhões."

*Washington Post*, 2003

Provavelmente não há ideia mais perigosa do que acreditar que uma sociedade pode ser aperfeiçoada, que os homens que nela residem podem também ser aperfeiçoados e que podemos, por vontade própria, começar a "substituir o que é antiquado e reacionário pelo que é novo e progressista". Não que não tenhamos tentado: Lenin, Stalin e Mao viam grandes parcelas de suas sociedades como obsoletas e reacionárias e tentaram eliminá-las. Hitler ficou conhecido por protestar que "os judeus não são socialistas!" ao explicar seu antissemitismo. Mas se você acredita que é possível controlar todo o conhecimento relevante de uma sociedade, que pode tomar decisões racionais para governar cada aspecto da vida e que possui um mandato histórico que o permite fazê-lo, deve acreditar que é capaz de criar uma espécie de utopia, um paraíso político na Terra.

No entanto, quando o plano fracassa — e o plano sempre fracassa —, deve-se encontrar alguém para culpar. Ao longo do século XX, movimentos políticos que se entendiam por socialistas foram responsáveis pela morte de cerca de cem milhões de pessoas.[3] Na China, no Camboja e na URSS, a convicção na perfectibilidade da sociedade não levou a um paraíso terrestre, mas sim a um inferno, especialmente para os pobres desafortunados que foram classificados como "antiquados e reacionários" por regimes socialistas que implementavam o melhor pensamento "científico" que conseguiram elaborar para administrar as questões humanas.

Sob a ideologia Juche, esse pensamento alegadamente científico tem três componentes: *chaju*, ou independência política; *charip*, ou independência econômica (um conceito não muito diferente da ideologia *swadeshi* de Gandhi); e *chawi*, ou defesa nacional agressiva. No que diz respeito à independência política, a ideia de que o norte-coreano comum pudesse ter qualquer interferência nas questões do Estado é claramente um anátema ao regime de Kim. Já *chajui*, caso signifique algo, é sinônimo do nacionalismo norte-coreano. Também há pouco a dizer sobre *chawi*: a Coreia do Norte sempre usou de agressividade em suas operações militares, aterrorizando seus vizinhos, torpedeando um navio aqui e ali e usando seu arsenal nuclear como ferramenta de chantagem. Nacionalismo e militarismo são características bastante comuns aos estados socialistas — particularmente nos mais abrangentes —, mas nada há de singularmente socialista sobre eles. A *charip* de Kim, entretanto — a filosofia de independência econômica da ideologia Juche —, é de certo interesse e digna de ser estudada como uma corrente da economia socialista.

A *charip*, assim como a *swadeshi*, é uma convicção na autoconfiança. Como tal, rejeita o comércio e os investimentos internacionais. De certa forma, é inconcebível que um Estado socialista pudesse aceitar o comércio internacional com economias não socialistas. Acreditando que a iniciativa privada voltada para o lucro é, por definição, um ato de exploração das classes operárias, um regime socialista que fizesse parte do fruto daquela árvore supostamente venenosa estaria enriquecendo à custa dos mesmos trabalhadores cuja libertação do capitalismo é sua própria razão de existir. Num regime socialista abrangente não deve existir lucro, uma vez que ele é, de acordo com a Teoria do Valor Trabalho, a prova do crime capitalista. Obviamente, sem lucro não há como financiar o comércio; os socialistas sempre esperaram ludibriar a questão por meio de grandes excedentes de produção industrial e agrícola, mas é claro que suas economias raramente — para não dizer nunca — produzem em excesso.

Como resultado, as sociedades socialistas muitas vezes recorrem a formas brutas de nacionalismo econômico, argumentando que tudo o que é necessário na vida pode ser produzido localmente sob as condições socialistas. Esse tipo de retórica nacionalista também é bastante comum em setores planejados pelo governo nos países não socialistas; é possível ouvir ecos da retórica *charip* nos discursos de progressistas americanos que lamentam a "dependência do país em relação ao petróleo estrangeiro". A Coreia do Norte não só rejeita a dependência em relação ao petróleo estrangeiro como a tudo que vem do exterior — pelo menos na teoria. Na prática, o país recebe ajuda em forma de alimentos vindos do Ocidente, assistência médica e energia fornecida pela Coreia do Sul e outros meios de assistência humanitária internacional.

*Juche* e *charip* fazem parte da constituição norte-coreana, e a decisão do país de se manter isolado economicamente resultou nas consequências inevitáveis familiares a qualquer estudioso do socialismo. Como relatou o jornalista Mitchell Lerner, o plano de cinco anos implementado por Kim Il Sung no final dos anos 1950 obteve certo nível de sucesso. Dos alimentos cotidianos como pasta de feijão e molho de soja a produtos ocidentalizados como cerveja e refrigerantes, o regime socialista conseguiu nacionalizar quase toda a sua produção, alcançando uma marca entre 90% e 100%, segundo a maior parte das estimativas.

**Encurtando o futuro**

Aos dezesseis anos, Myung Bok já tem idade para se alistar no exército norte-coreano. Por sua aparência, seria difícil de acreditar. O adolescente tem pouco menos de um metro e meio, a altura de um aluno americano do quinto ou sexto anos.

Myung Bok escapou do norte comunista no último verão para se juntar a sua mãe e irmãs mais novas, que fugiram para a China. Quando as encontrou, sua irmã Eun Hang, de catorze anos, não reconheceu o garotinho mirrado avançando pelo caminho de terra que levava à sua cabana num povoado próximo à fronteira norte-coreana, a quem não vira nos últimos quatro anos.

"Não acredito que este é meu irmão mais velho", disse Eun Hang, com tristeza, ao lembrar os tempos de infância, quando sua altura não ultrapassava os ombros de Myung Bok. Hoje ela consegue ver o topo da cabeça do irmão sem precisar se colocar nas pontas dos pés.

Os adolescentes fazem um ritual quase diário: colocam-se prostrados diante de um armário de madeira, onde fazem marcas com um canivete, esperando que, ao se alimentar com uma dieta regular, Myung Book cresça o bastante para recuperar seu status de irmão mais velho.

> O Programa Mundial de Alimentação e a Unicef relataram no último ano que a subnutrição crônica deixara 42% das crianças norte-coreanas atrofiadas — o que significa que seu crescimento foi seriamente comprometido, provavelmente de maneira permanente. Um relatório precedente feito por agências das Nações Unidas alertou sobre provas contundentes de que a atrofia física poderia ser acompanhada por danos intelectuais.
>
> *Los Angeles Times*, 2004

Entretanto, os regimes socialistas normalmente não se limitam a fazer planos para a indústria do refrigerante. Kim Il Sung embarcou numa campanha de amplo alcance para atingir de maneira veloz e maciça essa industrialização, a redistribuição de terra e dos recursos agrícolas e projetos similares de reorganização econômica em larga escala. Passados poucos anos, a população sob o regime de Kim sofria com a fome. Faltava habitação, a eletricidade não chegava em boa parte do território e era inconstante no resto, os serviços de água e esgoto estavam em frangalhos e a infraestrutura do país entrou rapidamente em ruína, situação na qual se encontra até hoje — exceto pela Torre Juche e seus 170 metros de altura, monumento erguido em homenagem a Kim Il Sung, composto por um bloco de granito para cada dia de sua vida até o momento da construção da torre.

Em pouco tempo, o país sofreu os efeitos da fome e milhões de pessoas morreram. Lerner relata uma alegre transmissão da rádio estatal nos anos 1990: "Hoje irei ensiná-los maneiras saborosas e saudáveis de comer grama silvestre."[4] No auge da fome, os norte-coreanos passaram por algo ainda pior — relatos de canibalismo chegaram aos círculos de inteligência e à imprensa internacional.

## O "louco" Kim Jong-il: um insulto aos loucos

Para muitos, isso parece uma loucura completa. Estrangeiros, principalmente os ocidentais, frequentemente descrevem Kim Jong-il como "insano" ou "irracional" e caracterizam o comportamento de seu governo como "bizarro". "Não sabemos muito sobre a Coreia do Norte e sobre quem é Kim Jong-il", disse certa vez o deputado da Califórnia Jay Kim. "Sei que não se trata de um sujeito racional."[5]

O que não percebem é que Kim está agindo de acordo com a ideologia Juche, uma forma de socialismo excêntrica, não há dúvida, mas que nos deveria ser familiar, dada nossa experiência com outras expressões do socialismo, de modo a compreendermos a conduta aparentemente errática de Pyongyang. A Coreia do Norte não é formada pela personalidade de Kim Jong-il espalhada por todo o seu território, mas sim pela grossa camada de socialismo que o cobre.

Muitas vezes foi notado que o regime de Kim se torna mais belicoso precisamente nos momentos em que está mais vulnerável e precisa buscar ajuda da Coreia do Sul ou do Ocidente. Mas a conduta de Kim é muito menos previsível sob a luz dos mandatos da ideologia Juche, que sustenta que a Coreia do Norte possui um mandato histórico para implantar o socialismo integral em seus próprios termos, seguindo seus próprios interesses (definidos como idênticos ao autointeresse tacanho do regime em vigor), independentemente de qualquer influência externa.

Seguindo a ideologia Juche, a Coreia do Norte rejeita os valores estrangeiros exatamente pelos mesmos motivos que (teoricamente) o faz com os produtos estrangeiros: ambos são incompatíveis com o socialismo. Se isso é loucura, é do tipo que pega: Stalin sofria da mesma doença. Assim como Lenin. E Mao. E Hugo Chávez, mais recentemente. A teoria da "loucura" na história mundial nos revela muito pouco sobre a conduta de tais regimes; a compreensão da ideologia socialista e suas implicações nas conturbadas realidades da vida econômica como de fato ocorrem é muito mais esclarecedora.

"Eu não usaria a palavra louco para descrever Kim", disse a especialista sobre a Coreia do Norte Kongdan Oh, numa entrevista à jornalista Laura McClure. "É um ditador bastante inteligente, corajoso e audaz, que sabe como controlar a sociedade e age estrategicamente para surpreender seu povo e o mundo. Não é diferente de uma pessoa como Stalin ou Saddam Hussein, mas sob muitos aspectos foi mais bem-sucedido. A economia vem sendo devastada desde o início dos anos 1990, mas ainda assim o país consegue seguir junto. Algo o impede de desmoronar."[6]

Oh acredita que o que mantém o país unido é o punho de ferro de Kim, um governo com base no terrorismo estatal e na retaliação violenta do regime a seus críticos. Mas o mais provável é que o fator que mantém a Coreia do Norte unida seja a ideologia Juche, que se entrelaça em cada aspecto da vida norte-coreana de modo difícil de ser compreendido por aqueles que nunca viveram numa sociedade hermeticamente fechada. Nas palavras de um desertor norte-coreano: "Jamais pensei que a ideologia Juche fosse algo fechado ou opressivo. Simplesmente a aceitava como verdade. Não poderia imaginar ser desleal a Kim Il Sung. Fiquei triste quando ele morreu — tanto quanto senti a morte de meu pai."[7]

Essas lições infelizmente se perderam na esquerda moderna e naqueles que continuam a romantizar o socialismo. Num artigo para a revista trimestral *International Socialism*, Owen Miller ensaiou a ladainha familiar dos defensores do socialismo no que diz respeito a regimes como o da República Democrática Popular da Coreia: o que está acontecendo em Pyongyang não é o "verdadeiro socialismo", mas sim o "capitalismo estatal". Não é culpa do socialismo, mas o resultado da influência maligna de Josef Stalin, cujos agentes dominaram a Coreia do Norte em seus primórdios. É porque o país não é democrático o suficiente, nacionalista em abundância e um "Estado dos trabalhadores" ilegítimo. Num exercício bizarro de equivalência moral, ele escreve que em seus primórdios "o regime norte-coreano era um 'governo de marionetes' não muito diferente do Iraque ocupado dos dias de hoje".[8] Mas há, obviamente, uma diferença clara: o socialismo.

A Coreia do Norte não foi o único Estado a usar a fome como arma de terrorismo em massa: o "Holodomor" de Stalin fez com que cerca de dez milhões de ucranianos morressem de desnutrição e muitos milhões perecessem sob os períodos de fome induzidos politicamente por Mao.

**Esta é outra maneira de chamá-lo**

"Crepúsculo no Reino Malvado dos Anões Eremitas."

Mario Loyola, descrevendo a crise do regime norte-coreano, *National Review*, 2010

Devemos também considerar que a causa de todo esse sofrimento não foi a presença de homens maus, mas de ideias equivocadas. Quando os americanos olham para seus pais fundadores, normalmente ficam admirados pela sorte que tiveram ao fazer parte da criação da república um grupo de homens que incluía o austero aristocrata George Washington, o democrata Thomas Jefferson, o prático Alexander Hamilton, o cético Benjamin Franklin, o idealista Tom Paine e o restante dos iluminados de 1776. Eram todos grandes homens, não há dúvida — mas se a revolução tivesse tomado outro rumo, se tivesse seguido os passos da Revolução Francesa e descambado em terror, opressão e repressão, nossas opiniões sobre essas pessoas seria consideravelmente diferente.

Os Fundadores Americanos eram grandes homens, mas também trabalhavam a serviço de grandes ideias — o pensamento cético ianque de que, com um simples governo republicano para defender as fronteiras e enforcar ladrões, as pessoas ficariam melhor se cuidassem de si mesmas. Cada ditador do século XX parecia singularmente perverso — até que sua crueldade fosse equiparada ou ultrapassada pelo ditador da nação vizinha. Qual a probabilidade de que homens perversos pudessem chegar ao poder, mais ou menos na mesma época, na Alemanha, na Itália, na Rússia e na China? Uma explicação mais plausível é que, por mais malévolos que fossem esses ditadores, foi a ideologia que seguiam, e não o caráter moral peculiar deles, que assumiu o papel de fator decisivo. A ideologia do planejamento central é um convite ao exercício do poder ditatorial e da repressão, como argumentou Hayek com tanta habilidade em *O caminho da servidão*.

No entanto, não precisamos voltar à história do século XX para explorar essa questão. Em nosso tempo, ainda perdura no mundo uma verdadeira, abrangente e comprometida iniciativa socialista: a República Democrática Popular da Coreia do Norte. Embora seja em grande parte isolada do mundo, o que lhe rendeu o apelido de “Reino Eremita”, a Coreia do Norte fez de sua ideologia socialista de governo uma questão de conhecimento público. Kim Jong-il publicou uma vasta literatura sobre o tema, e Pyongyang ganhou clubes de admiradores pelas capitais ocidentais: o Grupo de Estudo da ideologia Juche na Inglaterra, por exemplo, se autoproclama “aberto àqueles que (1) apoiam incondicionalmente a ideologia Juche, (2) desejam implantá-la na Inglaterra, (3) amam a República Democrática Popular da Coreia, o Partido dos Trabalhadores da Coreia, Kim Il Sung e Kim Jong-il”.[9] Para o bem da Inglaterra, esperemos que seja um grupo pequeno.

## E o macaco passou a andar ereto e se tornou um socialista

A ideologia Juche toma a pretensão científica do socialismo — a convicção de que todo o conhecimento de uma sociedade pode ser descoberto, organizado e implantado por uma autoridade central — e a leva à conclusão mais extrema. Não só ela afirma que governar uma sociedade é uma ciência, mas sugere ainda que se trata de uma ciência em particular: a biologia.

A aplicação equivocada de teorias científicas à vida social era uma característica notavelmente comum e influente dos intelectuais do século XX, e nenhum conceito científico foi tão citado ou tão mal-interpretado quanto a teoria da evolução de Charles Darwin. Embora o darwinismo social, a malversação mais nefasta do pensamento evolutivo, seja normalmente (ainda que de maneira injusta) associado às organizações e aos movimentos de direita, havia também uma boa parcela do darwinismo social em andamento no que hoje chamamos de esquerda ou lado progressista do espectro político. A fundadora da Paternidade Planejada, Margaret Sanger — que via o planejamento da vida familiar nas mesmas linhas que Lenin imaginou o planejamento da economia mundial —, era uma notória expoente da variação racial-eugênica do darwinismo social. Aldous Huxley era outro.

Os darwinistas sociais tendiam a ver na teoria da evolução uma diretriz para a interação do estado com o indivíduo e com grupos de indivíduos. Sanger almejava uma rigorosa intervenção estatal para impedir o nascimento de cidadãos "inaptos", opinião compartilhada pelo icônico juiz liberal da Suprema Corte, Oliver Wendell Holmes. (Anos mais tarde, a Suécia socialista se veria em meio a um escândalo devido a seus programas de esterilização involuntária e outras atividades de tons eugênicos.)

Os socialistas acreditavam, porém, que as ideias de Darwin revelavam novos ângulos da evolução de sociedades inteiras. O próprio Marx acreditava numa lei de ferro relativa à evolução socioeconômica, pela qual o feudalismo foi substituído pelo capitalismo, e este, por sua vez, estava destinado a ser substituído por uma forma provisória de socialismo, que seria substituído pelo socialismo em sua plenitude. Mesmo hoje, os socialistas e outros simpatizantes do anticapitalismo mencionam a evolução socioeconômica como se fosse um equilíbrio pontuado tal qual a especiação; mencionam o "capitalismo tardio", o "capitalismo financeiro" e, com esperança nos olhos, o "pós-capitalismo". Stalin lançou mão de uma visão bastante darwiniana da evolução política quando escreveu:

> Diferentemente da metafísica, a dialética não considera o processo de desenvolvimento como um simples processo de crescimento, em que mudanças quantitativas não conduzem a mudanças qualitativas, mas como um desenvolvimento que passa de mudanças quantitativas insignificantes e imperceptíveis e promove "mudanças fundamentais" a mudanças qualitativas; um desenvolvimento em que as mudanças qualitativas não ocorrem gradualmente, mas rápida e ab-ruptamente, tomando a forma de um salto de um estado a outro; tais mudanças não acontecem de maneira acidental, mas como o resultado natural de um acúmulo de mudanças quantitativas graduais imperceptíveis.[10]

Stalin deu continuidade a essa visão evolucionista da política, defendendo que o estudo da história desta deveria produzir "leis" comparáveis às das ciências naturais — como se os seres humanos e suas aspirações fossem inúmeros elétrons girando ao redor do núcleo do poderoso Estado:

> Assim, a vida social e a história da sociedade deixam de ser uma aglomeração de "acidentes", uma vez que a história da sociedade se torna um desenvolvimento da sociedade segundo as leis regulares e o estudo da história da sociedade se torna uma ciência.
>
> Portanto, a atividade prática do partido do proletariado não pode ser baseada nas boas intenções de "indivíduos extraordinários" ou no que dita a "razão", "a moral universal" etc., mas nas leis do desenvolvimento da sociedade e no estudo dessas leis.
>
> Além disso, se o mundo é passível de ser descoberto e nosso conhecimento das leis do desenvolvimento da natureza é legítimo, com valor de verdade objetiva, conclui-se que a vida social e o desenvolvimento da sociedade também podem ser descobertos e que os dados da ciência referente às leis do desenvolvimento da sociedade são autênticos, com valor de verdades objetivas.
>
> A ciência da história da sociedade, apesar de toda a complexidade dos fenômenos da vida social, pode se tornar tão precisa quanto uma ciência como a biologia e capaz de utilizar as leis do desenvolvimento da sociedade para fins práticos.[11]

Como Hayek poderia ter apontado — ou certamente teria observado o próprio Darwin —, a diferença entre a evolução biológica e a visão socialista da evolução socioeconômica é a seguinte: ninguém está no comando da evolução biológica. Ninguém planeja a evolução biológica — ela representa um tipo de ordem espontânea, resultante da complexa interação de bilhões e bilhões de fatores individuais. Isso quer dizer que a evolução biológica lembra muito mais a economia de mercado do que o planejamento centralizado socialista. Dadas as tendências seculares da maioria dos socialistas, é irônico observar que suas ideias se aproximam mais da teoria antidarwiniana do "Desenho inteligente".

Stalin, apesar de todos os seus defeitos, gozava da inteligência e do cinismo oriundos de sua ocupação juvenil como ladrão de bancos. Ele pode ter assinado ensaios filosóficos (talvez até os tenha escrito — quem sabe?), mas, no fundo, era um simples tirano. No entanto, mesmo simples tiranos seguem um conjunto de ideias. O tema da "política como biologia" implícito em Stalin e Marx se torna mais evidente na ideologia Juche. Nas palavras de Kim Jong-il:

> Uma vez que o líder é o centro da vida de uma comunidade sociopolítica, os deveres revolucionários e a camaradagem também devem ser centralizados no líder. Lealdade ao líder e camaradagem em relação a ele são absolutas e incondicionais, pois o líder, como cérebro do organismo sociopolítico, representa a integridade da comunidade. Apenas quando o líder, o partido e as massas estão integrados é que podem se tornar um organismo sociopolítico imortal. Sendo o centro da unidade e da liderança, ele desempenha um papel decisivo em moldar o destino das massas populares, assim como o cérebro de um homem desempenha papel decisivo em suas atividades.[12]

Aqui, a linguagem de Kim vai de bombástica a apática, embora isso possa ser decorrência da tradução do coreano excêntrico por ele utilizado. Vale a pena destacar, entretanto, que o socialismo norte-coreano só é radical em sua amplitude e profundidade, não em suas suposições fundamentais sobre a natureza da sociedade e as possibilidades de governo. Os comunistas norte-coreanos estão apenas tentando fazer a um país inteiro o que autoridades políticas fizeram à educação K-12 nos Estados Unidos: administrá-lo politicamente, por meio de um planejamento centralizado sujeito à autoridade do Estado.

Os resultados, como se poderia esperar, são semelhantes: as escolas públicas americanas fracassam na produção de alunos instruídos, enquanto as fazendas estatais norte-coreanas fracassam em suas colheitas. Os custos são muito mais dramáticos e aparentes no caso da Coreia do Norte — o estado de fome é uma realidade chocante —, embora existam nos Estados Unidos inúmeras instituições compensatórias que tornam os gastos do cambaleante sistema educacional menos óbvios.

**Comunismo: o *verdadeiro* ópio das massas**

A filosofia Juche sancionada pelo Estado norte-coreano é a décima maior religião do mundo, com dezenove milhões de adeptos, segundo o Adherents.com, página *on-line* sobre as religiões do planeta.

É maior que o judaísmo, que o jainismo e que a Fé Baha'í. Tom Cruise que nos perdoe, mas é quase quarenta vezes maior que a Cientologia. Nada mau para um religião que nem é considerada como tal por seus seguidores.

Se você disser a um fiel norte-coreano que Juche é uma religião, talvez ele dê um soco em sua boca herege. "Juche", talvez respondesse, "definitivamente NÃO é uma religião: somos ateístas, pelo amor de Deus".

Ele então poderia lhe dizer que o camarada Kim Il Sung, fundador da ideologia Juche e pai de Kim Jong-il, hoje descansa no Templo Sagrado do Juche, próximo a placas que dizem: "O grande líder camarada Kim Il Sung sempre estará conosco!"

Se a religião fosse um pato, diz Tom Belke, autor de *Juche: A Christian Study of North Korea's State Religion* (*Juche: um estudo cristão sobre a religião estatal norte-coreana*), o Juche grasnaria em alto e bom som. Ao tentar se afastar da religião, a Coreia do Norte acabou entrando de cabeça nela. "Eles têm seus locais sagrados, suas cerimônias e seu próprio e exclusivo sistema de crenças", relata Belke. "Trata-se de algo que requer tudo do indivíduo."

*Chicago Tribune*, 2007

O mais surpreendente é o seguinte: de certa forma, os norte-coreanos se mostram mais abertos à reformulação de seu sistema do que os educadores americanos. Em 2010, enquanto o governo Obama encerrava o programa de bolsas de escolha escolar que possibilitara que milhares de alunos pobres em Washington escapassem das terríveis escolas públicas da capital, o regime de Kim afrouxava suas restrições quanto à venda privada de alimentos e suprimentos básicos, numa reação à deterioração da economia norte-coreana. Infelizmente, não é possível saber quão abrangente será essa liberação e quanto tempo durará: reformas semelhantes foram implantadas nos anos 1990, depois que as tentativas catastróficas de Kim em instituir uma administração coletiva da economia agrícola norte-coreana levaram a um estado de fome que matou dois milhões de pessoas.

Contudo, pelo menos Kim eventualmente mudou suas práticas diante de inúmeros desastres. Já no que diz respeito ao sistema de ensino público americano, quanto piores se tornam as escolas, mais os professores e os burocratas da educação insistem na *expansão* das práticas — fortalecimento dos sindicatos; falta de competição; orçamentos que só aumentam, independentemente dos desempenhos; priorização do tempo de serviço de professores e administradores em detrimento do mérito — que levaram essas escolas à situação em que hoje se encontram. Uma coisa é certa: quando suas atividades fazem Kim Jong-il parecer flexível, não se está alcançando bons resultados.

# Capítulo 9

# O SOCIALISMO É SUJO

**Você sabia?**

- O socialismo destruiu um dos maiores lagos do planeta
- O capitalismo é um sistema bem melhor para a proteção ambiental do que o socialismo
- A irresponsabilidade ambiental da BP (ex-British Petroleum) nada é comparada à das petrolíferas estatais

Existe um termo técnico usado pela direita para os ex-socialistas que desviaram seus esforços políticos do planejamento econômico centralizado e os canalizaram no movimento ambientalista. São chamados de "melancias" — verdes por fora e vermelhos por dentro. Há certa verdade nessa percepção das coisas.

Do final da Guerra Fria até o advento da crise financeira de 2008, socialismo era, politicamente falando, um palavrão. O partido socialista britânico, que atende por Partido Trabalhista, expeliu a palavra de sua retórica. Ainda que partidas socialistas e um ou outro partido declaradamente comunista continuem a entrar e sair do poder em lugares como a França e a Índia, na maior parte do mundo os socialistas são obrigados a fingir, de certa forma, ser algo diferente do que realmente são. E foi no movimento ambientalista que encontraram um aliado conveniente — e um excelente método de camuflagem política.

A ideia de que o capitalismo é inerentemente ruim para o meio ambiente e o pensamento corolário de que o socialismo oferece uma alternativa preferível estão enraizados no movimento ambientalista, particularmente na "anglosfera" — os países capitalistas que incluem Estados Unidos, Reino Unido, Austrália, Canadá e Nova Zelândia. E dos setores mais radicais do mundo socialista, a revelação verde foi passada adiante: o capitalismo destrói o planeta, alerta a esquerda, e o socialismo pode nos salvar.

Observem esta efusão de palavras de uma organização socialista conhecida como os Internacionalistas:

> Os motivos pelo qual o capitalismo não pode solucionar a crise ambiental se encontram na própria natureza da produção capitalista: sua necessidade de crescimento constante.
>
> Enquanto o capitalismo existir como sistema global de produção, jamais será em equilíbrio com a natureza, e o resultado há de ser a degradação do planeta.
>
> Os problemas relativos às mudanças climáticas só podem ser resolvidos diante de um sistema de produção mais desenvolvido, mais precisamente o comunismo.
>
> Sob o comunismo, a produção teria como objetivo suprir as necessidades, e não o lucro. Assim, a busca contínua pelo crescimento poderia ser eliminada. As demandas da humanidade poderiam ser balanceadas à sustentabilidade do planeta. A competição, que faz com que o capitalismo desperdice boa parte de sua produção e degrade o planeta, poderia ser substituída pela cooperação. Séculos de destruição ambiental, que serão o legado do capitalismo, podem começar a ser revertidos. Uma nova sociedade como essa só pode ser alcançada pela luta contra o atual sistema.
>
> [...] A escolha do mundo nas frentes ambiental e social está entre a ruína da civilização ou a construção do mundo comunista.[1]

Esses jovens socialistas deveriam fazer uma excursão ao mar de Aral. Ou ao que sobrou dele.

## Planejando o ecocídio

O mar de Aral, que na verdade é um lago, já constituiu um dos mais majestosos corpos d'água do mundo, cobrindo mais de 65.000km² de território entre o Cazaquistão e o Uzbequistão para formar o quarto maior lago do planeta. Abastecido por dois rios, o Sir Dária e o Amu Dária, o mar de Aral abrigava inúmeras atividades industriais, sendo a pesca a mais proeminente, e era fundamental para o estilo de vida daqueles que viviam em suas proximidades.

Graças à sua importância, os planejadores centrais voltaram seus olhos para ele. Em 1920, o Cazaquistão se tornou uma República Socialista Soviética, integrante da URSS, logo seguido pelo Uzbequistão, em 1924. A doutrina econômica socialista da União Soviética exigia a centralização e a sistematização da agricultura como prelúdio para a industrialização maciça e veloz da nova sociedade socialista. Assim, os rios que abasteciam o mar de Aral foram desviados por ordem dos planejadores centrais, para que irrigassem as novas fazendas coletivas estatais — nesse caso, enormes plantações de algodão.

Nos anos 1960, as obras de recanalização dos rios foram concluídas, e o mar de Aral, devastado. As centenas de ilhotas que ponteavam o mar acabaram emergindo e formando uma massa contínua de terra, dividindo Aral em três lagos separados — que, combinados, mantinham cerca de 10% de sua antiga glória. Um desses lagos viria posteriormente a desaparecer, e outro, pouco mais que uma sombra do Aral original, seria reduzido à sombra de uma sombra. Uma quantidade de água equivalente aos volumes combinados dos lagos Erie e Huron se perdeu.

**Reconhecendo um padrão**

Em 2009, a revista *Time* fez uma lista das dez cidades mais poluídas do mundo. Todas se encontravam em países socialistas ou ex-socialistas. Eis a lista:

- Linfen, China
- Tianying, China
- Sukinda, Índia
- Vapi, Índia
- La Oroya, Peru
- Dzerzhinsk, Rússia
- Norilsk, Rússia
- Chernobil, Ucrânia
- Sumgayit, Azerbaijão
- Kabwe, Zâmbia

A administração socialista dos recursos de água uzbeques e cazaques levou ao que alguns observadores se referem como "ecocídio". Muitos concordam que a catástrofe do mar de Aral é um dos piores desastres ambientais da história da humanidade.

O mais chocante é que não foi um acidente. A destruição do mar de Aral era exatamente o que tinham em mente os planejadores centrais, que viram sua liquidação e a destruição das comunidades que dele dependiam como apenas mais uma baixa no caminho para o desenvolvimento de uma economia racional e justa.

O que sobrou do Aral foi um charco de material venenoso. Depois que os rios foram desviados e o mar começou a secar, sais minerais e outras toxinas no sedimento viraram pó e se dispersaram pelas cercanias — e nos pulmões das pessoas — levados pelo vento. A água e os sedimentos dos rios foram, por um longo período, contaminados pelo escoamento dos projetos agrícolas das adjacências, onde produtos químicos eram utilizados intensamente, em especial pesticidas, herbicidas e fertilizantes. Havia também projetos industriais intensivos, a maior parte deles envolvendo mineração e metalurgia, que receberam permissão das autoridades governamentais para descarregar quantidades enormes de poluentes. Usinas de urânio armazenavam lixo radioativo em instalações de contenção malconstruídas. Os testes de armas nucleares no Polígono Semipalatinsk, não muito distante dali, também produziram suas toxinas. O solo da região, que erodia de maneira veloz e era altamente salinizado, contribuiu para a desertificação de áreas longínquas pela ação do vento. Aqueles que afirmam que o capitalismo foi a pior coisa a acontecer ao meio ambiente não se aprofundaram sobre os efeitos ambientais causados pelo socialismo.

Próximo ao fim da era soviética, os planejadores centrais ainda continuavam a poluir terra, água e ar em lugares cada vez mais distantes, como a península de Kola e a cidade de Norilsk, no Ártico. Como relatou em 2000 o analista ambiental Philippe Rekacewicz, as atividades de mineração que extraíam da região níquel, cobre e fósforo, junto a enormes fábricas de polpa de papel ali instaladas, produziam uma quantidade incalculável de poluição. Só as emissões de dióxido de enxofre contabilizavam seiscentos mil toneladas por ano na península de Kola e *dois milhões* de toneladas por ano em Norilsk. Milhares de quilômetros quadrados de vegetação e florestas árticas outrora primitivas foram derrubados ou desmatados. O que restou dessas operações madeireiras predatórias foi devastado por chuva ácida e pelo escoamento químico de instalações industriais. Conseguiram até envenenar a neve: altos índices de metais pesados como cobre e zinco passaram a fazer parte de sua composição e espalharam a poluição por onde quer que caísse a neve. Os rios próximos ainda se encontram cheios de amônia e metanol, além do escoamento de metal das atividades de mineração.[2]

De maneira geral, a mineração é um negócio sujo. Mesmo seguindo os melhores procedimentos ambientais de operação, as indústrias de extração impõem custos significativos à natureza, como pode afirmar qualquer pessoa que tenha visto os resultados da mineração de remoção de topo de montanha ou da mineração a céu aberto. No entanto, diferentemente de suas contrapartidas capitalistas, inibidas tanto pelos reguladores ambientais adversários quanto pelos direitos de propriedade de seus vizinhos, os diretores das minas socialistas são apoiados pela força total do Estado.

Enquanto os mineiros americanos conduziam estudos sobre o meio ambiente e gastavam bilhões de dólares em pesquisas para atenuar os efeitos de suas atividades, os socialistas estavam literalmente bombardeando o caminho para atingir suas metas de produção. Segundo Rekacewicz, pelo menos vinte explosões nucleares foram realizadas no Ártico Soviético entre 1969 e 1988 — não para testes de armas, mas sim para operações de mineração. Houve também inúmeros testes de armas nucleares — mais de cem, para dizer a verdade —, e a Agência Internacional de Energia Atômica alertou que a usina nuclear de Polyarnyy, oriunda da era socialista, representava perigo para o público e o meio ambiente.[3] Uma usina nuclear dirigida por planejadores centrais socialistas — o que poderia dar errado?

A explosão da usina nuclear soviética de Chernobil em 1986 foi uma das piores catástrofes ambientais da história mundial. Os erros na administração da usina eram chocantes, assim como o total desdém dos planejadores centrais pelas pessoas a quem deveriam servir — chocantes, mas típicas do socialismo. A união entre esse desprezo tanto pelo homem quanto pelo meio ambiente e as imposições impiedosas do socialismo não passaram completamente despercebidas pela população russa, que, na época do desastre de Chernobil, tinha maior conhecimento sobre os excessos do socialismo industrial avançado do que as pessoas de qualquer outra nação. Chernobil foi importante para marcar o início do fim do socialismo soviético. (Mas não, infelizmente, sua transição ao capitalismo: após uma década de ilegalidade, o que o sucedeu — a mistura de socialismo e corporativismo empregada por Putin —, foi apenas mais um na enorme linhagem de governos desastrosos na vida da sofrida população russa.)

É importante termos em mente o contexto ambiental em que ocorreu o desastre de Chernobil. A má administração socialista do meio ambiente não se limitou à catástrofe do mar de Aral ou à poluição de postos avançados no Ártico. Na época da queda do governo soviético, um sexto do território russo se encontrava inabitável devido à poluição e a outros tipos de devastação ambiental.[4] A poluição da água, em particular, atingia níveis extremos — muito além de qualquer experiência no mundo capitalista —, e a água potável disponível era desperdiçada, sendo que um terço se perdia devido a vazamentos nos tubos de distribuição.

Os socialistas, porém, se mostram indiferentes às evidências. No simpósio "Socialismo agora?" da revista *Dissent*, em 2010, muita atenção foi dispensada às perspectivas de que a aliança rubro-verde fosse aprofundada. Um fórum semelhante sobre o socialismo publicado pele revista *The Nation* alguns anos antes também apontou o movimento ambientalista como o canal mais provável para o avanço socialista.

Será que têm razão? É fácil olhar para os danos infligidos ao Golfo do México pela BP (ex-British Petroleum, uma empresa estatal até os anos 1980) e responder que sim. Os críticos socialistas das políticas de meio ambiente no mundo capitalista urgem por maior regulamentação e um controle governamental mais rígido das condições e dos recursos ambientais, o que soa razoável. Mas esquecem que os governos têm seus próprios incentivos econômicos para negligenciar ou abusar do meio ambiente — e, em muitos casos, os planejadores estatais tratam a natureza com muito mais descaso do que as iniciativas privadas.

## As grandes petrolíferas (socialistas)

Um dos melhores exemplos está nas petrolíferas estatais espalhadas pelo mundo. A nacionalização de indústrias pesadas é uma marca dos regimes socialistas. Na Índia, no Irã, na Itália de Mussolini, na Grã-Bretanha dos anos 1970, na Líbia, no México, na Nigéria e na Venezuela, as companhias petrolíferas foram nacionalizadas seguindo teorias socialistas de planejamento econômico. (Os Emirados Árabes são um caso especial, onde foi a indústria petrolífera que se apossou do país, em vez do contrário.) Na maioria dos casos, a indústria do carvão e outras fontes de energia também foram nacionalizadas.

Em quase todas as circunstâncias, o resultado veio em forma de níveis extraordinários de poluição — sem que ninguém fosse responsabilizado. Se a BP derrama óleo no Golfo do México, os Estados Unidos sabem, nas palavras do presidente Obama, "que traseiros chutar". Mas e se o óleo fosse derramado pela SinoPec, a petrolífera estatal chinesa? Chutar o traseiro de Pequim por causa de um vazamento de óleo é outro tipo de encrenca. No entanto, pelo menos haveria certo equilíbrio de poder em tal contenda internacional, um conjunto de interesses compensatórios que teriam de ser considerados.

Muito piores são os casos nos quais um governo nacional controla uma companhia altamente poluente em seu território, sem qualquer pressão externa ou controle. Uma coisa é o governo regular a indústria petrolífera — mas quando o governo *é* a indústria petrolífera, quem regula os reguladores? Ou, como diriam o poeta romano Juvenal e os fãs de histórias em quadrinhos, *Quis custodiet ipsos custodes*? ("Quem vigia os vigilantes?"). Para a população mexicana, isto é mais que uma questão hipotética: Pemex, a monstruosa companhia petrolífera estatal, é uma verdadeira máquina de poluição.

Com uma capitalização de mercado de quase meio trilhão de dólares, a Pemex é a segunda maior companhia do mundo — mas a maior parte de suas ações é de propriedade do governo mexicano, que controla completamente a firma e suas operações. O governo obtém uma renda significativa com as atividades da Pemex e por isso tem poucos motivos para ser mais rígido com a companhia por questões ambientais ou de segurança. Sua abordagem em relação a ambas se mostrou letal. Em 1979, a explosão do poço de petróleo Ixtoc, da Pemex, no Golfo do México, próximo ao litoral texano, causou o que na época foi o maior vazamento de óleo da história. Em 1984, um reservatório mal-administrado da Pemex em San Juan Ixhuatepec, na Cidade do México, pegou fogo e deu início a uma série de enormes explosões, matando mais de quinhentas pessoas. Outras duzentas morreram em explosões da Pemex em Guadalajara, em 1992. Tubulações não vigiadas da Pemex foram atacadas por terroristas mexicanos em 2007, resultando em mais explosões e vazamentos. Naquele mesmo ano, uma plataforma de petróleo operada pela companhia entrou em choque com um conjunto de válvulas, matando 22 trabalhadores.

**O mal invisível**

"Antes de os rios começarem a feder como um esgoto a céu aberto e a poeira de carvão tomar conta do ar, quase ninguém se preocupou com os efeitos negativos da industrialização. Meu pai, Liang Sicheng, um arquiteto conhecido e especialista em planejamento urbano, foi uma das poucas exceções. Ele se opôs fortemente ao desenvolvimento de indústrias pesadas em Pequim, visão que provocou a crítica severa do Partido Comunista. Os membros do partido sustentaram que problemas ambientais não existiam em países socialistas, uma vez que a poluição era um 'mal inerente ao capitalismo.'

Liang Congjiem, "A cidade mais poluída da Terra", *Time Asia*, 1998

Além disso, produtos químicos lançados pela Pemex no rio Coatzacoalcos praticamente acabaram com a população de peixes, deixando os pescadores sem atividade e devastando a ecologia. "Você abria o peixe e sentia cheiro de amônia", disse o pescador Eusebio Gonzáles a Joel Simon, da Global Community Monitor, organização que vigia a indústria petrolífera. "Se o comesse, seu estômago incharia como um balão."[5] Durante os períodos de maior poluição, o rio Coatzacoalcos pegava fogo constantemente, com intervalo de alguns meses. A água subterrânea dos arredores foi contaminada, deixando os habitantes sem água potável e os fazendeiros sem os recursos adequados para a irrigação — sendo que suas plantações já haviam sido prejudicadas pelo escoamento tóxico da Pemex.

A população local tem esperança de que seja feita uma limpeza ambiental em 61 instalações da Pemex. Ainda que seja algo possível, mas pouco provável, a Pemex vem explorando a possibilidade de privatizar esses postos — seria a primeira vez que isso ocorreria com uma parte das operações da companhia. Ou seja, a única esperança real do México para conter ou reverter a devastação ambiental causada por sua indústria petrolífera estatal é desestatizá-la. "Temos fé de que essa será a oportunidade de desenvolver um plano para lidar com o lixo tóxico",[6] diz a ativista ambiental Betty Farber, baseada na Cidade do México. Também informa o *Global Community Monitor*: "Alguns ambientalistas esperam que a venda abra caminho para maior limpeza ambiental por parte dos novos donos. Outros temem que a Pemex use a privatização como desculpa para lavar as mãos diante dos desastres ambientais que deixou para trás, passando adiante uma bomba-relógio antes de explodir."[7]

Não seria a primeira vez que a Pemex se esquivaria da responsabilidade por causar um desastre ambiental. No acidente com a Ixtoc em 1979 — agora o quarto maior de toda a história —, o óleo jorrou por meses no Golfo do México, poluindo as águas costeiras mexicanas e do Texas. No início do vazamento, trinta mil barris de óleo eram derramados por dia no golfo. A Pemex reagiu bombeando lama no poço, reduzindo o fluxo para vinte mil barris por dia. Posteriormente, poços de auxílio foram escavados e o fluxo diminuiu para dez mil barris por dia — um nível ainda catastrófico. Cerca de 71.500 barris de óleo da Pemex acabaram nas praias americanas, poluindo 260 quilômetros de litoral. Mais de 7.500m$^3$ de material poluído tiveram de ser recolhidos e destruídos.

Entre as espécies de vida marinha mais afetadas estavam as tartarugas-de-kemp que acabavam de desovar na praia de Rancho Nuevo, no México, quando houve o vazamento de óleo. Passaram-se décadas até que sua população se recuperasse em número.

Algumas semanas após o episódio de seu vazamento, a BP reservou vinte milhões de dólares para pagar as reivindicações por danos futuros. Já a Pemex, uma companhia estatal, evocou sua imunidade soberana e se recusou a pagar por quase todos os prejuízos — incluindo aqueles causados pelas trinta mil toneladas de óleo deixadas nas praias mexicanas, as quatro mil toneladas de óleo que alcançaram o litoral do Texas ou as 120 mil toneladas de óleo deixadas no fundo do Golfo do México, dizimando populações de caranguejos, devastando ilhas de corais e provocando danos incalculáveis à flora e à fauna costeira.

Dramas semelhantes aconteceram em outros lugares. No Estado unipartidário do Gabão, o líder Omar Bongo decidiu que seu país se tornaria a "Costa Rica africana", um santuário para o ecoturismo. Assim, isolou uma enorme parte do território do país para formar um parque nacional, expulsando sumariamente os nativos de suas terras e extirpando seu modo de vida tradicional. Como de hábito, os planejadores centrais não poderiam perder tempo com distrações como pessoas e suas vidas, tendo um plano para implantar. Os progressistas ocidentais abaixaram a cabeça para o tratamento áspero dispensado à população local, mas celebraram o novo compromisso do presidente Bongo com a causa do meio ambiente — incluindo, obviamente, a destinação de recursos econômicos concordantes com a crença verde. Mas deixaram passar uma cláusula na lei que criava o Éden gabonês: "Caso petróleo ou riquezas naturais sejam encontrados nas áreas protegidas, poderão ser explorados para o benefício social e econômico do país."[8] Tais riquezas foram encontradas, embora "exploradas" talvez não defina bem o que aconteceu em seguida.

O Gabão, país um tanto atrasado graças em grande parte à má administração da dinastia Bongo (o jovem Ali Bongo assumiu recentemente o poder, herdando-o de seu falecido pai, Omar), não tinha os meios para levar adiante suas próprias atividades de exploração de petróleo. Mas o país encontrou uma parceira de planejamento centralizado: a República Popular da China e sua empresa petrolífera estatal, a SinoPec. Assim chegaram os chineses, procurando petróleo em meio a gorilas e peixes-boi sob risco de extinção presentes na grande reserva florestal do Gabão. Para fazê-lo, usaram dinamite. Como informou a revista *Wildlife Extra*:

> Os conservacionistas reagiram com horror depois que exploradores de uma empresa petrolífera deram início a perfurações numa das reservas florestais mais importantes da África. No mês passado, equipes da petrolífera estatal chinesa SinoPec se instalaram no parque nacional gabonês de Petit Loango, explorando uma abertura da lei para trabalhar em operações que ameaçam o hábitat de dezenas de espécies raras e ameaçadas, incluindo a maior concentração de gorilas da África Ocidental.
>
> O professor Christophe Boesch, primatólogo que no passado realizou pesquisas de campo no parque, afirma que os chineses ignoraram os pedidos das administrações ambientais e do parque para que interrompessem suas atividades até que um estudo sobre o impacto ambiental, requisitado por lei, fosse concluído.
>
> "Houve uma solicitação para que partissem no dia 6 de outubro, mas desde então são ouvidas mais de cem explosões por dia no parque", disse ele. Teme-se que o uso de explosivos na lagoa de Loango — um dos mais importantes locais de reprodução de peixes-boi em todo o mundo — tenha causado a morte de muitos desses mamíferos." [9]

O capitalismo tem seus problemas, é claro, e uma abordagem realista quanto ao meio ambiente, de tempos em tempos, é um deles.

Mas as instituições políticas liberais apoiadas pelo capitalismo — direitos de propriedade, contratos e arbitragem — asseguram que nenhum interesse singular pode dominar a esfera política ou econômica com tanta veemência de modo que se sintam tentados, por exemplo, a saquear um pretenso paraíso ambiental com dinamite. Na maioria dos casos, os criminosos capitalistas pelo menos têm a decência de se envergonhar de seus crimes; já os socialistas não agem assim e preferem alegar que estão criando uma ordem econômica racional e protegendo os pobres e vulneráveis — sejam estes seres humanos ou espécies ameaçadas.

Contrariando todas as evidências, em grande parte dos casos ambientalistas bem-intencionados compram a ideia de que o capitalismo mata bebês focas e o socialismo os salva. Não é de surpreender que o movimento ambientalista seja completamente dominado por socialistas, ex-socialistas e criptossocialistas. Entretanto, dado o histórico socialista no que diz respeito a usar os recursos naturais do planeta de modo responsável, por que diabos deveríamos pensar em colocá-los no comando?

### Tudo tem a ver com o plano

Os problemas ambientais vividos sob o socialismo autoritário da União Soviética foram bem parecidos com aqueles sofridos sob o socialismo democrático do México. O socialismo, e não o autoritarismo, é o verdadeiro problema. Isso porque, filosoficamente, o socialismo reluta ao estimar o valor do meio ambiente. Sob a Teoria do Valor Trabalho, os recursos não têm valor real até serem transformados no produto do trabalho — ou melhor, até serem transformados no produto do planejamento econômico socialista.

Isso nos leva a outro problema: os planejadores centrais desconsideram os danos ambientais por não desejarem considerar os custos se não forem forçados a tal. Exterioridades ambientais podem ser omitidas — ou, no caso do México e da China, negadas. Seja o modelo em questão totalitário ou parcial, autoritário ou democrático, os aspectos filosóficos comuns que unem todas essas expressões do socialismo são um convite para catástrofes ambientais. Como escreveu o professor Joseph W. Dellapenna, da Universidade de Villanova, em *Behind*

*The Red Curtain* (*Por trás da cortina vermelha*), existem diversos motivos distintos pelos quais o socialismo destrói o meio ambiente:

**Certo exagero nos cuidados**

Diferentemente do pesadelo ambiental que emerge dos governos socialistas, as regulações ambientais em países capitalistas muitas vezes chegam a extremos cômicos. A revista *Reason* citou uma dessas regulações em 1994:

Por lei, as cidades devem remover pelo menos 30% do lixo orgânico dos esgotos antes de tratá-lo. Isso é um problema em Anchorage, que quase não tem lixo em sua rede de esgotos. A Agência de Proteção Ambiental não isenta a cidade da lei. Assim, em vez de investir 135 milhões de dólares numa nova instalação moderna, capaz de remover até vestígios de lixo orgânico, a cidade solicitou a duas fábricas de processamento de peixe que despejassem as vísceras dos animais na água. Removendo esse lixo, a regulação federal é cumprida.

Em primeiro lugar, o marxismo levou adiante a tradição ocidental de tratar a natureza meramente como uma fonte de recursos para o consumo humano. Como explicou Vaclav Havel, o marxismo via os seres humanos como "força produtiva" e a natureza como "ferramenta de produção". Esse conceito fazia parte sucintamente da "teoria do valor trabalho", que negava um valor econômico aos recursos naturais utilizados em processos produtivos, uma vez que o trabalho humano não foi empregado na criação de tais recursos. Uma segunda característica do marxismo reforçava o efeito da teoria do valor trabalho — sua recusa quanto à responsabilidade individual. Como resultado, ninguém se sentia responsável pelo meio ambiente, levando a um desprezo temerário pelas consequências ambientais. Em terceiro lugar, o objetivo socialista de "transformar o mundo" levou a uma "gigantomania" — uma busca por feitos tecnológicos cada vez maiores e mais grandiosos. A gigantomania também é encontrada nos países ocidentais, mas características estruturais do comunismo preveniram uma contrapressão efetiva que, pelo menos ocasionalmente, interrompeu alguns dos maiores excessos por parte do mundo ocidental. Para concluir, havia a importância de "realizar o plano". Os funcionários só obtinham sucesso e promoções — e todas as grandes decisões econômicas eram feitas por burocratas — quando o plano era realizado, o que geralmente era avaliado unicamente por meio de medidas quantitativas, o que resultava numa produção de má qualidade. O plano demandava novas construções, e não manutenção, ao passo que o custo, em qualquer sentido racional, não era considerado. O resultado, como me disse um amigo na China quando lá vivi antes das reformas de mercado, era que "aqui se constroem prédios velhos". Esse comentário poderia ser aplicado à Europa Oriental e à ex-União Soviética.[10]

Também construíam represas velhas. A Barragem das Três Gargantas, ainda em construção, é uma das maiores catástrofes ambientais do mundo, movendo-se em câmera lenta. Assim como aconteceu com o projeto soviético de irrigação que afetou o mar de Aral, a Barragem das Três Gargantas não só está interrompendo o fluxo natural de água, mas também impedindo a dispersão de enormes quantidades de poluentes que as empresas estatais chinesas despejam no rio Yangtze, resultando em níveis tóxicos de poluição da água, erosão do solo, avalanches de lama, colapso das encostas fluviais e dizimação da vida aquática. Mas nem toda a fauna e flora foram prejudicadas pelo projeto — florescimentos extraordinários de algas podem ser vistos em pontos onde altas concentrações de despejo de fertilizantes foram acumuladas.

Esses tipos de consequências ambientais poderiam ser previstos — e foram. Mas havia outras consequências completamente imprevisíveis. Por exemplo, a concentração de novas atividades de construção na bacia hidrográfica do Yangtze, combinada à alteração do fluxo do rio, deu origem a enormes ilhas de lixo — não apenas a sujeira comum a rios não cuidados, mas verdadeiras montanhas de lixo, tão densamente agrupadas que seria possível ficar em pé sobre elas. Informou a Reuters:

> Milhares de toneladas de lixo carregadas pelas recentes chuvas torrenciais vêm ameaçando bloquear as comportas da gigantesca Barragem das Três Gargantas, na China. Em certos pontos, o acúmulo é tanto que as pessoas podem ficar em pé sobre o lixo, relatou a mídia estatal na segunda-feira. Chen Lei, funcionário sênior da Corporação das Três Gargantas da China, disse ao *China Daily* que mais de três mil toneladas de lixo são recolhidas por dia na represa, mas ainda assim não havia força de trabalho suficiente para fazer uma limpeza mais eficiente.
>
> "A grande quantidade de lixo na área da represa pode bloquear as comportas da Barragem das Três Gargantas", disse Chen, referindo-se

aos portões hidráulicos que possibilitam que as embarcações atravessem o rio Yangtze, uma artéria comercial de suma importância para a cidade de Chongqing e outras áreas nas províncias menos desenvolvidas do interior no oeste da China.

Fotografias registravam uma grande parte das águas próximo à represa abarrotada de entulhos, onde se viam guindastes destinados a pescar um emaranhado de lixo, incluindo sapatos, garrafas, galhos de árvores e isopor.[11]

Como disse o amigo chinês do professor Dellapenna: "Aqui se constroem prédios velhos." Seria mais preciso dizer que constroem coisas sem se preocupar com as pessoas que as utilizarão ou terão de viver com elas. Cada catástrofe como a das Três Gargantas, a do mar de Aral ou a do projeto de habitação brutalista do Bronx é uma miniatura do socialismo; o plano está acima de tudo, até das pessoas a quem deveria beneficiar — *especialmente* acima delas, na verdade. A máxima poderia ser facilmente aplicada à escola de uma área pobre da Pensilvânia ou a um centro de distribuição de alimentos na Venezuela — ou, como veremos a seguir, a toda a indústria petrolífera venezuelana.

Capítulo 10

# VENEZUELA: ANATOMIA DE UMA REPRESSÃO

**Você sabia?**

- A fonte do colapso econômico venezuelano é o socialismo, não a corrupção
- O ídolo de Hugo Chávez, Simón Bolívar, admirava a democracia americana
- Tentativas oficiais de fixar os preços na Venezuela deram origem a uma inflação assombrosa

Para os propósitos desta nossa análise, provavelmente não há exemplo melhor de socialismo contemporâneo, de seus efeitos e de suas patologias que o da Venezuela sob o governo de Hugo Chávez, cujo Partido Socialista Unido da Venezuela contou com 5,7 milhões de membros, o que o tornava o maior partido socialista do hemisfério ocidental. Numa lição pertinente aos americanos, a Venezuela nos mostra o que acontece quando o socialismo é implantado em um país grande, com uma economia e uma sociedade complexas. A Venezuela não é um etnoestado homogêneo do norte europeu, insulado por sua riqueza e gerações de capital social acumulado, nem um buraco do Terceiro Mundo devastado por uma guerra civil sem fim, um histórico contínuo de governos autocráticos e unipartidários ou a implantação doutrinadora de um marxismo-leninismo ultraortodoxo.

O modelo de socialismo venezuelano é igual ao que admiram e pelo qual anseiam os socialistas americanos. Seu regime socialista foi alcançado por meios democráticos (meios esses que vêm tentando limitar, de modo que não sejam usados para restringir os poderes do regime, pendendo, embora sem alcançar, para o modelo habitual do socialismo democrático: "Um homem, um voto, uma vez").

Além disso, a centralização de poder do regime é algo já comum ao socialismo; o Estado endureceu o controle sobre o petróleo e outras indústrias vitais com o intuito de impor a disciplina política necessária para levar adiante a agenda de planejamento centralizado do presidente Chávez.

A repressão de Chávez à mídia de oposição pode até ser considerada um pequeno e lamentável excesso, numa agenda até então sociodemocrática — ainda que esse tipo de censura seja rotineira em regimes socialistas, que não suportam muito escrutínio ou muita oposição. (Não por coincidência, uma das profissões mais perigosas em Cuba é a de *bibliotecário*).

Diferentemente de muitos regimes socialistas que tomaram o poder em países do Terceiro Mundo com recursos escassos, o governo de Chávez assumiu uma nação relativamente próspera, estável e civilizada, com instituições relativamente sólidas. No início do século XX, a Venezuela tinha a maior economia da América Latina, turbinada pela descoberta de enormes reservas de petróleo. Mas o influxo de petrodólares acabou se revelando, como ocorre habitualmente, uma benção duvidosa. O governo gastou e tomou dinheiro emprestado de maneira pródiga, acreditando na teoria de que o preço do petróleo continuaria a aumentar por toda a eternidade. (Como o preço de imóveis nos Estados Unidos.) Mas nos anos 1980, o valor do petróleo desabou — e a economia venezuelana foi junto.

Seguiu-se então o que normalmente ocorre em crises fiscais nacionais. Diante da escolha entre declarar formalmente moratória das dívidas ou fazê-lo de modo informal, desvalorizando a moeda e pagando os credores com esse dinheiro desvalorizado, a Venezuela ficou com a segunda opção. Como era de se prever, a inflação foi às alturas e o padrão de vida dos venezuelanos caiu consideravelmente. Um país relativamente abastado se tornou relativamente pobre da noite para o dia, graças ao planejamento econômico falho do governo.

A crise abriu espaço para o ex-paraquedista Hugo Chávez, que fora preso por tentar pôr em prática um golpe de Estado em 1992. Os *novos pobres* venezuelanos, sentindo os efeitos do atraso econômico, estavam prontos para mudanças e uma nova esperança, que foi o que lhes prometeu Chávez. Mais especificamente, ele prometeu usar a riqueza gerada pelo petróleo do país para ajudar as classes menos favorecidas. Quando foi eleito, em 1998, aumentar o controle estatal sobre o petróleo e as indústrias de energia estava no topo de sua lista.

E ele foi com tudo — mas não sem oposição. Enfurecida pela corrupção e pela fraude de votos na campanha da reeleição de Chávez, a oposição formou um grupo unificado, chamado Coordinadora Democrática, juntando as Fedecamaras, versão venezuelana da Câmara do Comércio, aos sindicatos trabalhistas não chavistas, representados pela Confederación de Trabajadores de Venezuela. Houve greves e manifestações, mas a oposição apenas tornou Chávez mais militante. Em 2000, ele se valeu da "ley habiltante", que lhe dava direitos ditatoriais — no sentido literal, governando por decreto — durante um ano. Fortalecido, Chávez decretou 49 leis adicionais que estabeleceram sua visão socialista no país.

As reações contra as ambições ditatoriais de Chávez foram severas e contínuas. Ao passo que as greves e manifestações foram se intensificando, em 2002, um grupo de oficiais militares organizou um golpe de Estado, alegando que Chávez não tinha a real intenção de abdicar dos poderes ditatoriais que tanto lhe apraziam. Chávez sobreviveu ao golpe, mas em dezembro a Coordinadora Democrática organizou uma grande greve que paralisou toda a indústria petrolífera. Diretores da grande petroleira estatal, Petroleos de Venezuela (PDVSA), abandonaram o emprego, e o capitão de um navio petroleiro baixou âncora no principal canal de navegação do lago Maracaibo, recusando-se a mover a embarcação e bloqueando o transporte de petróleo.

Os grevistas reivindicaram que Chávez deixasse o cargo ou revisse os decretos ditatoriais que estabeleceram sua linha de trabalho socialista. Chávez se recusou, e em poucos meses a produção de petróleo venezuelana caíra quase 40%. Num país rico em petróleo, os motoristas sofreram com a falta de gasolina. Nas ocasiões em que havia combustível disponível, as pessoas tinham de esperar por horas em enormes filas ao redor dos postos de gasolina até conseguirem reabastecer seus veículos. O tráfego aéreo doméstico foi interrompido.

**Mas não os chame de socialistas**

"No último ano, dezesseis deputados americanos expressaram seu apoio ao presidente venezuelano Hugo Chávez. Os representantes Barney Frank, John Conyers, Chaka Fattah, Jan Schakowsky e Jose Serrano, entre outros, reclamaram numa carta ao presidente Bush que os Estados Unidos não estavam protegendo Chávez de maneira adequada contra o aumento da oposição interna a seu governo, cada vez mais autoritário — movimento esse que poderia levar à sua destituição. Eleito em 1998, o tenente-coronel Chávez tomou de assalto a democracia na Venezuela e está levando o país abertamente rumo ao totalitarismo. Além das fronteiras venezuelanas, ele comemora, protege e negocia com terroristas."

*Weekly Standard*, 2003

Apesar do auxílio de governos amigos, a economia venezuelana implodiu. A gasolina se tornou escassa, e logo diminuiu também o suprimento de gêneros alimentícios e outras necessidades básicas. A economia se contraiu em 23% durante o primeiro quadrimestre de 2003, e o desemprego ultrapassou os 20%. A situação ficou tão crítica que até comerciantes e lojistas, geralmente a classe de negociantes mais apolítica, entraram em greve contra Chávez — e logo no período natalino, adotando o lema "Um 2002 sem Natal e um 2003 sem Chávez".

Os grevistas estavam determinados, mas Chávez contava com o exército, a polícia e os fiscais de impostos, utilizando estes últimos para combater a mídia — redes de televisão que criticavam Chávez logo se viram diante de altos valores de tributação retroativa. No final, a greve foi suprimida, e os principais líderes da Coordinadora Democrática — os presidentes da Fedecamaras e da Confederación de Trabajadores de Venezuela — foram presos.

## Chávez apreende o petróleo... e todo o resto

Depois do fim da greve, cerca de dezoito mil trabalhadores da Petroleos de Venezuela foram despedidos, dando a Chávez maior controle direto da companhia e de suas receitas. Esse foi um golpe do qual a PDVSA jamais se recuperou totalmente. Chávez não sabia como dirigir uma empresa petrolífera nem dava muita atenção a isso. O que lhe importava era ter uma galinha de ovos de ouro com a qual pudesse fazer sua omelete socialista. De maneira geral, a produção venezuelana de petróleo jamais voltou aos níveis precedentes à greve. Como escreveu o analista Peter DeShazo num relatório de 2007 para o Centro de Estudos Estratégicos e Internacionais:

> O setor de hidrocarbonetos venezuelano é moldado pela visão ideológica de Chávez de uma revolução bolivariana e por sua estratégia para implantá-la. Essa visão implica uma PDVSA politizada, com um mandato social que substitui o mandato de produção. O nacionalismo de recursos conduz o processo de reversão dos efeitos da abertura do setor nos anos 1990, quando houve um incentivo aos investimentos privados, para colocar em prática um regime de controle estatal.
>
> Após a greve geral e a paralisação de 2002/2003, ao recusar investimentos privados e da PDVSA, a produção de petróleo da Venezuela caiu de 3 milhões de barris por dia (mbd) para cerca de 2,4 mbd (segundo estimativas da OPEP) em 2007. Os números oficiais da produção da PDVSA são de 3,3 mbd.
>
> Embora os planos de negócios da PDVSA prevejam um forte crescimento da produção para mais de 5 mbd em 2010, os níveis atuais de investimento impossibilitam qualquer grande crescimento da produção.[1]

O plano demandava cinco milhões de barris por dia em 2010. A real produção de petróleo venezuelana em 2010 foi pouco abaixo da metade, atingindo 2,3 milhões de barris por dia — ou cem mil barris a menos que em 2007. Outras companhias petrolíferas também foram colocadas sob o controle rígido do Estado, assim como dúzias de empresas menores que prestavam serviços à PDVSA.

O problema fundamental era que Chávez queria os ovos de ouro, mas sem alimentar a galinha. (Em alguns casos, os ovos eram literalmente de ouro: Chávez nacionalizou a maior mineradora de ouro do país.) Uma grande petroleira continua a produzir milhões de barris por dia durante muito tempo, mesmo diante de uma administração caótica e falha — exatamente o que vem acontecendo à PDVSA. Praticamente sem novos investimentos estrangeiros — que temem fazer negócios com Chávez, sempre cheio de caprichos e pronto para promover nacionalizações — ou de fontes domésticas — completamente sob o controle do presidente, que prefere utilizar o dinheiro para recompensar seus apoiadores políticos —, a PDVSA está cambaleando. Assim como a economia venezuelana de maneira geral.

O problema, como argumentam sempre os defensores do socialismo, é que essas empresas estatais não são administradas como verdadeiros negócios: ou são corruptas, ou politizadas em excesso, ou dirigidas de maneira incompetente. É claro, tudo isso é verdade. Deixemos de lado, pelo momento, o fato de que a melhor maneira de assegurar que essas empresas sejam tratadas como negócios é não as nacionalizar; é preciso ter em mente que práticas de negócio sólidas não são, por si só, suficientes para implantar numa companhia socialista a disciplina e a visão de mercado de que se valem as atividades capitalistas. Mises discorreu longamente sobre a futilidade das tentativas de empresas socialistas de adotar técnicas de mercado livre, como o avanço da tecnologia, a redução da duplicação e a instituição de treinamentos de negócios:

> Não é difícil expor as falácias inerentes a essas ideias. Os atributos do homem de negócios não podem ser dissociados da posição do empreendedor na ordem capitalista. "Negócios" não fazem parte de uma característica inata à pessoa; apenas as qualidades de caráter e intelecto essenciais ao homem de negócios podem ser congênitas. Menos ainda se trata de um feito que pode ser adquirido por estudo, embora o conhecimento e os sucessos necessários a um homem de negócios possam ser ensinados e aprendidos. Uma pessoa não se torna um homem de negócios depois de passar alguns anos fazendo treinamento comercial ou numa escola de comércio, nem por seu conhecimento de escrituração e dos jargões do comércio, nem por suas habilidades linguísticas e de digitação ou taquigrafia. Essas são capacidades que requerem um escriturário. Mas o escriturário não é um homem de negócios, ainda que no discurso coloquial possa ser chamado de "homem de negócios treinado".
>
> Quando essas verdades óbvias se tornaram claras, no final tentou-se transformar empreendedores, que tinham obtido sucesso em suas atividades por muitos anos, em gerentes das empresas públicas. O resultado foi lamentável. Não se saíram melhor do que os outros; além disso, faltava-lhes o senso da rotina formal que distingue o funcionário vitalício. O motivo era óbvio. Um empreendedor desprovido de seu papel característico na vida econômica deixa de ser um homem de negócios.[2]

A corrupção, a ineficácia e a incompetência fazem parte de toda empresa socialista, é claro, assim como também fazem parte de um número considerável de companhias capitalistas. (Enron? AIG? Lehman Bros? Precisamos continuar?) A diferença crítica é a seguinte: empresas capitalistas ineficazes ou incompetentes acabam falindo. Negociantes corruptos podem ser banidos dos mercados e executivos corruptos podem ser presos. Os investidores castigam impiedosamente a venalidade e a estupidez, tendo motivos de sobras para descobri-los.

Aqui está o problema: mesmo sem corrupção, incompetência ou ineficácia, uma empresa socialista ainda funcionará mal, pois seus diretores não têm acesso ao tipo de informação fornecida pelos preços no mercado privado. É isso, e não a corrupção trivial de Hugo Chávez, o que aflige o setor "social" venezuelano.

Além da indústria petrolífera, o regime de Chávez tomou também o controle de grande parte da economia. Em efeito, ele nacionalizou a indústria energética ao desapropriar o maior gerador privado do país das mãos da AES Corp, uma empresa americana. (Chávez pagou 470 milhões por ele — não era um preço completamente despropositado, segundo a maioria dos analistas, mas foi uma oferta do tipo "pegar ou largar" ou, talvez seja mais preciso dizer, do tipo "pegar ou eu o pegarei assim mesmo".) Chávez também redirecionou boa parte das receitas do petróleo venezuelano para nacionalizar outras empresas, como quando assumiu o controle da indústria do cimento ao adquirir o controle acionário de operações privadas controladas por sociedades do México, da Suíça e da França.

A nacionalização do cimento era necessária para o plano econômico de Chávez; depois que o governo venezuelano começou a impor controles de preço, os produtores de cimento descobriram que teriam mais lucro vendendo seu produto para o exterior do que nos mercados cada vez mais sufocados pelo Estado venezuelano. Em vez de admitir que seu plano era responsável pelo preço baixo do cimento (abaixo até do preço de liquidação nos mercados mundiais), Chávez assumiu o controle da indústria recorrendo à alavancagem financeira da única mercadoria que ele gostava de ver negociada por seu preço de mercado integral: o petróleo venezuelano.

Episódios similares se desenrolaram nas áreas de telecomunicações, aço, papel e processamento de alimentos. Diversas grandes operações agrícolas também foram nacionalizadas, incluindo as maiores produtoras de café do país, além de desapropriarem imensos terrenos de outras iniciativas privadas. Uma fábrica de processamento de alimento pertencente à firma americana Cargill, que produz arroz na Venezuela, foi tomada quando reduziu sua produção em resposta ao controle de preços governamental. Essa política teve como resultado previsível que as terras antes produtivas hoje se encontram abandonadas ou marginalizadas pela má administração do Estado, ao passo que a produção doméstica de alimentos na Venezuela entrou em declínio. Quando as indústrias de cerâmica, aço e tubulações enfrentaram problemas com seus sindicatos, Chávez "resolveu" o problema nacionalizando os negócios.

Mão de obra organizada, obviamente, é uma das grandes fontes de poder de Chávez. Se não chegou a nacionalizar os sindicatos venezuelanos, certamente tentou *chavizá-los*. Uma de suas medidas foi fazer passar uma lei que dava ao governo o direito de monitorar as eleições internas dos sindicatos, recebendo críticas de líderes sindicais em todo o mundo por essa interferência governamental inadequada em questões internas. Quando Chávez não conseguiu subjugar a versão venezuelana da Federação Americana do Trabalho e Congresso de Organizações Industriais (AFL-CIO), a Confederación de Trabajadores de Venezuela, que resistira a suas mais autoritárias inovações, ele criou um sindicato rival próprio, a Unión Nacional de Trabajadores. Como os acólitos de Chávez se infiltraram em sindicatos individuais, estes transferiram sua filiação da antichavista ACT para a UNT, pró-chavista. Chávez as recompensou fazendo da recém-criada e relativamente pequena UNT a representante venezuelana nas conferências de trabalho internacionais.

Quando perguntado sobre possíveis planos para nacionalizar a indústria alemã, o líder do Partido Nacional Socialista Alemão dos Trabalhadores, Adolf Hitler, respondeu: "Por que deveria nacionalizá-los? Nacionalizarei o *povo*."[3] Chávez também fez o possível para nacionalizar seu povo. Por que nacionalizar as indústrias quando se pode nacionalizar a *realidade*? Assim, pode controlar os números a seu favor. Quando o Instituto Nacional de Estatística da Venezuela divulgou estudos que mostravam que a pobreza vinha crescendo sob o governo de Chávez, chegando a 53% em 2004, apesar das crescentes receitas do petróleo, o presidente lançou mão de uma medida diferente de pobreza, que de modo conveniente mostrava um índice muito mais baixo. Quando os dados sugeriram que o desemprego vinha aumentando, o regime de Chávez alterou o modo como o calculava.

Com isso, Chávez emulava uma velha prática aperfeiçoada por seu mentor, Fidel Castro, cujas impressionantes — e completamente fictícias — estatísticas documentando o sucesso nas áreas de alfabetização e saúde infantil de Cuba não cansam de ser repetidas por aqueles que desejam socializar o sistema de saúde americano. (A esquerda americana é tão fiel ao mito do socialismo de Cuba — basta ver, por exemplo, a homenagem feita ao sistema de saúde cubano no documentário anticapitalista de Michael Moore, *Sicko* — que nem a recente confissão de Castro de que "o modelo cubano não funciona mais nem para nós" diminuiu seu entusiasmo.)[4]

## Todo socialismo é nacional socialismo

Perceba que esses são atos relativamente triviais de desonestidade e adulteração de dados. Qualquer um pode mentir sobre estatísticas, e a maioria dos políticos o faz. Mas há certa profundidade no socialismo que falta aos outros tipos de sistema, mesmo naqueles altamente centralizados e autoritários. Uma vez que o socialismo conta com o mecanismo do Estado para fazer valer as ordens dos planejadores centrais, e tais ordens são vendidas como os esforços dos melhores e mais inteligentes para estabelecer uma ordem racional em nome da população — que não pode fazê-lo por si própria —, torna-se politicamente necessário que o Estado e seus líderes (em muitos Estados socialistas, O LÍDER) sejam fortemente identificados, de maneira quase religiosa, com o povo.

Embora fossem ateístas devotos, os soviéticos frequentemente evocavam interpretações religioso-nacionalistas da história russa, sendo uma delas o relato recorrente de que a Rússia era uma nação escolhida, com um papel missionário especial nas questões mundiais. Segundo essa narrativa tradicional, a Sagrada Mãe Rússia é o bastião da cristandade contra o islamismo e o Leste pagão. De acordo com o evangelho soviético, a Rússia foi escolhida pela história para liderar o caminho rumo à única fé real do socialismo.

**Spicoli: Os críticos de Chávez são ilegítimos e deveriam ser presos**

"Durante um breve segmento no programa *Real Time With Bill Maher*, o ator Sean Penn explicou que a maior parte da imprensa americana mente regularmente sobre Chávez ao chamá-lo de ditador, acrescentando que 'deveria haver um limite e que essas mentiras deveriam ser motivo para cadeia'. Esse sentimento provavelmente (assim espero) não representa a visão real de Penn quanto à liberdade de expressão, mas é assustadoramente próximo ao tipo de ameaça que Chávez usa para intimidar membros da oposição e promover uma autocensura entre a mídia venezuelana."

Revista *Reason*, 2010

Embora na teoria o socialismo tenha sido apresentado como um credo internacionalista, na prática todas as empresas socialistas do mundo foram também atividades nacionalistas. Os soviéticos eram nacionalistas no que dizia respeito à Rússia e internacionalistas quando se tratava dos povos ao seu redor, por eles subjugados; os chineses ainda têm um regime abertamente nacionalista. E não é só para reafirmar uma questão retórica de pouca importância que os críticos do socialismo se sentem obrigados a recordar ao mundo que Adolf Hitler chegou ao poder como defensor de um tipo particular de socialismo e como líder do partido socialista. Escreveu o historiador John Lukacs:

> Todos agora somos nacionalistas. Obviamente, as proporções da mistura entre nacionalismo e socialismo variam de um país para outro, mas existe, e mesmo quando a social-democracia prevalece, é o sentimento nacional da população o que de fato conta. Em 1945, foi derrotado ao lado de Hitler o Nacional Socialismo Alemão: uma versão cruel e extrema do nacional-socialismo. Em outros lugares, nacionalismo e socialismo se uniram, harmonizaram-se e se fundiram, sem violência, ódio ou guerra.[5]

A implantação por parte de Chávez de sua própria versão do nacional-socialismo não resultou em guerra, embora tenha chegado perto algumas vezes com suas provocações à Colômbia. Ainda assim, seríamos muito generosos ao dizer que seu trabalho foi feito sem violência ou ódio. Mas para entender o socialismo venezuelano, é fundamental compreender que ele incorpora o nacionalismo, assim como no socialismo soviético, no maoísmo e nos movimentos revolucionários liberalistas pós-guerra do Terceiro Mundo. O que a Sagrada Mãe Rússia significava para os soviéticos, o que o orgulho do Reino Médio significa para os chineses, o que o *Volk* representava para Hitler — tudo isso tem seu equivalente na América Latina, concentrado na figura e no legado de um único homem: Simón José Antonio de la Santísima Trinidad Bolívar y Palácios, também conhecido como "El Libertador" e "o George Washington sul-americano".

Geralmente se diz que um grande homem "se reviraria no túmulo" se pudesse ver o que seus epígonos fizeram em seu nome. Chávez fez com que Simón Bolívar se revirasse no túmulo. O escritor e ativista pelos direitos humanos Thor Halvorssen contou essa história em 2010:

> No dia 16 de julho, logo após a meia-noite, o presidente venezuelano Hugo Chávez voltou no tempo, supervisionando a exumação dos restos mortais de Simón Bolívar — grande herói da independência da América Latina, que ajudou a libertar a região da Espanha no século XIX, e objeto de uma obsessão pessoal e política por parte de Chávez.
>
> O esqueleto foi desmontado. Pedaços foram removidos, como dentes e fragmentos de ossos, para "testes". O que restou foi colocado num novo caixão com o selo governamental de Chávez. O presidente venezuelano, que tuitou sobre os procedimentos, fez um discurso desconexo no qual pedia a Cristo que repetisse o milagre de Lázaro e ressuscitasse os mortos uma vez mais. Aparentemente, ele também conversou com a ossada de Bolívar.
>
> "Eu tinha dúvidas", disse Chávez à nação, parafraseando o poeta Pablo Neruda, "mas depois de ver seus restos mortais, meu coração disse, 'Sim, sou eu'. Pai, é você, ou quem é você? A resposta foi: 'Sou eu, mas só acordo a cada cem anos, quando o povo acorda.'"[6]

Antes mesmo de assumir oficialmente o poder na Venezuela, Chávez sempre buscou se identificar com El Libertador e assim unificar, na mente da população, sua própria pessoa, o Estado e o povo. Como disse o Rei Sol alguns anos antes, *"L'État, c'est moi"* ("O Estado sou eu"). Depois de fracassar em sua tentativa de chegar ao poder por meio de um golpe militar, Chávez entrou de cabeça na política eleitoral — junto a políticas mafiosas antiquadas — e deu à sua turma o nome de movimento bolivariano. Ao assumir o poder, Chávez exigiu que o país mudasse seu nome para República Bolivariana da Venezuela.

Insistia ainda que uma cadeira permanecesse desocupada durante as reuniões de gabinete para acomodar o fantasma de Bolívar, além de saquear sua espada do museu nacional para uso próprio. (Pessoas merecedoras e iluminadas, como Mahmoud Ahmedenejad, Moammar Gaddafi, Robert Mugabe, Alexander Lukashenko, Vladimir Putin e Raúl Castro, foram presenteadas com réplicas da arma).

Para reafirmar sua imagem como a reencarnação de Bolívar, todas as estações de notícias do país tiveram de transmitir imagens da exumação feita por Chávez e sua conversa com os ossos daquele grandioso homem. Com o hino nacional venezuelano ao fundo, todas as televisões da nação transmitiram imagens históricas de Bolívar em quadros famosos, seguidas por imagens de seu esqueleto e de Chávez.

"Se pudéssemos imaginar Washington, Jefferson, Madison e Lincoln numa só pessoa", escreveu Halvorssen, "teríamos ideia do poder histórico de Bolívar em grande parte da América Latina e por que uma revolução 'bolivariana' é infinitamente mais legítima do que uma revolução 'chavista'. A apropriação agressiva de Chávez em relação a Bolívar — primeiro política, depois fisicamente — tem um significado especial, pois constitui uma tentativa de se livrar do mais importante líder da oposição e inimigo político que poderia enfrentar: o próprio Bolívar."[7]

Longe de ser um protossocialista, Bolívar era um homem que carregava sempre uma cópia de *A riqueza das nações*, de Adam Smith, e que admirava tanto Thomas Jefferson que enviou um de seus sobrinhos preferidos para estudar na Universidade de Virginia, fundada por ele. No entanto, o conteúdo das ideias de Bolívar não pode ser usado por Chávez como o conteúdo de sua cripta e as emoções nacionalistas que podem ser usadas para causar agitações e assim distrair as atenções das inevitáveis falhas do socialismo. "O corpo de Simón Bolívar é como o de qualquer outro homem, mas roubar seu legado vale mais do que roubar aquele de Kim Il Sung", escreveu o jornalista socialista iconoclasta Christopher Hitchens, que passou bastante tempo com o presidente Chávez. Tendo desenvolvido um olhar aguçado para identificar as ilusões de grandeza de um autoritário, Hitchens escreveu que Chávez está bem próximo do momento climático em que anunciará que é um ovo poché e que precisa de uma grande torrada com manteiga, de modo que possa deitar e tirar uma bela soneca. Até a pilhagem macabra do caixão de Simón Bolívar foi inicialmente provocada por sua teoria de que uma autópsia revelaria que O Libertador fora envenenado — provavelmente por colombianos covardes. Isso talvez desse à Venezuela uma licença póstuma para continuar a hospedar as FARCs narcocriminosas da Colômbia, numa atividade entre fronteiras que pouco faz para promover a fraternidade regional.[8]

Na verdade, Bolívar era um produto do Iluminismo e um admirador da Revolução Americana. Sob certos aspectos, era mais fiel aos ideais implícitos dos Estados Unidos do que os próprios Pais Fundadores — entre outras coisas, ele era contra a escravidão. Suas inspirações intelectuais incluem Jefferson, Smith e Montesquieu. Chávez também abraça o Iluminismo a seu modo; ele se identifica com o Príncipe Negro do Iluminismo, Jean-Jacques Rousseau, o antiliberal que, no auge da liberdade ocidental, via o homem "posto a ferros em toda parte".[9] Foi Rousseau quem desenvolveu a distinção entre a "vontade popular" — que pode ser expressada nas eleições democráticas e manifestações do gênero — e a "vontade geral", que tinha de ser discernida por governantes iluminados e que possibilitava a camuflagem de todo tipo de ação autoritária em nome do bem comum.

"Há muitas vezes uma grande diferença entre a vontade de todos e a vontade geral", escreveu Rousseau. "Essa última atende apenas ao interesse comum; já a primeira considera o interesse particular e é uma soma de vontades particulares. Mas tirem dessas mesmas vontades os mais e os menos que anulam umas às outras, e a soma remanescente das diferenças é a vontade geral."[10] Foi dentro dessa construção que o teórico político detectou as raízes da "democracia totalitária". O presidente Chávez, que se descreve como "democrata bolivariano" e "democrata rousseauniano", foi ocasionalmente democrático em seus meios e certamente totalitário em suas aspirações.

## O pior de ambos os mundos

Como acontece a muitos autocratas antiamericanos e praticamente a todos os autocratas socialistas, não faltaram defensores para Chávez no Ocidente, particularmente nos Estados Unidos. Não foi surpresa encontrar apologias do presidente e de seu regime publicadas em órgãos de opinião oficial, como o Centro de Estudos Estratégicos e Internacionais (CSIS). O que se mostrou espantoso, entretanto, foi a extensão alcançada pelo teatro "rousseauniano" de Chávez entre a *intelligentsia*. Howard Wiarda, do CSIS, propôs os seguintes pontos de discussão oficiais: "Chávez segue a linha de Jean-Jacques Rousseau e Simón Bolívar, e não a de Locke, Jefferson e Madison. Rousseau era um defensor da democracia direta. Temos de reconhecer que outras formas de democracia são legítimas. Chávez não representa qualquer ameaça aos interesses americanos atualmente. Os Estados Unidos podem tentar influenciá-lo, mas devem estar preparados para ter paciência."[11]

No que diz respeito a Rousseau, séculos depois o filósofo ainda está nas manchetes. Identificando alguns comentários de Chávez que poderiam nos ajudar a entender seu programa, Wiarda escreveu:

> Dois comentários em particular se destacam. Quando Chávez declarou numa ocasião ser "um democrata rousseauniano" e em outra "um democrata bolivariano", a embaixada americana em Caracas foi à loucura, pois (1) não tinha ideia do que aqueles termos significavam e (2) é inconcebível para qualquer cidadão americano que possa existir qualquer outra forma de democracia que não aquela de Locke, Jefferson e Madison.
>
> Rousseau era um defensor do princípio da liderança, como os "reis filósofos" de Platão. Ele acreditava que grandes líderes heroicos e carismáticos — provavelmente a ideia que Chávez tem de si mesmo — pudessem guiar seu povo em novas direções inovadoras e revolucionárias, sem a preparação esmerada de autogoverno ou desenvolvimento gradual de instituições que escritores mais prosaicos (e enfadonhos) como Locke, Madison e Tocqueville entendiam como a base da democracia. Da análise de Rousseau tiramos que a separação de poderes e o sistema de freios e contrapesos não são necessários, pois essas instituições apenas atrapalhariam a capacidade de um líder heroico em agir segundo a vontade geral. Rousseau, assim como Marx cem anos depois, também era contra os intermediários, ou o que hoje chamamos de "sociedade civil", pois isso também entravaria a habilidade do líder de levar adiante a vontade geral, a qual supostamente conhece por intuição.[12]

Intuição? Esta aí uma forma de driblar o problema de Hayek quanto ao conhecimento. Mas seria uma boa opção? O resultado na Venezuela nos sugere que não. De qualquer forma, é de se suspeitar a intuição de um homem que desenvolve políticas públicas depois de conversar com o cadáver de seu herói político.

O socialismo sempre se apresenta como um sistema racional. Marx chamava sua visão de "científica", mas socialistas menos conhecidos também tendem a afirmar que estão engajados na administração e no planejamento racionais da economia ou de outros setores. Um exemplo óbvio é o da turma que deseja reformular o sistema de saúde americano em nome da abstração econométrica, que é a proporção de gastos entre o sistema de saúde e o PIB, como se houvesse uma razão de ouro capaz de ser aplicada às despesas médicas nacionais.

Os socialistas americanos, no entanto, não são assim rudimentares como Chávez; eles não foram remexer no túmulo de Roosevelt, mas evocaram seu nome, sua imagem e seu legado sempre que puderam. Seria exagero dizer que todas as instâncias do socialismo, no fim, são idênticas, mas quase sempre há certa familiaridade. E, em muitos casos, essa familiaridade assume a forma de uma repressão brutal, exatamente o que aconteceu na Venezuela, uma vez que se tornou claro que o plano não será cumprido — não agora, não num futuro próximo, não num futuro distante, nunca.

A popularidade de Chávez despencou junto às perspectivas econômicas venezuelanas. Diante da infraestrutura cambaleante do país — escassez crônica de água e de alimentos, alto índice de desemprego, uma inflação de 35%, bens de consumo básicos limitados e um sistema falho de energia —, não é de surpreender que os venezuelanos tenham se voltado contra seu presidente. No início de 2010, os índices de aprovação a Chávez caíram a 40% — embora, na verdade, provavelmente fossem ainda menores. Os venezuelanos temem criticar seu presidente em público, ainda mais diante de um estranho fazendo uma pesquisa por telefone. E eles têm razão para tal. Chávez mostrou que, quando se trata daqueles que criticam seu regime — aqueles que criticam o plano —, ele pode acabar com os fortes e poderosos, para não dizer o que faria com um cidadão comum.

Raul Baduel, por exemplo, foi por certo tempo um dos homens mais poderosos da Venezuela; um general que ajudou a derrotar o golpe anti-Chávez de 2002. Durante certo período, foi muito próximo do presidente, mas, como muitos outros, acabou se desiludindo com os constantes fracassos políticos de Chávez e suas medidas cada vez mais autoritárias. Quando Chávez o destituiu de seu posto como ministro da defesa, Baduel ficou livre para se tornar um crítico declarado ao governo.

**Socialismo: como transformar um gigante enérgico num anão**

"A Venezuela pode ser uma produtora colossal de energia, com as maiores reservas convencionais de petróleo fora do Oriente Médio e um dos mais poderosos sistemas hidrelétricos do mundo, mas isso não a impediu de enfrentar sérios problemas de escassez de água e eletricidade, que parecem apenas estar piorando.

Nas últimas semanas, o presidente Hugo Chávez vem encarando os protestos da população relacionados à falta de energia que, após seis blecautes nacionais nos últimos dois anos, provocou o corte do fornecimento elétrico durante algumas horas por dia em áreas rurais e cidades industriais como Valencia e Ciudad Guyana. Agora, o racionamento de água foi introduzido aqui na capital.

A deterioração dos serviços é surpreendente para muitos nos Estados Unidos, especialmente porque o país se acostumara a um fornecimento barato e abundante de eletricidade e água nas décadas recentes. No entanto, mesmo com o *boom* do petróleo enriquecendo seu governo e o sr. Chávez assumindo maior controle das utilidades públicas e de outras indústrias nesta década, os serviços públicos parecem apenas ter decaído, colaborando para a frustração da população."

*New York Times*, 2009

Em 2007, Baduel colaborou para que Chávez sofresse uma de suas poucas derrotas políticas: quando foi forçado a aceitar o resultado de um plebiscito que bloqueava uma de suas jogadas para ganhar mais poder. Chávez vinha tentando encontrar uma forma de anular o resultado da votação, mas Baduel e um grupo de oficiais o convenceram a manter a sabedoria e a aceitar o julgamento dos eleitores. Pouco depois, a polícia militar deteve Baduel por acusações de ter administrado mal seu orçamento quando ministro da defesa. Em pouco tempo, foi sentenciado a oito anos de prisão.

Chávez não pensou duas vezes em fazer de seu antigo ministro um exemplo. Em sua condição de ex-soldado, Chávez tem bastante familiaridade com a política das Forças Armadas venezuelanas, e desde cedo passou a expurgar seus críticos e inimigos das corporações e de cargos importantes do ministério da Defesa. Além disso, seu amigo

Fidel Castro lhe emprestou uma equipe de operadores da contrainteligência cubana que monitoram a lealdade dos altos militares — um presentinho de um socialista para outro.

No entanto, é difícil manter o controle em um país grande e enérgico como a Venezuela — mesmo tendo à disposição um time de espiões cubanos. Em resposta à repressão aos críticos de Chávez, o General Alberto Mueller Rojas, vice-presidente do partido de Chávez, deixou seu posto em março de 2010. Os vários ministros de Chávez divulgaram comunicados de imprensa desonestos, afirmando que Mueller pedira para sair do cargo devido à sua saúde frágil. Mas Mueller, que não aceitou se intimidar, deixou claro em público que não era sua saúde, mas sim a revolução de Chávez que era frágil.

Os críticos de Chávez parecem desenvolver "problemas de saúde" com certa frequência, ao lado de problemas legais, problemas de carreira, problemas com os impostos e problemas regulatórios. O dono da Globovisión, Guillermo Zuloaga, cuja rede de televisão é a principal crítica do governo de Chávez e uma defensora dos direitos de liberdade de expressão, é também proprietário de uma cadeia de revendedoras de automóvel. Após uma investida veemente à sufocante campanha de Chávez contra a liberdade de imprensa, Zuloaga foi preso sob acusações de usura e de fixar preços, relacionadas a seu negócio de automóveis. De maneira similar, um grande acionista da Globovisión teve seu banco apreendido.

Coincidentemente, foi a Globovisión que divulgou a notícia sobre os alimentos que apodreciam nos armazéns do governo. Ou seja, o dono e os investidores da Globovisión foram para a cadeia e tiveram suas propriedades apreendidas por terem exposto a ineficiência e a corrupção do sistema socialista venezuelano. Outra rede de televisão, a RCTV Internacional, teve destino parecido, além de outros cinco canais a cabo. Cerca de quarenta estações de rádio independentes também foram fechadas, e uma nova lei permitirá que Chávez aprisione repórteres e editores que divulguem "informações danosas aos interesses do Estado".

Tal repressão tem aspectos econômicos e também políticos. Uma das dificuldades na análise de uma economia socialista é separar a simples incompetência econômica de abusos econômicos deliberados, cometidos com uma premeditação maliciosa. Por exemplo, quando decisões equivocadas do planejamento centralizado de Chávez provocaram uma escassez maciça de alimentos e bens domésticos, o regime tentou exercer controle direto dos supermercados. A cadeia de mercados Éxito foi confiscada pelo governo, e outra, chamada Cada, tornou-se alvo de cobiça.

Mesmo essas nacionalizações não fizeram com que o plano funcionasse, portanto o passo seguinte foi tentar controlar a importação e, principalmente, a exportação de alimentos e bens de consumo. Uma lei econômica bem-estabelecida diz que a determinação de preços inevitavelmente leva à escassez, e foi exatamente o que provocou o programa de controle de preços de Chávez. Diante do fracasso, ele tentou aumentar seu controle sobre importações e exportações, interferindo no câmbio da moeda venezuelana, chamada, inevitavelmente, de *bolívar*. Ao estabelecer uma taxa de câmbio artificialmente alta para os *bolívares*, Chávez tentou fazer com que o poder de compra dos venezuelanos aumentasse e assim fortalecesse a economia. Mas o que fez na verdade — como qualquer analista competente do planejamento econômico estatal poderia ter lhe avisado — foi criar um enorme mercado negro de câmbio, praticamente transformando todo importador, exportador e turista num criminoso. A verdadeira taxa de câmbio para *bolívares* no mercado livre — que, nesse caso, é o mercado negro — estabelecia a força da moeda em metade do valor oficial.

O que se seguiu foi digno de uma comédia. Chávez decidiu que a Venezuela precisava de duas taxas de câmbio, uma para a compra de bens essenciais e outra para bem supérfluos. Os venezuelanos que trocassem *bolívares* para comprar bens essenciais poderiam fazê-lo a um preço de 2,6 por dólar, enquanto aqueles que comprassem bens supérfluos teriam de pagar 4,3 por dólar. (A taxa de câmbio real, no mercado negro, chegou a 7 *bolívares* por dólar por volta dessa época.) O resultado, é claro, foi um caos econômico. A inflação saltou de catastróficos 30% para desastrosos 35%. O preço do petróleo começou a enfraquecer logo depois, deixando o regime de Chávez sem dinheiro para dar continuidade à campanha destinada a acumular armas e material bélico russos, ao passo que vendia o petróleo de seus compatriotas com um grande desconto a aliados como Castro.

Naturalmente, esse deslocamento econômico, social e político foi acompanhado pela decadência de instituições públicas — particularmente da lei e da ordem. Caracas é, no momento em que este livro é escrito, a capital mais perigosa das Américas, um lugar onde os casos de sequestro fugiram ao controle. A resposta do regime de Chávez, até este instante, foi típica do planejamento central — exigir que os casos de sequestro sejam comunicados (a família das vítimas muitas vezes não se importava em fazê-lo, uma vez que a polícia, quando não estava diretamente envolvida nos crimes, era ineficaz) e, diante dessa informação, congelar as contas bancárias dos familiares — impedindo assim o pagamento do resgate. Obviamente, isso resultou na morte e na desfiguração das vítimas, cujas famílias não tinham recursos e não podiam contar com a polícia para resgatar seus entes queridos. Dessa maneira, a Venezuela sofre com o pior de ambos os mundos: uma polícia estatal que não consegue controlar o crime.

## O apagar das luzes

Há uma fotografia famosa das Coreias que demonstra, na maneira mais dramática possível, a diferença entre uma economia socialista e outra capitalista. Feita à noite, por satélite, ela mostra as estradas e cidades da Coreia do Sul tomadas de luz, que cessa de maneira ab-rupta ao chegar à fronteira, com a Coreia do Norte coberta pela escuridão, exceto por um brilho tênue nos recintos oficiais de Pyongyang.

A escuridão também está se abatendo sobre a Venezuela.

Apesar de ser uma das grandes produtoras de energia do mundo, a Venezuela não consegue suprir as necessidades de seus cidadãos. Muitos são os motivos para isso: subinvestimento crônico nas petroleiras estatais é uma delas; subinvestimento crônico nas companhias elétricas estatais é outra. O governo Chávez, incapaz de ignorar os sucessivos blecautes que, junto à escassez de alimentos, fizeram com que muitos venezuelanos se voltassem contra ele, recorreu a algo típico dos socialistas: um plano de cinco anos. Em 2010, primeiro ano do plano, a Venezuela deveria acrescentar 5.900 megawatts de energia. O resultado alcançado foi pouco acima de 20% dessa marca.

Por que um país que produz grande parcela do petróleo mundial seria incapaz de abastecer suas próprias cidades e indústrias? Um dos motivos é que, nos últimos anos, a Venezuela resistiu à construção de usinas elétricas à base de petróleo, dando preferência às hidrelétricas, o que torna a geração de energia suscetível às mudanças climáticas.

Chávez, obviamente, quer usar o petróleo do país o mínimo possível; tendo seus controles cambiais e outras regulamentações atrapalhado completamente os mercados de importação e exportação, além de a economia se encontrar em frangalhos devido à sua agenda socialista, o petróleo venezuelano vendido nos mercados internacionais representa a principal fonte de moeda forte — em sua maioria, dólares dos malditos ianques — de que precisa para sustentar suas próprias operações, pagar os salários e benefícios dos *apparatchiks*, financiar suas aventuras no estrangeiro (como o apoio aos terroristas das FARCs na Colômbia) e pagar a Fidel Castro pelo aluguel de seus espiões. Dessa maneira, os venezuelanos não apenas sentem falta daquilo que devem importar, mas também da única coisa que deveriam ter em abundância: energia.

A escuridão que recai sobre a Venezuela é a mesma que pode ser vista à noite na Coreia do Norte. Familiar e previsível. Nós a vimos tomar um país após o outro. E a vemos prestes a tomar o nosso.

Capítulo 11

# SOCIALISMO E NACIONALISMO: ALIADOS, NÃO RIVAIS

**Você sabia?**

- Apesar de seu suposto internacionalismo, a maioria dos líderes socialistas é nacionalista
- O comércio livre internacional é incompatível com o socialismo
- O socialismo provoca conflitos nacionalistas ao criar uma escassez de recursos naturais

Num ensaio publicado na *International Socialist Review* em 2000, o escritor Tom Lewis afirma que o verdadeiro socialismo é lexicamente internacionalista. "Socialistas são internacionalistas", escreveu ele. "Ao passo que os nacionalistas acreditam que o mundo seja dividido primariamente em nacionalidades diferentes, os socialistas consideram a classe social como primeiro critério de divisão. Para os socialistas, a luta de classes — e não a identidade nacional — é o motor da história. E o capitalismo cria uma classe operária internacional que deve confrontar uma classe capitalista internacional."[1]

Lewis sabe do que está falando — infelizmente, parece saber apenas isso. É verdade que os socialistas americanos tendem a ser bastante internacionalistas. Isso se dá em grande parte por terem passado décadas após décadas isolados em guetos intelectuais, saindo vez ou outra para dar uma aula sobre as ideias de Julia Kristeva ou fazer doações por telefone à campanha de Dennis Kucinich.

Os socialistas americanos tendem a ser internacionalistas, pois geralmente são também antiamericanos; na verdade, parece que seu sentimento anti-EUA é o que os leva a adotar o socialismo, e não o contrário. Até bem recentemente, os socialistas americanos foram mantidos longe do poder — e seu internacionalismo tem muito a ver com esse fato. No resto do mundo, quando os socialistas se aproximam do poder, normalmente o fazem como nacionalistas.

Isso se aplica em especial ao mais internacionalista entre os regimes socialistas: o da URSS. Embora o socialismo internacional de Marx logo tenha se transformado numa campanha patriótica pelo socialismo num só país com Stalin, os socialistas russos conversavam consistentemente sobre o nacionalismo. Do ponto de vista operacional, eles eram internacionalistas no que se tratava dos estados satélites que a Rússia absorveu na União Soviética e no que dizia respeito a seus diversos *factota* e marionetes espalhados pelo mundo. Quando o assunto era a Rússia, entretanto, eles eram fortemente nacionalistas. Naturalmente, esse nacionalismo velado vinha acompanhado da supressão das minorias étnicas, como os chechenos ou os alemães étnicos. Segundo a *Enciclopédia da história russa*:

> Na ideologia oficial soviética aparecia o termo nacionalidades "inconfiáveis". As nacionalidades acusadas eram sujeitas à deportação e a castigos coletivos, baseados na alegação de colaborações com os nazistas. Como resultado dessa prática, os alemães do Volga, os chechenos, os tártaros da Crimeia e outras dúzias de nacionalidades menores foram deportados de suas terras natais rumo à Ásia Central e ao Cazaquistão. Sob a batuta de Stalin, 56 nacionalidades, num total de cerca de três milhões e meio de pessoas, foram deportadas para a Sibéria e para a Ásia Central.
>
> O Primeiro Secretário do Partido Comunista, Nikita Kruschev, reabilitou as nacionalidades que sofreram repressão e permitiu que a maioria retornasse a suas casas. As principais exceções foram os tártaros da Crimeia e os alemães do Volga, pois suas terras haviam sido tomadas por russos e ucranianos.
>
> [...] Os líderes soviéticos tinham visões ambíguas quanto ao nacionalismo russo e o nacionalismo de outros países da União Soviética. Assim, a expressão da superioridade russa sobre outras nações foi permitida. Filmes, pinturas e romances foram criados para recontar o heroico passado russo. A ideologia soviética oficial chamava a nação russa de "irmão mais velho" de todas as nacionalidades da URSS.
>
> Enquanto isso, manifestações de sentimentos nacionalistas pelas outras nações da União Soviética eram reprimidas. Até demonstrações de respeito por distintos personagens nacionais do passado eram proi-

bidas. Dessa forma, as autoridades soviéticas proibiram aglomerações próximo ao monumento do distinto poeta ucraniano do século XIX, Taras Shevchenko. O nacionalismo ucraniano era considerado pelos governantes soviéticos uma das mais sérias ameaças à unidade nacional, e por isso foi duramente reprimido.[2]

O socialismo soviético era nacional socialismo. Isso pode parecer estranho a ouvidos americanos, que costumam ver o socialismo soviético como um arqui-inimigo do nacional socialismo — ou nazismo, como é conhecido na Alemanha —, mas na maior parte o que aconteceu entre a Rússia e a Alemanha durante a Segunda Guerra Mundial foi um conflito de nacionalismos entre dois governos que estavam plenamente de acordo quanto ao socialismo.

Essa visão compartilhada do socialismo pode ser certo exagero, é claro. Sob muitos aspectos, o socialismo soviético representava um sistema econômico muito diferente do nacional socialismo alemão. Mas os dois sistemas eram muito mais parecidos um com o outro do que com o liberalismo anglo-europeu. Meu colega na revista *National Review*, Jonah Goldberg, foi alvo de esquerdistas que chiaram contra a tese provocativa de seu excelente livro intitulado *Liberal Fascism* (*Fascismo liberal*), mas é fato que o socialista internacional Benito Mussolini não precisou alterar drasticamente sua agenda econômica depois que se tornou o duque fascista Benito Mussolini. O anticapitalismo já estava em voga, assim como o estadismo e o planejamento centralizado — o fascismo de Mussolini na Itália seguia de perto a linha do "socialismo num só país" de Stalin. Os projetos mirabolantes de Hitler para a economia alemã eram, em longo prazo, mais grandiosamente socialistas do que as aspirações de Lenin.

**A nascente do rio**

"A única doutrina com a qual tive experiência prática foi o socialismo, a partir do inverno de 1914 — quase uma década. Minha experiência foi tanto como seguidor quanto como líder, mas não foi algo doutrinador. Minha doutrina durante esse período foi a da ação. Uma doutrina do socialismo uniforme e aceita universalmente não existira desde 1905, quando o movimento revisionista, liderado por Bernstein, surgiu na Alemanha, contraposto pela formação, no vaivém das tendências, de um movimento revolucionário de esquerda, que na Itália jamais saiu do campo das palavras, ao passo que, no caso da Rússia, se transformou no prelúdio do bolchevismo.

Reformismo, revolucionarismo, centrismo, o próprio eco desse tipo de terminologia está morto, enquanto no grande rio do fascismo é possível traçar correntes que tiveram suas nascentes em Sorel, Peguy, Lagardelle, dos Movimentos Socialistas, e no grupo de sindicalistas italianos que entre 1904 e 1914 acrescentaram um novo tom ao ambiente socialista italiano."

Benito Mussolini, *A doutrina do fascismo*, 1923

O planejamento centralizado soviético fracassou, assim como ocorrera com o planejamento centralizado alemão. E, inevitavelmente, os planejadores centrais começaram a procurar um inimigo sobre quem colocar a culpa por seus fracassos. Tártaros e alemães étnicos eram convenientes em sua condição de nacionalidades "inconfiáveis", mas obviamente os socialistas soviéticos acabaram seguindo seus equivalentes alemães e voltaram sua mira para os judeus. Diz a *Enciclopédia da história russa*:

> Depois da Segunda Guerra Mundial, a *intelligentsia* judaica foi perseguida durante a campanha política de luta contra o "cosmopolitismo". Quase todos aqueles acusados de cosmopolitismo e tendências pró-Ocidente eram judeus. Tal acusação era seguida pela perda do emprego e pelo aprisionamento. Em 1952, membros da elite da *intelligentsia* judaica, incluindo cientistas e escritores e poetas *yiddish* de destaque, foram secretamente julgados, condenados e executados. A campanha antijudaica chegou ao ápice na União Soviética em 1952, com a investigação do "Complô dos Médicos". Médicos judeus foram acusados de indicar deliberadamente tratamentos incorretos e envenenar os líderes do Partido Comunista. Essas campanhas políticas provocaram uma histeria em massa e o aumento do antissemitismo entre a população local. O crescente antissemitismo deveria agir como prelúdio para a planejada deportação de todos os judeus soviéticos para Birobidjan, no Extremo Oriente. Só a morte de Stalin, em 5 de março de 1953, salvou a população judaica da deportação.[3]

Ou seja, o sistema socialista mais desenvolvido do mundo estava tramando a desapropriação da inteira população judaica apenas alguns anos após o holocausto nazista. É preciso ter isso em mente quando se pensa no papel que a organização stalinista chamada International ANSWER — uma aliança de socialistas ferrenhos e antissemitas do Oriente Médio — desempenhou no movimento antiguerra entre 2001 e 2008, ajudando a eleger Barack Obama, o presidente mais socialista que os Estados Unidos já tiveram desde Woodrow Wilson. Voltaremos a esse assunto mais tarde.

## Trabalhadores de todo o mundo, atacai-vos!

Os judeus são um dos alvos preferidos de regimes autoritários, onde quer que estejam esses judeus. (E até em lugares onde não existem.) Mas nosso mundo é grande e complexo, e a caça por inimigos é de longa data uma obsessão dos socialistas; trata-se de um elemento importante, que une o socialismo ao nacionalismo no mundo real, diferentemente do que ocorre no mundo imaginário do socialismo internacional sonhado pelos intelectuais.

Provavelmente não há melhor exemplo disso hoje do que a China. Um observador de longa data do país certa vez me disse, assim que voltou do Reino Médio: "Voltei da China convicto de que nada havia a temer quanto à sua ideologia. Acho que ninguém mais ali acredita no comunismo. Mas fiquei assustado com o sentimento de nacionalismo de seus cidadãos." Meu colega da *National Review*, John Derbyshire, que morou na China por um tempo, identificou uma mistura de racismo declarado e romantismo nacional na visão dos chineses. Muitos sinólogos afirmam que o nacionalismo, e pouco mais, é o que mantém a China unida, uma vez que seu socialismo, como um todo, precisa cada vez mais da expansão do estado policial de Pequim.

Felizmente para o *Politburo* chinês — mas infelizmente para a população —, a história deu aos socialistas chineses um inimigo pronto na forma do Japão, antiga potência imperial que estuprou e reprimiu a China impiedosamente por longos períodos de seu passado. O Japão, como se sabe, tornou-se uma nação capitalista moderna; o tipo de nacionalismo japonês é mais fruto de uma excentricidade política, e dificilmente representaria uma ameaça. Já o mesmo não pode ser dito do nacionalismo chinês, o que dá ao Japão bons motivos para se preocupar com sua soberania nacional e a defesa do país nas décadas vindouras. O teor da retórica antinipônica na China nacionalista pode atingir níveis chocantes. Peter Gries, um especialista no assunto, descreve um inflamado protesto contra o Japão:

> Os chineses estão enfurecidos; haverá sérias consequências!", dizia uma longa faixa erguida por uma dúzia de manifestantes. Era sábado,

16 de abril de 2005, e milhares de pessoas, em sua maioria universitários, protestavam pelo centro de Xangai. Outra faixa revelava o motivo de tanta raiva: "Oponham-se ao imperialismo japonês!" Cartazes davam continuidade a uma série de queixas específicas: "Oponham-se à entrada do Japão no Conselho de Segurança!", "Boicotem os produtos japoneses, revitalizem a China!", "Oponham-se aos livros de história japoneses!", "Protejam nossas ilhas Diaoyu!". Outros estudantes expressavam seus protestos de maneira individual, carregando uma grande variedade de placas e pôsteres.

As mensagens mais persistentes se concentravam na proposta de um boicote programado para maio de 2005: "Boicotem os produtos japoneses por um mês e eles sofrerão por um ano"; "O boicote a seus produtos castrará o Japão". As duas imagens que causavam maior impacto visual eram de armas e do primeiro-ministro japonês, Junichiro Koizumi. Imagens de facas de açougue, espadas e flechas foram pintadas atravessando o sol nascente da bandeira nipônica. Mas foi a imagem de Koizumi a receber mais atenção por parte dos jovens manifestantes. Um dos rapazes desenhou em seu rosto um bigode como o de Adolf Hitler, seguido pelo restante da turma, que desumanizou o político. Um cartaz colocava a cabeça de Koizumi num corpo suíno, chamando-o de "porquinho". Outro desenhou um focinho e orelhas de porco sobre sua fotografia, dizendo em letras garrafais: "Morte ao porco Koizumi!"

As imagens mais sinistras, porém, evocavam a morte do primeiro-ministro, com seu nome numa lápide e a foto de um funeral com sua fotografia no centro. Além de acenarem pacificamente a bandeira da República Popular da China (RPC), cantarem a *Internacional* e gritarem lemas antijaponeses, os manifestantes também participaram de atividades de natureza menos benigna. A caminho do consulado do Japão, eles quebraram as vitrines de lojas e restaurantes japoneses, viraram de cabeça para baixo alguns carros japoneses e queimaram bandeiras do país, ao lado de fotos e cartazes de Koizumi. Ao chegarem ao consulado, arremessaram ovos e bombas de tinta.[4]

Percebam o caráter altamente *econômico* dessa retórica. "Boicotem os produtos japoneses, revitalizem a China!" — como se a prosperidade japonesa fosse o motivo do crescimento por vezes incerto da China.

A imagem de um boicote como um ato de castração é arrepiante — e emblemática da visão econômica rudimentar que sustenta o nacional socialismo em praticamente todas suas manifestações.

Anos atrás, o economista espanhol Faustino Ballvé (1887-1959) compreendeu que o socialismo era incompatível com um conhecimento sofisticado da economia — em particular a economia internacional — e escreveu:

> O lema "Compre o que a terra-mãe produz; produza o que a terra-mãe precisa" não foi e jamais poderá ser de qualquer serventia, pois quem está correndo atrás de determinado bem o comprará, como e onde o encontrar. Essa, na verdade, é a própria essência da faculdade, inata ao homem, de julgamento e escolha econômicos. Por outro lado, para um país produzir o que precisa, as condições naturais têm de ser favoráveis e deve também haver demanda suficiente para que essa produção dê lucro, uma vez que ninguém se empenhará em produzir um bem, independentemente de quanto o país precise dele, quando o cálculo econômico demonstra que esse bem não trará lucros e é incapaz de competir no mercado mundial.[5]

A forma extrema dessa linha de raciocínio se chama autarquia, condição na qual um país tenta viver exclusivamente de sua própria produção, como tentou fazer a Coreia do Norte de tempos em tempos.

A análise de Ballve, assim como as de Hayek e Mises, sugere que um planejamento econômico nacional não é só difícil, mas impossível:

> Não menos ilusório é o mito da solidariedade econômica dos cidadãos de um país quando comparados aos habitantes de outra nação. Pelo que já pudemos observar da interdependência econômica de todos os povos, torna-se evidente que é absurdo e impossível que um país tente viver em *autarquia*, contando apenas com seus próprios recursos. Nenhuma nação, não importa quão grande e diversificada seja, mesmo a Rússia ou os Estados Unidos, tem à sua disposição todos os recursos naturais necessários para sua produção e consumo. Todos os países precisam importar, e não em pequena escala, alimentos e matérias-primas, assim como bens manufaturados, se não estiverem dispostos a se contentar com uma subsistência miserável de altos custos, pois há ramos industriais que só conseguem produzir a baixo custo quando em larga escala ou sob condições especificamente favoráveis. (Como

sabemos pela lei de custo comparativo e pela lei de retornos, poucos países estão na posição de produzir economicamente maquinário pesado, automóveis etc.) Eles precisam exportar para pagar suas importações.

Por esse motivo, a única economia realmente integral é a internacional, ou melhor, o mercado global, pois, na verdade, o comércio ocorre não entre as nações, mas entre pessoas, além das fronteiras nacionais. Essa comunidade econômica universal só pode existir quando todos os negociantes compram e vendem nos mercados do mundo inteiro.[6]

A natureza internacional do capitalismo de mercado livre deixou ramificações fatais para o aspirante a planejador central. O que ele não consegue pôr em prática num só país (ou mesmo numa só indústria) é feito pelos mercados no âmbito de indústrias, nações, continentes — e até através do tempo. Ou seja, os mercados coordenam meios de produção complexos, englobando do capital físico ao capital financeiro e ao crédito, mão de obra, propriedade intelectual, capital organizacional e outros insumos sutis que tornam a vida material moderna possível — e o planejamento centralizado nacional inviável. Hugo Chávez pode tentar estabelecer o preço do arroz na Venezuela, mas, a partir do momento em que este cruza as fronteiras, seu regime não manda mais nada no assunto.

**Colocando o socialismo no mapa do nacional socialismo**

"Somos inimigos mortais do sistema econômico capitalista de hoje em dia, com sua exploração dos economicamente fracos, seu sistema injusto de salários, sua maneira imoral de julgar o valor de seres humanos em termos de suas riquezas e de seu dinheiro."

Gregor Strasser, ideólogo nazista

"O Estado deve ter como meta prioritária oferecer os meios de sustento para seus cidadãos, a abolição de todas as receitas não adquiridas com trabalho, o confisco implacável de todos os lucros de guerra, a nacionalização de todos os negócios que se transformaram em corporações, o compartilhamento de lucros e grandes empresas, o desenvolvimento maciço de uma pensão para a velhice e uma reforma agrária apropriada às necessidades nacionais."

Plataforma do Partido Nazista, 1920

> "Somos socialistas, inimigos do atual sistema econômico capitalista de exploração dos economicamente frágeis, com seus salários injustos, com sua avaliação indecorosa do ser humano segundo a riqueza e a propriedade, em vez de responsabilidade e desempenho, e estamos determinados a destruir esse sistema, sob qualquer condição."
> Adolf Hitler, 1927

## Nacionalismo de recursos: outra especialidade socialista

O escritor socialista americano Dan Jakopovich (cujo trabalho analisaremos mais de perto posteriormente) não está sozinho entre os chamados internacional-socialistas ao elogiar a estratégia do "nacionalismo de recursos". Sua história é longa, mas continua moderna como as manchetes matutinas: depois que a agricultura coletiva russa fracassou e a produtividade decaiu, os planejadores econômicos soviéticos reagiram proibindo a exportação do que Lenin chamava de "a moeda de todas as moedas": grãos. Embora o colapso do comunismo tenha possibilitado que a agricultura russa se recuperasse a ponto de retomar a exportação de grãos, em 2010, Vladimir Putin, declaradamente nacionalista, voltou a bani-la, mencionando as colheitas escassas.

Obviamente, alimentos representam uma área particularmente delicada — redes elétricas falhas são ruins, mas a fome é muito pior. Uma vez que os países socialistas tendem a se envolver pouco com o comércio, ou fazê-lo de modo bastante restrito, eles se mostraram historicamente vulneráveis à escassez de alimentos. Enquanto muitos dos regimes socialistas menos severos aprenderam a ocupar um lugar dentro das realidades do comércio (é impossível encontrar boas laranjas nacionais em dezembro na Suécia), os regimes socialistas mais ferrenhos não o fizeram e permanecem sob alto risco de complicações no que diz respeito a seu fornecimento de alimentos.

A maioria dos governos faz uma série de tentativas de um planejamento central para lidar com alimentos, mas acaba inevitavelmente trocando os pés pelas mãos. Nos últimos anos, os mercados mundiais testemunharam alguns episódios bastante perturbadores no comércio de alimentos; algo que chamou a atenção dos dirigentes da Cargill, maior empresa de gêneros alimentícios no mundo. O vice-presidente sênior da companhia, Paul Conway, oferece uma análise *hayekiana* do problema: a política distorce ou interrompe os sinais dos preços. Como relatou o *Sunday Times* londrino:

> Essas crises intermitentes provocam o que, segundo a Cargill, se trata de más decisões políticas — armazenamento, acumulação e inibição às exportações. Sejam as montanhas de manteiga ou o acordo de agências internacionais no início dos anos 1980 para controlar alguns mercados, como os de cacau e açúcar, tudo caiu em descrédito, diz o sr. Conway.
>
> O motivo pelo qual fracassaram foi que os governos esqueceram qual o papel dos fazendeiros. "Quando os governantes contiveram boa parte do estoque, como aconteceu na União Soviética, os sinais de preços não chegaram aos fazendeiros. No ano passado, o governo argentino aumentou as tarifas de exportação, fazendo com que não houvesse sentido plantar. Havia grãos apodrecendo em determinados países no ano passado porque seus governos proibiram as exportações."
>
> Segundo o sr. Conway, em vez de tentar administrar os produtos, os governos deveriam investir em infraestrutura, irrigação e portos. Contraintuitivamente, ele diz que os países em desenvolvimento deveriam investir em mercados futuros.
>
> "Não faz sentido culpar mercados futuros por determinados problemas. O que fazem é oferecer sinais de preços claros. Precisamos ter muita confiança ao passarmos sinais de preços aos fazendeiros. Um mercado futuro é como uma ferramenta, um pouco como a biotecnologia. Se há uma crise, colocar a culpa na ferramenta não é uma decisão muito sábia."
>
> Esta é uma mensagem à qual muitos não querem dar ouvidos: os mercados futuros são a solução, não o problema.[7]

Os regimes socialistas geralmente exercem um papel oposto a esse. Em vez de tomarem parte dos mercados e assim fornecer informações preciosas a fazendeiros, embaladores e outros produtores, os governos socialistas lançaram mão de ferramentas desastradas, como o controle de importações e exportações, para implementar o plano, mesmo quando a economia lhe dizia outra coisa. Em diversos casos, tais decisões são acompanhadas por apreensões e nacionalizações de motivação política.

Os governos socialistas têm um histórico particularmente obscuro no que diz respeito à redistribuição de renda. A coletivização da agricultura na Rússia soviética e na China maoista representou um enorme desastre, mas não é preciso ir tão longe para encontrar um exemplo. O presidente socialista do Zimbábue Robert Mugabe conseguiu em poucos anos transformar sua nação, antes conhecida como "o celeiro da África", de uma grande exportadora de alimentos a uma versão faminta de si mesma — de grande produtora a grande perdedora. Esse feito foi alcançado por meio do programa de "distribuição de riquezas" aplicado aos terrenos do país, que por gerações pertenceram, em sua maior parte, aos zimbabuenses brancos, invejados pelos zimbabuenses negros. Depois de poucos anos tentando administrar politicamente a economia agrícola do país, Mugabe deixou seus compatriotas com um índice de desnutrição que alcançava 45% e uma produção agrícola mais baixa do que fora por gerações. Algumas colheitas caíram cerca de 80%. A produção de milho, alimento fundamental ao Zimbábue, caiu cerca de 75%. Quando os preços foram às alturas diante da produção minguante, Mugabe tentou controlá-los. Diante disso, os fazendeiros deixaram de cultivar produtos cujos preços eram controlados, como o milho, e passaram àqueles que não sofriam controle, como tabaco e páprica, reduzindo a produção e tornando os preços reais — isso é, os do mercado negro — ainda mais altos.

O problema no Zimbábue não é um mistério. O socialismo precisa de nacionalismo, e tal "nacionalismo de recursos", como demonstrou o regime de Mugabe, é algo já esperado. O verdadeiro mistério é: por que os Estados Unidos desejariam recriar o fracasso zimbabuense em sua indústria petrolífera?

Capítulo 12

# A "INDEPENDÊNCIA ENERGÉTICA" AMERICANA E O PLANEJAMENTO CENTRALIZADO

**Você sabia?**

- As tentativas de planejar o setor energético americano são exemplos clássicos de socialismo
- Os defensores americanos da energia socialista recorrem a apelos nacionalistas rudimentares
- A agenda ecológica serve aos interesses dos Grandes Negócios

Por que os Estados Unidos tentariam implementar o modelo zimbabuense à geração de eletricidade, uma de suas mais importantes indústrias? Embora pareça inacreditável, a cruzada americana por "independência elétrica" — um modelo clássico de planejamento econômico centralizado — promete exatamente isso.

O nacionalismo de recursos é uma característica proeminente da indústria petrolífera. Na verdade, a maioria das grandes petroleiras é braço do governo nacional. "As treze maiores companhias de petróleo do planeta, de acordo com as reservas que controlam, são hoje de propriedade dos governos", relata o *Wall Street Journal*. "Saudi Aramco, Gazprom (Rússia), China National Petroleum Corp., National Iranian Oil Co., Petroleos de Venezuela, Petrobras e Petronas (Malásia) são todas maiores que a ExxonMobil, a maior das multinacionais. No âmbito coletivo, as petroleiras multinacionais produzem apenas 10% das reservas de petróleo e gás do planeta. Companhias estatais controlam atualmente mais de 75% de toda a produção bruta de petróleo. O poder do Estado voltou."[1]

O governo americano é um dos únicos entre as nações produtoras de petróleo a não controlar ou ter controlado uma grande corporação petroleira. No entanto, mesmo em países relativamente de mercado livre, como os Estados Unidos, o Estado se envolve de maneira profunda na indústria da energia elétrica. Nas forças emergentes capitalistas, o petróleo muitas vezes é a exceção à regra da reforma do mercado livre. Como escreveu Ian Bremmer na revista *Foreign Policy*:

> O surgimento do Brasil como uma democracia de mercado livre simpática aos investidores constitui uma das histórias mais animadoras dos últimos anos. Enquanto Hugo Chávez aperfeiçoa sua imitação de Castro na Venezuela, o Equador e a Bolívia seguem seus passos e a economia da Argentina cambaleia, o presidente do Brasil, Luiz Inácio Lula da Silva, manteve medidas macroeconômicas responsáveis, ao mesmo tempo que redistribuía as riquezas de modo a diminuir a distância entre os ricos e os pobres da nação. No entanto, ao dar início a seu último ano de poder, uma enorme descoberta de petróleo no oceano encorajou seu governo a aprofundar o controle estatal sobre o setor energético, obscurecendo o quadro de investimentos. Hoje, parece provável que Lula vença uma batalha legal relativa ao futuro do setor petrolífero brasileiro. A petroleira estatal ganhará direitos exclusivos sobre as novas explorações e a produção em bases marítimas onde, segundo estimativas, encontra-se um dos maiores depósitos de petróleo bruto do mundo descoberto nos últimos tempos. O governo brasileiro terá controle absoluto sobre as atividades nos campos de extração, tomando decisões importantes quanto à operação do projeto e à administração. Com o tempo, a Petrobras se tornará uma empresa maior, porém menos lucrativa e gerida com menor eficiência.[2]

Na maioria dos aspectos, o presidente Lula não se parece com Hugo Chávez — nem quer. Mas o liberal brasileiro e o criminoso venezuelano têm em comum o controle de uma petrolífera ou duas. Seus equivalentes americanos — pretendentes a socialistas enérgicos que podem ser encontrados em ambos os partidos — não tentariam assumir diretamente o controle da Exxon ou de qualquer outra petroleira americana. Sua intenção, em vez disso, é dirigir toda a indústria energética dos Estados Unidos de Washington.

Sob certos aspectos, os socialistas americanos do petróleo são mais audaciosos no alcance e na profundidade de seus planos do que seus irmãos da América do Sul, do Oriente Médio e do Extremo Oriente.

Hugo Chávez quer controlar as petroleiras venezuelanas para produzir mais petróleo, vendê-lo nos mercados internacionais e usar as receitas para financiar seu estado policial no âmbito doméstico e suas aventuras no estrangeiro. Já os socialistas americanos do petróleo acreditam poder reformular todo o setor energético do país — o que significa reformular toda a economia americana, isso para não falar dos mercados de energia globais — de modo a produzir uma fonte de energia barata, abundante e não poluente, que opere de acordo com seus interesses políticos. É o tipo de projeto que faria Trotsky corar e Hayek explodir de frustração, ainda que goze de um amplo apoio tanto por parte do povo americano quanto de políticos de ambos os partidos.

Aqui vale a pena reiterarmos uma questão levantada antes neste livro: o socialismo não trata primariamente da redistribuição de riquezas ou receitas dos ricos aos pobres. O socialismo diz respeito a políticos planejando a economia. A politização da economia, e não sua redistribuição, forma a base do socialismo. Por mais que seja algo economicamente complexo e moralmente carregado, a redistribuição constitui uma parte normal de quase todos os estados de bem-estar social modernos.

O socialismo, bem-entendido, é bem diferente. E embora um alto grau de redistribuição necessariamente acompanhe as tentativas de planejamento socialistas, esta muitas vezes canaliza riquezas e receitas dos pobres e da classe média para os abastados — em particular aqueles que são membros da classe política planejadora ou que podem explorar sua ligação com essa classe para benefícios próprios. É preciso ter em mente que a administração socialista errática da indústria agrícola americana beneficia principalmente indivíduos com patrimônios líquidos superiores a um milhão de dólares e gigantescos conglomerados de agronegócios, como a Archer Daniels Midland e a Cargill. No caso do socialismo do petróleo, encontram-se, entre aqueles que buscam um lugar ao sol junto aos planejadores, o bilionário do petróleo de Oklahoma, T. Boone Pickens, assim como Al Gore e seu sócio, David Blood, cujos investimentos pesados em operações de "energia alternativa" devem se beneficiar (e só podem ser economicamente viáveis) quando acompanhados por maciços subsídios do governo.

**Ambientalismo lucrativo**

"Al Gore, ex-vice-presidente americano, pode se tornar o primeiro bilionário do carbono após investir fortemente em empresas de energia verde."

*The Telegraph*, 2007

## Um plano para o socialismo energético americano

Assim como os diversos socialismos da América do Sul e do Terceiro Mundo, o socialismo americano do petróleo é caracterizado pelo nacionalismo de recursos, uma retórica nacionalista agressiva, um planejamento centralizado politizado e mandatos políticos que ignoram a enorme complexidade dos elementos econômicos e de produção em questão. Seus defensores o chamam de "o fim do vício americano em petróleo estrangeiro". Já os críticos o chamam, acertadamente, de insensatez socialista.

O *Das Kapital* do socialismo americano do petróleo é a proposta notoriamente insípida do senador Jeff Merkley intitulada "Os Estados Unidos e o fundo do poço: resolvendo nossa vulnerabilidade petrolífera". O senador Merkley, democrata de esquerda do Oregon, deve ter sido o 642º político americano a fazer piada com o "fundo do poço" em referência ao petróleo, mas sua proposta não é nada engraçada.

Levando-se em consideração o que pudemos ver das trajetórias normais e previsíveis de iniciativas socialistas, o projeto acabará custando centenas de bilhões de dólares — talvez trilhões — de gastos desnecessários à economia americana, infligirá danos estruturais profundos na indústria energética, no país e no estrangeiro, e estabelecerá planejadores centrais do governo em todos os aspectos da economia americana, dos mais óbvios, como o planejamento de carros e estradas, a outros nem tanto, como a engenharia logística, a designação de cargos públicos, os programas de trabalhadores imigrantes nas fazendas e mais. Uma olhada na proposta do senador Merkley é o suficiente para ver quanto um político americano pode se perder em suas fantasias de planejamento centralizado quando não é supervisionado.

Merkley inicia com a ideia banal e absurda de que a importação de petróleo por parte dos Estados Unidos representa uma espécie de risco à segurança nacional. Seus comerciais sobre o assunto enfatizavam, ironicamente, as imagens de Hugo Chávez e Mahmoud Ahmedenejad, dois socialistas do petróleo que compartilham grande parte dos conceitos de Merkley sobre como administrar a indústria energética. Trata-se, obviamente, de uma simples e desonesta jogada para o público; o senador não é conhecido por seu interesse em questões de segurança nacional nem pela robustez de suas convicções quanto ao tema. (Ele defendeu a rendição tanto no Iraque quanto no Afeganistão, apoia o fechamento da prisão para terroristas na baía de Guantánamo, acusa aleatoriamente as forças americanas de tortura — vocês conhecem o tipo.)

Merkley escreveu que os Estados Unidos "dependem perigosamente do petróleo estrangeiro importado do Oriente Médio".[3] Percebam aqui sua retórica, repetindo desnecessariamente *estrangeiro, importado* e *Oriente Médio* — caso você não tenha entendido a questão, o senador continuará a enfatizá-la. Na verdade, os Estados Unidos importam mais petróleo do Canadá que de qualquer outro país, com o México ocupando a segunda posição. Mas é difícil fazer com que as pessoas temam o Canadá, uma nação cujo último ato de agressão nacional foi num ringue de hóquei. Os árabes são uma verdadeira ameaça ao mundo, enquanto Hugo Chávez é um incômodo, ainda que os Estados Unidos comprem pouco petróleo desses países. E mesmo se não comprassem uma só gota, o petróleo é um bem fungível em alta demanda nos mercados globais. Se os árabes tivessem de enviar seus petroleiros rumo ao leste, em vez do oeste, isso não faria o emir arrancar os cabelos.

Esse tipo de ostentação de força militar, contudo, mesmo quando vinda de um tipo sem qualquer força como Merkley, é essencial para vender o socialismo do petróleo — distraindo os americanos do fato de que o senador e sua turma estão tentando fazer com o setor petrolífero o que Chávez fez com a indústria petrolífera venezuelana, o que Mugabe fez com as fazendas zimbabuenses e o que gerações de políticos fizeram com as escolas públicas americanas.

Os Estados Unidos não "dependem perigosamente" do petróleo do Oriente Médio mais do que "dependem perigosamente" do aço do Extremo Oriente, dos chips de computador de Taiwan, dos tecidos do Vietnã ou dos operadores de *call-centers* indianos. É verdade que nossa economia entraria em colapso sem o petróleo e também que a energia é essencial para nossa defesa nacional, mas o aço também é essencial, assim como o concreto e a tecnologia da informação. Isso para não mencionar que, no que diz respeito a compras feitas pelo governo, tudo isso depende bastante da boa vontade dos bancos centrais estrangeiros, que tanto fazem para financiar nosso débito nacional — uma autêntica fonte de vulnerabilidade nacional que Merkley e sua laia vêm há muito ignorando. É algo para ter em mente.

A proposta do senador para uma autarquia de petróleo depende, como fazem tantas outras ideias semelhantes, do mito da economia nacional. "No total, os Estados Unidos enviam um bilhão de dólares por dia para o estrangeiro para abastecer nossos hábitos de consumo de petróleo", escreveu Merkley.[4] Isso não é verdade, a não ser que alguém acredite que "os Estados Unidos" sejam sinônimo de Valero e Conoco Philips, os dois maiores refinadores de petróleo bruto do país. As refinadoras compram bastante petróleo bruto, grande parte dele importado. Fazem isso pelo mesmo motivo que a Dell utiliza componentes coreanos ou taiwaneses nos computadores que monta no Texas: ou seja, porque as empresas compram seus materiais nos lugares mais baratos que puderem encontrar, o que mantém os preços baixos e o lucro alto. Em quase todo tipo de negócio, isso é visto como um fato normal e desejável, colaborando para a eficiência da economia, que, por sua vez, contribui para a criação de riquezas, empregos e um padrão de vida mais elevado para os americanos (e também para o resto do mundo, fato esse que não deve ser ignorado).

Quando o assunto é petróleo, porém, as regras normais da economia parecem não valer, pelo menos no que diz respeito aos políticos. Obviamente, eles acabarão aprendendo — do modo mais duro — que não há como fugir das realidades da oferta e demanda. Não que deixarão de tentar.

Além do argumento esdrúxulo sobre a segurança nacional, Merkley e os socialistas do petróleo também se apoiam na preocupação com o meio ambiente, algo bastante significativo na indústria energética. Tanto o petróleo quanto o carvão impõem altos custos ambientais em sua extração e combustão. Entretanto, se o senador quiser parar de importar petróleo, isso significará mais poços em operação nas águas e no território americanos, o que por sua vez quer dizer que os Estados Unidos sofrerão *mais* danos ambientais provenientes da indústria petrolífera, em vez de menos.

Sua resposta para o problema é um plano de cinco anos, que verá um consumo repentinamente muito menor de petróleo por parte dos Estados Unidos — um país onde, hoje, 100% da energia com transportes é proveniente do petróleo e no qual quase todo o fornecimento de eletricidade vem de hidrocarbonetos (carvão e gás natural). Isso quer dizer que seu plano se resume a uma só palavra: mágica! Talvez Hugo Chávez possa mostrar a Merkley como tirar uma rede elétrica nacional da cartola.

Merkley chama sua versão do plano quinquenal soviético de uma "estratégia abrangente e diversificada para reduzir completamente nossa dependência de petróleo, tendo como objetivo eliminar a necessidade de qualquer importação de petróleo de fora da América do Norte".[5] O leitor há de perceber que o senador se permitiu certo espaço para manobras — nada de importação de petróleo, a não ser dos países que já são nossos maiores provedores. Os socialistas do petróleo demonstram grande talento para esse tipo de artimanha de retórica. Uma facção influente, a Energy Independence Now (Independência Energética Agora), publicou um relato bastante citado no qual se vangloriava de que os novos padrões referentes a caminhões de carga pesada pelos quais lutava economizaria "o equivalente a uma quantidade maior de petróleo do que importamos no ano passado de Arábia Saudita, Venezuela, México, Kuwait, Nigéria, Brasil, Iraque e Angola juntos".[6] Isso é verdade — se considerarmos a vida útil dos caminhões, que pode atingir mais de uma década. Comparar o equivalente a um ano de importação de petróleo ao consumo de combustível da duração de toda a frota de caminhões de carga pesada dos Estados Unidos distorce em muitos graus de magnitude a escala dessa "economia". (Isso sem mencionar que a lista de exportadores de petróleo exclui o maior deles: o Canadá.)

Esse tipo de desonestidade faz parte das armas do ofício dos socialistas do petróleo, ou, como poderíamos chamá-los, o Comitê pela Autarquia Energética. Obviamente, nenhum socialista monotemático seria digno de suas meias vermelhas se não apresentasse O plano acompanhado por *der commissars*, e o senador propôs a criação de um "Conselho Nacional de Segurança Energética" para desempenhar esse papel.[7] Mais uma vez, vale a pena prestar atenção à retórica: não se trata de um Conselho Nacional de Energia, mas sim de um Conselho Nacional de *Segurança* Energética, transformando padrões de eficiência de combustíveis e subsídios para as operações de etanol dos cultivadores de milho no equivalente moral a uma *guerra*. (Percebam como o socialismo americano é quase sempre um nacional socialismo.) E esses planejadores centrais do Conselho Nacional de Segurança Energética teriam uma comissão por trás a apoiá-los: a Administração de Informação Energética (que já existe).

A criação de uma autoridade de planejamento central é, segundo Merkley, estritamente política. Sua existência se dá pelo fato de que outras tentativas de implementar uma autarquia energética deram em nada quando, como escreve ele, "o foco da nação se voltou para outro assunto ou os ventos políticos mudaram".[8] Em outras palavras, se os representantes escolhidos pelo povo fracassaram em produzir os resultados desejados por Merkley e seus planejadores centrais, esses planos devem ser elaborados de modo a anular a ação dos "ventos políticos" — ou seja, da democracia. Criar um escritório central para proteger o plano dos "ventos políticos" da democracia é uma preocupação de longa data dos planejadores centrais; Lenin batizou sua abordagem de *centralismo democrático* — "o termo deliberadamente impróprio de Lenin para obediência cega", como ressaltou o ex-secretário de estado Zbigniew Brzezinski.

Merkley propõe que as medidas tomadas em 2010 e 2011 rendam frutos em 2016. Naturalmente, como ocorre com a maioria dos planos quinquenais, este conta em grande parte com números que surgiram do nada. O governo Obama, por exemplo, propôs uma redução de 4% ao ano nos padrões de economia de combustível para meios de transporte de passageiros até 2016. Esses 4% configuram um número bastante questionável — parecem ter sido calculados apenas para estimar os padrões em pouco mais de 35 milhas por galão até 2016, um alvo político sem sentido. No entanto, mesmo esses padrões de 4%, por mais impraticáveis e contraprodutivos que possam ser, não são suficientes para Merkley — sua proposta é de 6% a 7% ao ano como uma "meta razoável".[9]

**Verde e vermelho**

"Seu 'novo socialismo' não precisa tomar propriedades. Satisfaz-se em controlar a economia por meio de taxações, regulamentações e atitudes de nossos cidadãos ao estabelecer uma cultura pelas instituições de poder de nossa sociedade: a mídia, a educação e potentes interesses de negócios. Além disso, o 'novo socialismo' busca criar uma sabedoria convencional que tira o crédito de qualquer tipo de pensamento alternativo."

"O foco liberal na 'energia verde' e em 'empregos verdes' são outros meios de tomar o poder, já que não há envolvimento do mercado livre, apenas a 'energia verde' controlada pelo governo e os 'empregos verdes' por ele criados. E programas de comércio de emissões do tipo *cap and trade* são propostos de modo a controlar nossa economia de maneira nunca vista anteriormente."

Jim Gilmore, *Human Events*, 2009

É interessante notar que Merkley, como um aluno errante da quinta série, não sente a necessidade de mostrar seu trabalho. De onde surgiu esse número de 6% a 7% ao ano? É um grande mistério. Na verdade, não é um mistério: ele não veio de lugar algum. É algo inventado arbitrariamente, assim como muitas das metas estabelecidas por meio de um planejamento centralizado. Não há qualquer tipo de embasamento, se não político.

O senador nada estudou além de política em toda a vida (é bacharel em relações internacionais e mestre em política pública), e nem de perto possui o conhecimento ou a experiência — provavelmente nem as técnicas quantitativas — para avaliar se essas metas de fato são "razoáveis". Também não possui a perícia necessária para avaliar se os funcionários que contratou e os especialistas que consultou para formular seu plano (presumindo que o tenha feito, em vez de sair inventando tudo enquanto seguia adiante) fizeram um trabalho razoável. E muito menos tem a capacidade de prever as consequências inesperadas que seu projeto poderia custar à economia americana.

Mas não se preocupem; segundo Merkley, seu projeto requer apenas a incorporação de "tecnologias que pagam a si próprias".[10] Seria justo destacar que, historicamente, o Congresso jamais sobressaiu por conseguir identificar iniciativas que "paguem a si próprias".

Antes que pensem que Merkley se limitou a caminhões e carros, saibam que ele também tem em mente diferentes tipos de veículos. Em outras palavras, seus planos incluem aviões, trens e automóveis. Na verdade, aviões, trens, automóveis, escavadeiras, aparadores de grama (é verdade, ele tem um plano para revolucionar a indústria de aparadores de grama. Será que alguma vez o senador já cortou grama?), navios e barcos. E ainda bondes, metrôs de superfície e bicicletas. (Caso você goste de andar, Merkley tem alguns planos quanto a isso também.) Vamos esperar que ele faça um bom trabalho com as escavadeiras — os Estados Unidos precisarão de um trabalho ótimo para trazer esse plano para fora do Congresso.

Certas vezes, Merkley é bastante franco quanto a suas ambições para um planejamento centralizado. Ele pede "requisitos para o planejamento do transporte" e escreve sobre expandir a capacidade dessa indústria, reduzindo a capacidade daquela, "programas inteligentes de planejamento para pessoas que se deslocam diariamente a trabalho, criando um conselho de planejamento centralizado para ajudar o presidente a coordenar o trabalho do governo para alcançar as metas energéticas... da nação" e imagina "programas e autoridades" que irão — e não estou de brincadeira — "criar valor para o lixo agrícola" por meio de "ações de planejamento locais, regionais e nacionais".[11]

Na verdade, o senador parece ter percebido que sua autarquia energética demanda que seus planejadores centrais intervenham em praticamente todos os aspectos da vida americana. Ele deseja interferir em decisões de negócios referentes à contratação de pessoal, estimulando que mais funcionários trabalhem em casa; deseja a criação de mais comunidades para pedestres, o que significa que as comunidades existentes terão de ser redesenhadas; para tornar as vizinhanças mais seguras para os pedestres, ele planeja empregar mais recursos para o cumprimento da lei — tudo em nome da "independência energética".

Trata-se de uma ideia mágica, essa "independência energética". Você poderia pensar que o emprego da polícia para tornar as ruas mais seguras seria uma prioridade, independentemente de seu impacto distante no consumo americano do petróleo do Oriente Médio. Mas esses mandatos de planejamento centralizado sempre acabam englobando tudo. Se a autarquia energética dá a um senador o direito de dizer aos cidadãos se esses devem ir ao escritório ou trabalhar em casa, também lhe dará o direito para qualquer outra coisa — e é por isso que agrada aos políticos.

## Autarquia energética: uma dádiva aos suplicantes do governo

Assim como a proposta de Merkley, a Energy Independence Now enfatiza que devemos ter "medidas nacionais em prática" para reforçar a autarquia energética. "Não podemos alcançar um futuro de emissão zero sem implementar medidas duras", insistem.[12] Intensificando a retórica nacionalista, a facção escreveu que será necessária uma nação dedicada à causa, uma nação que exige um caminho sustentável e se recusa a deixar que os interesses das indústrias ditem nosso futuro. Na realidade, esses "interesses da indústria" apoiam amplamente a agenda ecológica. Quando se recebe centenas de bilhões de dólares em concessões, incentivos, isenções fiscais e outros favores políticos, pode-se ter certeza de que surgirão *lobbies* para determinados negócios — especialmente *lobbies* para indústrias como a do etanol, da energia eólica e da energia solar, cujos bens e serviços fracassariam em grande parte caso o governo deixasse de agraciá-los com subsídios maciços e mandatos intrusivos.

No caso da autarquia energética, há nos bastidores a presença da figura poderosa de T. Boone Pickens, um petroleiro do Oklahoma convertido em profeta da energia alternativa. Em 2010, tive o prazer único de conversar com o sr. Pickens sobre seu plano de ordenar, por meio de um ato do Congresso, que os caminhões de dezoito rodas operantes nos Estados Unidos deixassem de usar gasolina e passassem a gás natural comprimido. Segundo o plano de Pickens, o Congresso forçaria uma retroadaptação dos antigos caminhões, e os novos também deveriam utilizar o gás natural. Essa transformação custaria caro aos bolsos dos contribuintes; o subsídio seria de 65 mil dólares por caminhão — um valor bem mais alto que a renda média de uma família americana.

Depois de cinco minutos de conversa, meu ceticismo se tornou aparente, e Pickens declarou: "Acho que você deve ser a favor do petróleo estrangeiro. Deve ser a favor dos árabes." Sua jogada inicial, quando desafiado, era exatamente igual à do senador Merkley: caracterizar essa atabalhoada campanha de planejamento centralizado como um embate entre os Estados Unidos e Bin Laden. E, assim como os ambientalistas (e outros tipos de defensores do planejamento centralizado), Pickens se mostra disposto a lançar mão de dados e análises questionáveis em seus argumentos. Um de seus factoides preferidos (e também dos ambientalistas) é o seguinte: "Os Estados Unidos consomem muito petróleo. Todos os dias, 85 milhões de barris de petróleo são produzidos pelo mundo. E 21 deles são utilizados aqui. Isso significa 25% de toda a demanda mundial, consumidos por apenas 4% da população do planeta."[13]

É verdade que esses 4% da população mundial que vivem nos Estados Unidos consomem 25% do petróleo do planeta. Mas eles também são responsáveis por 25% da produção econômica mundial anual. Ao compararmos os insumos de energia aos produtos econômicos, verifica-se uma grande simetria do consumo e da produção nos Estados Unidos. O mais notável sobre o país não é que uma quantidade tão pequena de pessoas consuma tanto, mas sim que produza uma enorme parte da riqueza mundial. Estados com regimes de planejamento centralizado ou que ainda sentem seu legado tendem a consumir muito menos energia (e muito menos de tudo) numa avaliação per capita que os americanos. Existe uma palavra para isto: *pobreza*. O PIB per capita da China em 2009 foi de cerca de 6.600 dólares — menos do que um habitante típico de Nova York recebia em três semanas (e esses números são de 2009, depois que a crise financeira reduziu em 23% o salário dos nova-iorquinos).

**Eu tenho um plano**

"T. Boone Pickens controla a Mesa Energy, que planeja gastar até dez bilhões de dólares na construção de uma gigantesca fazenda de energia eólica na zona rural do Texas, cujo valor seria catapultado em meio à proposta nacional feita pelo octogenário Pickens. Seu fundo multimercado na BP Capital tem investimentos pesados em gás natural e petróleo."

"É impressionante verificar que centenas de artigos publicados sobre a proposta nos últimos dois dias tenham deixado de mencionar os interesses privados de Pickens, ao passo que a Associated Press citou a seguinte declaração absurda feita por ele em relação a seu plano: 'Não tenho qualquer motivação de lucro por trás disso. Estou fazendo pelos Estados Unidos.' Em abril passado, ele foi mais franco ao conversar com o *Guardian* sobre seus investimentos na fazenda de energia eólica: 'Não tenha a impressão de que abracei a causa ecológica. Meu negócio é fazer dinheiro, e acho que isso renderá bastante.'"

Phil Mattera, "Pickens' Self-serving Energy Plan" ("O plano autossatisfatório de Pickens"), 2008

A verdade é que os americanos não são consumidores egoístas no que diz respeito à energia. O fato é que eles são o motor da economia mundial, produzindo mais riquezas por ano do que qualquer outro país em todo o planeta — na realidade, produzindo três vezes mais que o segundo e o terceiro colocados, China e Japão.

T. Boone Pickens dificilmente poderia ser considerado um revolucionário de esquerda. Tampouco o são os partidários do socialismo americano do petróleo. Então por que apoiariam a sovietização de um dos principais setores da economia americana? Pickens não era a favor da nacionalização do sistema de saúde ou dos bancos.

O senador Merkley, na condição de membro com os deveres em dia no partido do Grande Governo, claramente há de ganhar enorme poder e prestígio com a socialização da indústria energética. E quanto ao sr. Pickens? Por acaso, ele possui um grande número de operações de gás natural, além de uma enorme atividade secundária no campo da energia eólica. É curioso que ele tenha escolhido o gás natural, e não outra forma de energia, como ponto central em seu plano para reformular a indústria energética americana, seguindo uma linha condizente com seus próprios interesses financeiros.

"*Holdings* de gás natural?", questionou ele, quando perguntado por uma repórter sobre a questão durante uma conversa a qual estive presente. "É claro que tenho interesse em companhias de gás. O que mais posso dizer? Faz parte dos meus negócios. Quero dizer, é o que sei fazer. Sou um geólogo, e gás e petróleo são tudo para mim. Não quero ser identificado como um empresário de energia eólica ou de gás. Prefiro ser chamado de petroleiro." *Mas é claro* que ele não quer ser identificado como um empresário de gás e energia eólica. Fazendo isso, revelaria seus interesses na autarquia do petróleo como a flatulência política que são. Podem contar com o socialismo aplicado à energia americana como forma de redistribuição de riquezas — diretamente para T. Boone Pickens, entre outros.

Há algo mais sobre a Comissão pela Autarquia Energética: para um homem, argumentam pela mudança do transporte de cargas americano de caminhões de longa distância para linhas ferroviárias. Mas, obviamente, costumávamos utilizar os trens para transportar quase toda a nossa carga a longa distância. Por quê? No que diz respeito ao frete ferroviário, assim como muitos outros aspectos no setor de transportes, o que o Comitê pela Autarquia Energética espera é *desfazer* o que foi feito em nossa última aventura nacional em termos de planejamento centralizado do sistema de transportes: a construção do sistema rodoviário federal.

Praticamente todos os itens na agenda Pickens-Merkley — estímulo ao transporte de massa, desencorajamento a longas viagens diárias para o trabalho, estímulo a um maior desenvolvimento de comunidades para pedestres, desencorajamento ao uso de caminhões para transporte de carga nas rodovias, estímulo à confiança na eficiência da malha ferroviária — são uma resposta ao problema gerado em grande parte pela criação do sistema rodoviário federal, um elefante branco nacional gigantesco, que assassinou cidades e enfraqueceu as comunidades, vendido ao país — assim como a "independência energética" — como um programa de segurança nacional. De fato, o nome oficial de nosso sistema rodoviário nacional é Sistema Nacional de Rodovias Interestaduais e *Defesa* Dwight D. Eisenhower — a ideia era que, caso os russos aterrissassem em Tucumcari, Novo México, teríamos oito faixas de asfalto partindo de Amarillo nas quais poderíamos encontrá-los (ou algo do gênero).

Os sistemas de transporte muitas vezes são vistos como um bem público, embora não seja assim — a primeira estrada pavimentada nos Estados Unidos e a primeira cabine de pedágio foram construídas pela iniciativa privada. Assim como as linhas ferroviárias. Até o metrô de Nova York tem suas origens em companhias privadas: a West Side and Yonkers Patent Railroad Co., de Charles Harvey, construiu o primeiro trem de transporte de massa da cidade e seus concorrentes logo o seguiram. (O metrô de Hong Kong até hoje é administrado, de maneira lucrativa, pela iniciativa privada, e faz o metrô infestado de ratos de Nova York parecer algo saído do século XIX — o que de fato é.)

O sistema rodoviário federal dos Estados Unidos é um exemplo perfeito do que um político com um Grande Plano e Grande Poder é capaz de infligir a um país em nome do planejamento econômico inteligente. Ao subsidiar a suburbanização do país, as rodovias federais efetuaram uma desvalorização maciça dos imóveis urbanos, e seus efeitos são claros como o dia para qualquer um com tempo e coragem para dirigir pelo norte da Filadélfia ou pelo centro de Detroit.

A rodovia interestadual que passa por praticamente todas as cidades do país (exceto pelo caso bastante especial de Nova York) é como um Muro de Berlim de segregação econômica e social. Foi a criação financiada pelos contribuintes desse sistema que permitiu aos projetistas de imóveis construir em áreas cada vez mais remotas sem forçá-los — e, por meio deles, os compradores de casas nos subúrbios — a arcar com os verdadeiros custos que impõem, que vão de engarrafamentos e poluição à depreciação das estradas, assim como os custos sociais (como maiores índices de criminalidade) nos centros urbanos recém-despovoados.

Obviamente, o sistema rodoviário tem seus defensores. Vejam essa reportagem do quadragésimo aniversário de sua implementação, escrito por David Field para o *Inside the News*:

> Quando o presidente Dwight D. Eisenhower assinou o Ato de Ajuda Federal para Autoestradas em junho de 1956, a legislação histórica deu início a um dos maiores projetos de obras públicas de todos os tempos. "O sistema interestadual mudou o modo como vivemos e trabalhamos", diz o diretor da Federal Highway Administration (FHWA), Rodney Slater. Os 71.674km de estradas interestaduais transformaram uma jornada intercontinental de dois meses numa viagem de quatro dias.[14]

É claro que o sistema rodoviário mudou o modo como vivemos e trabalhamos — é para isso que serve o planejamento centralizado. A pergunta é: será que mudou para melhor?

> As estradas interestaduais se tornaram o motor do desenvolvimento, possibilitando a expansão suburbana pós-guerra e transformando a economia do varejo americano com a criação de *shopping centers* e o estímulo às viagens. Em 1955, as pessoas percorreram 970 bilhões de quilômetros nas estradas americanas; no ano passado, a marca chegou a 3,7 trilhões de quilômetros.
>
> A construção do sistema teria custado aos contribuintes cerca de 329 bilhões de solares em 1996, segundo os consultores de transportes Wendell Cox e Jean Love, ou o equivalente a 58,5 bilhões de dólares em 1957 — não muito longe da estimativa original de 41 bilhões. O reparo das estradas e pontes nacionais custará 315 bilhões de dólares, diz Darbelnet, citando estimativas federais. A agência rodoviária também afirmou que o governo teria de gastar cerca de 72 bilhões de

dólares por ano durante os próximos cinco anos para atualizar estradas e pontes — cerca de 37 bilhões a mais do que é gasto atualmente na construção de estradas pelos governos federal, estadual e municipal.

Entretanto, os críticos alegam que esses números são imprecisos. "O povo americano pagou cerca de 130 bilhões de dólares pelo sistema rodoviário", contando os impostos sobre a gasolina e o diesel, afirma Fay. Os motoristas pagam 18,3 centavos em impostos federais por galão de combustível, dos quais apenas 4,3 centavos são destinados a algo chamado de Fundo Fiduciário Rodoviário, dedicado a manutenção e reparos. Os caminhoneiros pagam 43,33 centavos por galão, com os mesmos 4,3 centavos destinados à redução do déficit.

Para mascarar a verdadeira dimensão do déficit federal, entretanto, todos os presidentes desde Richard Nixon mantiveram os gastos rodoviários abaixo do nível que seria financiado pelo fundo fiduciário. "Uma vez que existe uma taxa de usuário que irá gerar 30 bilhões de dólares apenas em 1996, não há motivos para não destinar esses fundos a estradas e pontes mais seguras", diz Fay.[15]

Resumindo: trata-se de uma custosa má alocação de recursos destinados ao transporte, sendo esses utilizados para ajudar a esconder o déficit do orçamento federal. É um exemplo perfeito das consequências inesperadas de tentativas de implantar um planejamento centralizado. Se Eisenhower pudesse ter previsto os enormes gastos que seu sistema rodoviário infligiria sobre os Estados Unidos — os custos econômicos diretos de sua construção e manutenção, os custos econômicos indiretos sobre as cidades americanas e as pessoas que nelas vivem, os custos sociais associados aos bilhões e bilhões de dólares em subsídios para expansões urbanas pagos pelo sistema rodoviário, os custos ecológicos e a desfiguração da paisagem americana —, será que teria feito as coisas de modo diferente? Provavelmente, sim: não fizera tanto para salvar seu país dos alemães para depois dar um chute na canela do povo quando voltasse para casa.

Cometemos um erro — enorme — na última vez que tentamos implantar o socialismo na área de transportes. Que motivos há para acreditar que os defensores da "independência energética" — com seus fatos imprecisos, seus dados obscuros e sua retórica ultrapassada e familiar sobre a "segurança nacional" — acertarão dessa vez?

T. Boone Pickens escavou inúmeros poços secos em sua vida, mas o fez com seu próprio capital. Qual a probabilidade de que um homem que errou tanto em seus próprios negócios possa agora acertar — e acertar tudo — quando se trata dos negócios complexos de toda uma nação? É esse o problema do planejamento centralizado. E é esse o problema do socialismo.

Capítulo 13

# EUGENE V. DEBS E WOODROW WILSON: DISCURSO SOCIALISTA, ATITUDES SOCIALISTAS

**Você sabia?**

- O presidente Woodrow Wilson aplicou um golpe socialista
- A imposição do socialismo nos Estados Unidos, assim como em outros lugares, foi acompanhada de guerra e repressão doméstica
- As medidas econômicas de Wilson se mostraram um fracasso total

Eugene V. Debs — cinco vezes candidato à presidência pelo Partido Socialista Democrático dos Estados Unidos, trabalhista radical e veterano da Greve de Pullman, fundador do International Workers of the World (Trabalhadores Internacionais do Mundo) — começou sua carreira como um terrorista de segunda e terminou como um mártir à estupidez de Woodrow Wilson. Contrariando Marx, algumas histórias já são farsas mesmo na primeira vez.

Nascido em Indiana, em 1855, Debs foi uma criança privilegiada, filho de uma família próspera de imigrantes franceses. Seu pai era dono de uma fábrica de tecidos e de uma mercearia. Debs logo cedeu a seus impulsos românticos, saindo de casa aos 14 anos e trabalhando para a ferrovia, primeiro como pintor e depois como foguista. Após exaurir suas possibilidades nessa carreira e terminar a escola de comércio, voltou para casa, passando a trabalhar na mercearia e a se envolver com o radicalismo operário, ajudando a fundar um sindicato local de ferroviários e tornando-se editor de seu periódico. Depois, usaria sua recém-descoberta proeminência como ativista e editor para se eleger como deputado estadual (na condição de Democrata) em 1884, servindo por um mandato. De modo geral, não era uma carreira incomum para um progressista daquela época.

Foi a amarga batalha da Greve de Pullman que transformou Debs num pequeno personagem histórico. Quando os lucros das ferrovias despencaram após o Pânico de 1893, os dirigentes reagiram com o corte de salários, dando origem a uma greve sem autorização do sindicato que começou em Pullman, Illinois. De início, Debs resistiu à ideia de uma ação de massa contra a fabricante de vagões de Pullman — a companhia era forte; os sindicatos, fracos e desunidos; e as chances de sucesso eram poucas. Além do mais, os vagões de Pullman carregavam a correspondência americana, e o presidente Grover Cleveland não era um grande entusiasta do nascente movimento operário.

Debs clamou por prudência, mas os radicalistas rebeldes que dirigiam o movimento operário não estavam inclinados a lhe dar ouvidos. Como qualquer bom político, Debs percebeu que fora vencido em seus argumentos e rapidamente concluiu que, já que haveria uma greve, o melhor a fazer seria tomar a frente do movimento. Ele se tornou o rosto público da Greve de Pullman — e a iniciativa que contrariava seus conselhos iniciais ficou conhecida como a "Rebelião de Debs".

Citando a interrupção dos serviços de correspondência, o presidente Cleveland ordenou o fim da paralisação, mas os grevistas se recusaram. Enviou o exército para impor a determinação federal, e o conflito subsequente resultou na morte de treze grevistas. Detido sob a acusação federal de desacato à ordem judicial por não atender à determinação, Debs foi enviado à prisão. No julgamento, foi representado por Clarence Darrow, um progressista que compartilhava suas ideias e tinha um enorme talento para a autopromoção. Assim a história foi feita.

**Detonando geral**

"Sou um bolchevique da sola dos pés a meus fios de cabelo e me orgulho disso."

Eugene Debs, 1919

Debs, segundo escreveu o historiador socialista Howard Zinn com uma boa dose de jovialidade, foi "confrontado pela força total do Estado capitalista" em 1894, durante sua campanha contra a Pullman Palace Car Company. Na verdade, Debs vinha ateando fogo a vagões — e punir incêndios criminosos e a destruição de propriedade dificilmente pode ser considerada uma inovação do "Estado capitalista", datando desde os tempos de Hamurabi, pelo menos. Mas, como já disse, os socialistas são românticos; jamais deixariam que um fato inconveniente ficasse no caminho de uma boa e jovial denúncia.

A prisão de Debs não foi bem o enredo de um martírio romântico. Numa carta de 1895 endereçada a seu pai, ele se mostrou cheio de sentimentos de superioridade e imune a ironias. Mesmo depois que o pânico e a greve resultaram em mortes, demissões e grandes complicações econômicas, Debs manteve sua postura de radicalista mimado, escrevendo: "Tenho enorme satisfação em saber que o senhor e minha mãe, apesar da idade, sejam tão orgulhosos, heroicos e desafiadores quanto o resto de nós. Nenhuma desgraça mancha o nome da família. Não precisam se envergonhar." Já em relação às condições do cárcere: "Minha cela é ampla, ventilada, limpa e confortável. Sinto-me em casa com a família do xerife, cuja residência é adjacente à prisão. No domingo, Charley Gould esteve aqui e passamos a tarde no gabinete do xerife, nos deleitando (depois de um delicioso frango assado recheado na janta) com um concerto musical. No sábado, o governador Waite, do Colorado, esteve aqui das onze às duas e almoçou conosco."

Debs via a si como um prisioneiro político — além de se considerar um herói. "O senhor e minha mãe devem seguir em frente como os antigos espartanos. Este não é o momento de lágrimas e soluços, mas de uma heroica força de espírito que não vacila, não importando quão dura seja a provação. Se a noite é escura, a alvorada está para nascer. Nosso dia se aproxima."[1] Aquela não seria, obviamente, a última vez que Debs estaria numa prisão — o presidente Wilson, com seu desdém pelas liberdades civis e sua mania de centralizar os poderes político e econômico, se certificaria disso.

## O golpe socialista de Woodrow Wilson

Fora dos círculos da esquerda, Debs foi esquecido. Sua presença seria ainda mais obscura hoje em dia se Woodrow Wilson não o tivesse perseguido sob o Ato de Espionagem por suas atividades antiguerra, dando a Debs a oportunidade de encenar um grande drama, fazendo sua derradeira campanha presidencial atrás das grades. No que diz respeito a carreiras revolucionárias, não atingiu grandes resultados, mas Debs permanece até hoje como o santo padroeiro incontestável do socialismo americano e sua influência ainda pode ser sentida naquele grupo. Um simpósio publicado na revista *Dissident* em 2010 sobre o futuro do socialismo começa com uma ode a Debs escrita por Michael Kazin.

> "O movimento socialista é grande como o mundo", dizia Eugene V. Debs às enormes multidões que vinham escutá-lo em todas as partes dos estados Unidos, "e sua missão é ganhar o mundo, o planeta inteiro, passando do animalismo até consagrá-lo à humanidade. Que formidável tarefa e que verdadeiro privilégio poder compartilhá-la". A história do século XX tornou aquela confiança quase impossível. Mas o socialismo tem sua significância, embora esta provavelmente jamais tenha sido tão turva quanto nos dias de hoje. Os conservadores rotulam Obama como socialista por ter aprovado um plano de saúde pública que Richard Nixon veria como acanhado; os governantes do país mais populoso do mundo afirmam que sua crescente economia capitalista está, de certa forma, construindo um "socialismo com características chinesas", ao passo que os partidos socialistas da Europa lutam para provar que podem promover o crescimento econômico e ao mesmo tempo impedir que seus estados de bem-estar social entrem em falência.[2]

Kazin toca em alguns pontos importantes — sobre Nixon, a China e os partidos socialistas europeus —, ainda que não da maneira como imaginara. Mas antes de os analisarmos, percebam o enorme contraste entre a linguagem de Debs e a de Kazin. Embora Kazin passe batido por elas, as palavras de Debs soam, ao ouvido moderno, um tanto metálicas e levemente melosas. São também maniqueístas: ele oferece ao público a escolha entre "animalismo" e seu credo, que é "consagrado à humanidade" (o que quer que isso signifique). Por outro lado, a linguagem de Kazin é enfadonha, cínica e cética: "Socialismo?", quase pergunta ele. "Chamam isso de socialismo? Por esses padrões, Nixon era socialista!" (E de fato o era, muito mais do que ele ou seus admiradores possam ter compreendido.)

A postura de Kazin é parte de uma estratégia de retórica usada deliberadamente pela esquerda, quase afirmando que, a não ser quando há coquetéis Molotov explodindo nas ruas, nada mais pode ser considerado socialismo verdadeiro. *Richard Nixon teria feito isto! Como então pode ser parte do socialismo?* Exemplos como esse são abundantes; pouco após a aprovação do escabroso projeto de lei para a reforma financeira proposto pelo senador Christopher Dodd, o *Nation* publicou um artigo com a seguinte manchete: "Seria o projeto de Dodd socialista? Não façam os socialistas rirem".[3]

Obviamente, a zombaria é um substituto barato para a argumentação. Mikhail Gorbachev, último líder da União Soviética, era um verdadeiro socialista — deu sua palavra quanto a isso. Ainda assim, ele retirou as restrições de salários e de muitos preços; Richard Nixon decretou o controle de salários e preços, tentando microadministrar a economia americana de Washington. A China, apesar de todas as suas fortunas privadas oriundas de exportações e de seus magnatas *nouveaux riches* que giram em carrões reluzentes, ainda é uma economia que obedece a comandos e controles, com planejadores centrais do governo que se ocupam tanto dos altos encargos da economia quanto da burocracia das ruas. Os partidos socialistas europeus, sobrecarregados pelas realidades econômicas, ainda trabalham consistentemente por maior consolidação do poder econômico nas mãos dos políticos — assim como faz a União Europeia. Kazin despreza esses fatores como exemplos mirrados de socialismo.

Isso tudo porque ele prestou muita atenção às palavras de Eugene Debs, mas não o bastante às atitudes de seu pior inimigo, Woodrow Wilson. Debs fez belos discursos sobre o socialismo; Wilson deu início à construção do maquinário do socialismo americano. Debs discordava de Wilson porque era anticapitalista; Wilson colocou Debs na prisão porque este fazia campanha contra a guerra de que Wilson precisava para pôr em prática seu regime de planejamento centralizado: o "socialismo de guerra" que acompanhou a entrada americana na Primeira Guerra Mundial.

Pode se tratar de uma autêntica lacuna ideológica ou apenas falta de disciplina, mas a esquerda americana não consegue identificar um socialista a não ser que ele próprio o faça de antemão. (E mesmo eles podem duvidar: Kazin aparentemente acredita que o politburo da República Popular da China e os altos escalões do Partido Comunista Chinês não se qualificam como socialistas, apesar das próprias afirmações da parte contrária.) Mas o socialismo raramente se apresenta na forma de camponeses com forquilhas nas mãos — certamente não para por aí. A maioria dos regimes socialistas bastante comprometidos que já passaram pelo mundo chegou ao poder seja por guerras civis ou guerras de nacionalismo, ainda que tipicamente as metas dos beligerantes não fossem explicitamente socialistas.

Nos locais onde o socialismo foi instaurado por meios democráticos ou quase, o processo foi menos dramático. Os socialistas da Europa Ocidental, por exemplo, tinham pouco de Eugene Debs em si, preferindo jargões tecnocráticos a sua retórica messiânica. É difícil imaginar Mitterrand exclamando que "seu batismo no socialismo viria no rugir da batalha. No brilho de cada baioneta e no clarão de cada rifle a luta de classes foi revelada!". Isso é típico de rebeldia adolescente e redações juvenis sobre as brigadas de Abraham Lincoln. O socialismo nos Estados Unidos é um fenômeno romântico e também reacionário; os progressistas americanos são tão obcecados por personagens romantizados como Debs que não conseguem enxergar os socialistas que estão diante de seus narizes — planejadores centrais como Wilson e Nixon.

Poucos movimentos políticos gostariam de contar com Nixon em seu rol, o que é de se compreender. Wilson, no sentido que seu legado foi abraçado pelos neoconservadores, é admirado pelo vigor de sua política externa, e não por suas ambições centralizadoras no âmbito doméstico. (Um ponto cego conservador é o fato de que muitos da direita não conseguem enxergar como essas duas políticas estejam ligadas.) Wilson foi presidente dos Estados Unidos em tempos de guerra — dificilmente o tipo de elemento que atrairia a esquerda americana, que está mais para Berkeley que Bolchevique. Debs, por outro lado, foi um mártir da liberdade de expressão. (Um dos raros mártires americanos da liberdade de expressão — se os progressistas americanos querem mais desses mártires, o mundo socialista nos ofereceu milhões de exemplos, a maior parte deles enterrada em valas coletivas.)

Debs falava sobre o socialismo. Wilson o colocou em prática. Como documentou Robert Higgs em seu fantástico *Crisis and Leviathan*, a guerra testemunhou um rápido crescimento e consolidação do poder federal, junto a uma inevitável repressão política subsequente. Eugene Debs não foi a única vítima da administração Wilson:

> Apesar de sua expansão durante o primeiro mandato de Woodrow Wilson como presidente, o governo federal continuava pequeno às vésperas

> da Primeira Guerra Mundial. Em 1914, os gastos federais totalizaram menos de 2% do Produto Nacional Bruto. A taxa máxima do recém-decretado imposto federal sobre receita individual é de 7% sobre rendas superiores a quinhentos mil dólares e 99% da população não teve de pagá-lo. Os 402 mil funcionários federais civis, cuja maior parte trabalha para os Correios, constituíam cerca de 1% da força de trabalho.
>
> [...] Com a entrada dos Estados Unidos na Grande Guerra, o governo federal aumentou bastante em tamanho, alcance e poder. Ele praticamente nacionalizou a indústria de frete oceânico. Nacionalizou também as ferrovias, a telefonia, os serviços de telegramas domésticos e indústrias de cabos telegráficos internacionais. Passou a atuar fortemente na manipulação de relações de administração do trabalho, venda de títulos financeiros, produção e comércio agrícola, distribuição de carvão e petróleo, comércio internacional e mercados de matérias-primas e produtos manufaturados. Seus títulos chamados *Liberty Bonds* dominaram os mercados de capitais, fazendo do recém-criado Sistema de Reserva Federal uma poderosa máquina de inflação monetária para satisfazer o apetite voraz do governo por dinheiro e créditos. Tendo em vista as mais de cinco mil agências de mobilização dos mais diversos tipos — conselhos, comitês, corporação, administrações —, os contemporâneos que descreveram o que fez o governo de 1918 como "socialismo de guerra" tinham seus motivos para tal.[4]

Para resumir, Wilson colocou em prática um golpe socialista, derramando pouco sangue (ainda que o tenha derramado). Projetos desse tipo têm custos monstruosos: os impostos sofreram aumentos gigantescos e a receita federal quadruplicou em dois anos. Os débitos também explodiram, como relata Higgs, com a dívida pública saltando de pouco mais de um bilhão de dólares para mais de 25 bilhões. Reclamar dos novos impostos — ou de qualquer outra coisa — era desaconselhável. Segundo Higgs,

**Vejo um padrão se formando**

"Os homens são como barro nas mãos do líder consumado."

"O mundo não está à procura de servos, pois já tem o bastante, mas sim por mestres, homens que formulem seus objetivos e os levem avante, quaisquer que sejam as consequências."

Woodrow Wilson

Para assegurar que a mobilização pelo alistamento obrigatório procedesse sem obstáculos, os críticos tinham de ser silenciados. O Ato de Espionagem de 15 de junho de 1917 penalizava aqueles condenados por obstruir deliberadamente os serviços de alistamento com multas de até dez mil dólares e até vinte anos de cárcere. Uma emenda, chamada de Ato de Insubordinação de 16 de maio de 1918, ia além, impondo as mesmas penalidades para crimes graves sobre qualquer forma de expressão que criticasse o governo, seus símbolos ou sua mobilização de recursos para a guerra. Essas repressões à liberdade de expressão, apoiadas pela Suprema Corte, estabeleceram perigosos precedentes que limitaram os direitos dos quais antes gozavam os cidadãos sob a Primeira Emenda.

O governo voltou a subverter a Declaração dos Direitos ao censurar todo material impresso, deportar peremptoriamente centenas de estrangeiros sem os devidos processos da lei e conduzir — além de encorajar os governos estaduais e municipais e grupos de vigilantes a conduzir — buscas e apreensões sem mandatos, detenções secretas de suspeitos de evasão do alistamento militar, entre muitas outras atitudes que não caberiam aqui. Na Califórnia, a polícia deteve Upton Sinclair por ler a Declaração dos Direitos dos Cidadãos dos Estados Unidos durante um comício. Em Nova Jersey, a polícia deteve Roger Baldwin por ler a Constituição em público. O governo também se valeu de um gigantesco mecanismo de propaganda para provocar o que só pode ser definido como histeria coletiva. O resultado abarcou inúmeros casos de intimidação, abuso físico e até o linchamento de pessoas suspeitas de deslealdade ou de demonstrar um entusiasmo limitado pela guerra. Pessoas de descendência alemã sofreram de maneira desproporcional.[5]

"Sou um defensor da paz", escreveu Wilson, "mas há coisas magníficas que um país ganha com a disciplina da guerra."[6] Inevitavelmente, esse padrão seria repetido durante a grande guerra seguinte. O presidente Franklin D. Roosevelt, nos primórdios do fascismo, expressou sua admiração por Mussolini e seu sistema. Ele também citaria o socialismo de guerra de Wilson como o modelo para sua resposta à Grande Depressão e à arregimentação econômica que ocorreu durante a Segunda Guerra Mundial. Com seu *court-packing scheme* (para expandir a Suprema Corte) e seu desprezo pelos limites constitucionais do poder executivo, Roosevelt era uma figura problemática. Mas Wilson ainda é, indubitavelmente, o mais próximo de um Lenin ou de um Mussolini que os Estados Unidos já tiveram de enfrentar.

A campanha de Wilson para implantar uma arregimentação e um planejamento centralizado na economia americana resultou num enorme fracasso. Assim como Stalin e Mao fariam em sua época, seguidos por Castro e Chávez em seus respectivos tempos, Wilson colocou a culpa de seus insucessos nos derrotistas, traidores e sabotadores em nosso meio. Dezenas de jornais e revistas foram fechados pelo governo federal, críticos foram acusados de insubordinação e colocados na cadeia e turbas se mobilizaram para intimidar e atacar alguns críticos desagradáveis. Wilson dedicou atenção especial aos imigrantes, cuja lealdade aos Estados Unidos era vista por ele como insuficiente. "As maiores ameaças contra a paz e a segurança nacionais foram proferidas dentro de nossas próprias fronteiras", disse Wilson ao Congresso. "Existem cidadãos dos Estados Unidos, e fico enrubescido ao admitir, nascidos sob outras bandeiras, que aplicaram o veneno da deslealdade nas artérias de nossa vida nacional; que tentaram desdenhar da autoridade e do bom nome de nosso governo, destruir nossas indústrias onde quer que fosse efetivo para seus vis objetivos."[7]

A campanha de propaganda e intimidação de Wilson chegaria ao ápice quando convocou um socialista ferrenho, o jornalista George Creel, para dirigir suas operações *à la* Gestapo. Como documentou Fred Sigel:

> Wilson deu a George Creel, um jornalista, socialista e grande apoiador de leis de trabalho infantil e do sufrágio feminino, a incumbência de inflar o moral da população por meio do Comitê de Informações Públicas. Mas o Comitê, descrito por Creel como "a maior aventura do mundo da publicidade", foi muito além dos limites, encorajando a proibição de tudo que fosse alemão, de Beethoven ao chucrute, passando pelo ensino da língua. O Departamento de Justiça e o procurador-geral, Thomas Gregory, estimularam uma vigilância local contra os alemães, concedendo à Liga Protetora Americana, uma organização nativista com 250 mil membros, status semioficial para espiar aqueles acusados de deslealdade. A Liga também não poupou

esforços para dispersar greves trabalhistas, rotulando seus opositores de comunistas.

Em resposta aos excessos da Liga, Wilson declarou que "preferia que tudo explodisse em vez de ver inocentes sendo perseguidos". Na frase seguinte, porém, acrescentou: "Coitados dos grupos ou dos homens que tentarem ficar em nosso caminho." Apesar de sua apreensão, Wilson aceitou a opinião de Gregory e se absteve de agir contra os extremistas. Só depois que o armistício acabou com a guerra em novembro de 1918 foi que Wilson, dando ouvidos aos conselhos do novo procurador-geral, A. Mitchell Palmer, se mexeu para pôr um fim à cooperação do governo com a Liga. Àquela altura, entretanto, a disparidade entre o apelo de Wilson pela expansão da liberdade no âmbito internacional e a repressão à liberdade na esfera doméstica tornara-se uma ferida aberta para os progressistas desencantados.[8]

Com sua hostilidade aos estrangeiros, sua desconfiança em relação à iniciativa privada, suas ambições de centralização e seu estilo de governo alegadamente "racional", o socialismo de guerra de Wilson durou muito além da Grande Guerra e suas consequências imediatas — como fora planejado. O filósofo socialista Otto Neurath, contemporâneo de Hayek e Mises, fazia durante a ascensão de Wilson um estudo sobre o socialismo de guerra e considerava a possibilidade de estender seu rigor uma vez acabado o confronto. Como relatou Bruce Caldwell em seu inestimável *Hayek e o socialismo*:

> Antes da Primeira Guerra Mundial, Neurath começou a ganhar reputação como proponente de uma nova subárea acadêmica: o "socialismo de guerra". Ele também participou, ao lado de Mises, do famoso seminário de economia de Eugen Von Böhm-Bawerk. Entre os outros participantes estavam Joseph Schumpeter, Otto Bauer, que lideraria o Partido Socialista Democrático Austríaco nos anos 1920, e Rudolf Hilferding, um dos principais teóricos marxistas do século XX.
>
> Segundo Neurath, durante tempos de paz, a produção nas economias de mercado é motivada pela busca por lucro, embora isso leve a períodos recorrentes de superprodução e desemprego. Já em tempos de guerra, a produção não é mais motivada pela procura de lucro, e as atividades bélicas fazem com que toda a capacidade produtiva seja utilizada ao máximo. Outra característica da economia

de guerra é a supressão do sistema de preços, que é substituído por um amplo planejamento de administração de materiais do centro. Isso seria algo positivo, pois, segundo Neurath, o sistema monetário, a busca pelo lucro e a desordem da produção capitalista andam de mãos dadas. Neurath afirmou que o planejamento centralizado que emerge nas economias de guerra deveria ter prosseguimento em tempos de paz. Sua proposta era estabelecer um "centro natural de contabilidade" para administrar a economia como se fosse uma enorme empresa.[9]

Ou, como disse Mussolini, "Tudo no Estado, nada fora do Estado".

### Os frutos podres do socialismo de guerra

Essa linha de raciocínio, a essa altura, já nos é familiar. A ideia de que os lucros (e os custos associados a eles, como orçamentos de marketing e altos níveis de compensação executiva) constituem um desperdício ainda pode ser ouvida — esse foi um dos principais argumentos dos socialistas durante o debate pela reforma do sistema de saúde, assim como na reforma da indústria financeira. Os redatores da *Dissident*, por exemplo, pedem pela construção de um "sistema financeiro de utilidade pública", supondo que a falta de lucros e da motivação por lucros tornará o sistema mais eficiente — apesar da experiência de gerações que mostrou que tais sistemas são na verdade *menos* eficazes. Da mesma forma, as baixas despesas gerais do Medicare foram citadas para argumentar que um sistema de saúde estatal seria mais eficiente que um sistema privado, desconsiderando os subsídios explícitos e implícitos que recebe o Medicare — sendo um deles a utilização da Receita Federal Americana como seu cobrador de dívidas.

"Uma enorme fábrica" era a definição de Lenin da economia socialista ideal, assim como "um enorme sindicato" era o ideal da IWW. E se a economia é uma enorme fábrica, com uma enorme força de trabalho, não há necessidade para dinheiro e tudo que o acompanha: os bens podem ser distribuídos diretamente aos consumidores de acordo com suas necessidades. Neurath também previu esse desenlace, relata Caldwell:

De maneira controversa, ele sustentou que o dinheiro seria desnecessário na nova ordem planejada: uma vez que a produção seria conduzida de acordo com necessidades objetivamente determinadas e não pela busca por lucros, todo cálculo referente aos níveis adequados de insumos e produtos poderia ser feito em termos físicos "naturais". Na opinião de Neurath, as tentativas de empregar cálculos monetários dentro de uma sociedade planejada tornariam a administração econômica científica impossível, já que essa tinha de ser conduzida em termos de quantidades físicas "reais".[10]

"Necessidades objetivamente determinadas, não a busca de lucro." Há um motivo pelo qual isso soa familiar ao debate sobre a reforma do sistema de saúde americano. Vale a pena mencionar outra vez: de cada qual, segundo sua capacidades; a cada qual, segundo suas necessidades (conforme determinado pelo planejador apropriado). O presidente Obama e seu secretário de saúde e serviços humanos denunciaram regularmente os lucros da indústria do sistema de saúde — em particular os lucros com seguros — durante o debate sobre a reforma. (Atrapalhando-se num grande discurso sobre o tema, Obama também culpou os altos custos do sistema de saúde nos lucros excessivos de uma série de empresas não lucrativas — sobre as quais o presidente aparentemente não fora informado.)

Essa é uma antiga queixa que se mantém atual como as últimas notícias: "Nos Estados Unidos, o sistema de saúde é uma mercadoria que envolve grandes negócios e grandes valores, abrangendo 14% do Produto Nacional Bruto americano. Remover os lucros da indústria da saúde controlada por Wall Street poderia financiar um sistema que coloca a saúde acima dos lucros." Isso era o que dizia o programa político de 2010 do Partido Comunista dos Estados Unidos, cujas ideias destacaremos mais tarde, mas poderia muito bem ter saído da boca de Barack Obama ou de Nancy Pelosi.

**Um legado não muito bom**

"A verdade nua e crua é que os Estados Unidos de Wilson, ao serem introduzidos num Estado de Guerra em 1917, também foram introduzidos no que viria a ser conhecido como Estado Total ou Totalitário."

Robert Nisbet, 1988

Para nossas atuais propostas, é suficiente destacar que todos os planejadores centrais — do próprio Marx a Lenin, dos racionalizadores de Wilson ao Partido Comunista dos EUA e aos reformistas do sistema de saúde — veem o lucro como algo estranho e exógeno à economia, pela qual queremos dizer o processo onde bens e serviços são criados, desenvolvidos e distribuídos. O lucro, sob todos esses modelos, limita a eficiência e a distribuição racional de bens, serviços e capital.

A verdade é o contrário: a busca pelo lucro e a competição que isso gera são o que promovem a eficácia e policiam a distribuição racional de recursos. Os planejadores de guerra de Wilson se vangloriavam de ter banido 250 tipos de arado e 755 tipos de furadeiras em sua campanha para "livrar o comércio e a indústria de supérfluos e da impregnação de uma variedade inútil" — como se um só arado fosse adaptado para todos os tipos de plantações ou uma furadeira fosse o bastante para todos os tipos de buraco. A abundância de escolhas produzida pelo capitalismo — com seus novecentos tipos de xampu encontrados no Walmart — não é um desperdício; é o preço pago pela inovação.

A mentalidade de uma só furadeira para todos os buracos, contudo, é comum aos planejadores centrais, que confundem padronização com ordem racional e veem a variedade quase infinita de produtos gerada pelo capitalismo como uma frivolidade. Essa mania de uniformidade — e conformismo político — definiu a cultura corporativa do Conselho de Indústrias de Guerra (WIB, na sigla em inglês) do presidente Wilson, principal agência de planejamento centralizado, a implantar sua arregimentação da economia. O WIB tinha controle de quase toda a economia americana. (Uma exceção notável a essa dominação era a indústria alimentícia, governada pela autocracia de um homem só — "autocrata" foi, de fato, o termo empregado — de Herbert Hoover, que dirigia a Administração de Alimentos. Hoover, rotulado de maneira imprecisa pela máquina política de Roosevelt e subsequentemente pelos historiadores como um fundamentalista de mercado liberal, jamais perdeu o gosto pela administração macroeconômica estatal e suas medidas intervencionistas, incubadas no socialismo de guerra de Wilson, as quais colaboraram para intensificar a Depressão anos mais tarde.)

Os executivos da WIB buscavam poderes cada vez mais ditatoriais para si mesmos: o juiz Elbert Gary, presidente da U.S. Steel, foi agraciado com a pasta de czar nacional do aço, exigindo que ele e seus comparsas da indústria recebessem poderes plenos "se necessários para tomar posse" dos recursos de produtores de aço rebeldes, incluindo os competidores menores e menos habilidosos da U.S. Steel.

Na maior parte do tempo, entretanto, tais poderes ditatoriais não foram exigidos, assim como o governo Obama subornou a indústria de seguros de saúde, minando sua resistência à quase nacionalização do sistema de assistência médica americano por meio de um decreto que dizia aos cidadãos para comprar o que a indústria de seguros estivesse vendendo. O WIB de Wilson "racionalizou" a indústria americana ao prometer uma garantia do que, na época, eram altos lucros. A produção, os salários, os preços e os lucros seriam coordenados pelos próprios líderes da indústria, agindo sob a proteção do governo. Em outras palavras, o socialismo de guerra de Wilson permitia aos capitães da indústria fazer o que sempre almejaram — conspirar contra seus competidores menores —, mas sempre foram impedidos devido às leis antitruste.

Não foi a troco de nada que Adam Smith escreveu que "pessoas do mesmo ofício raramente se encontram, mesmo em momentos de alegria e diversão, mas quando isso ocorre a conversa termina em conspiração contra o público ou em algum artifício para fazer subir os preços". A visão romantizada da política coloca os Grandes Negócios como sinônimo de capitalismo e como arqui-inimigo do socialismo. Na verdade, os Grandes Negócios normalmente vão de encontro à maior parte dos fatores associados com o capitalismo: liberdade de comércio, liberdade de empresa, liberdade de mercado e estado de direito imparcial. Os Grandes Negócios buscam usar o Estado para angariar vantagens no comércio e esmagar os concorrentes menores (e muitas vezes mais inovadores).

Os Grandes Negócios adoravam o socialismo de guerra de Wilson, assim como interesses industriais obscuros apoiariam o nacional socialismo de Mussolini e Hitler. Se a Rússia tivesse uma grande economia industrial na época, provavelmente seus industriais teriam procurado um modo de se aproximar dos planejadores centrais, assim como os industriais da China hoje são os mais fervorosos apoiadores de um governo comunista autocrático unipartidário.

Para ser Mussolini, porém, os trens têm de ser pontuais. Como se saiu então o socialismo de guerra de Wilson?

Sob um aspecto importante, foi bem parecido com o socialismo soviético: a União Soviética não alcançou grande sucesso em prover melhorias materiais de longo prazo ao povo russo (ou a seus vizinhos subjugados), mas promoveu uma industrialização maciça e radical numa velocidade sem precedentes. O socialismo de guerra de Wilson teve resultado semelhante e empregou técnicas parecidas (ainda que não idênticas). Lenin e Stalin promoveram campanhas de coletivização forçada e enormes deslocamentos internos; Wilson foi responsável pelo alistamento militar que expandiu o contingente pré-guerra de 174 mil para uma potência que acabaria enviando quase cinco milhões de americanos à batalha como soldados ativos. Além disso, por meio do WIB ele arrastou a economia inteira ao que Dwight D. Eisenhower descreveria mais tarde, de maneira agourenta, como "complexo industrial-militar", termo que Wilson e seus planejadores centrais certamente teriam aprovado.

No fim, o socialismo de guerra provou ser um terrível investimento. Embora a produção industrial americana tenha crescido 39% entre 1916 e 1918 — um feito admirável —, isso lhe custou caro: as despesas federais foram às alturas, passando de 1,3 bilhão de dólares em 1916 a 15,5 bilhões em 1918. Mesmo depois que a guerra esmaeceu, os gastos federais permaneceram altos: 12,4 bilhões em 1919; 5,7 bilhões em 1920 (em dólares constantes de 1916). A inflação aumentou de maneira rápida e brutal. Deixando de lado o terrível custo humano da guerra — que foi também uma catástrofe cultural doméstica, ratificando os alcances de um Leviatã federal sem limites —, esses ganhos econômicos não chegaram perto dos gastos econômicos reais da guerra. Campanhas militares modernas geralmente representam uma perda econômica bruta para todos os envolvidos, mas isso ficou claro no caso da Grande Guerra e do socialismo de guerra americano.

**Tinha de acabar mal**

"É com orgulho e alegria que observamos cada passo avante de nossos camaradas socialistas em outras terras. Estaremos com eles em suas diversas sinas no prosseguimento da batalha, aplaudiremos cada golpe sentido e celebraremos cada vitória alcançada."

Eugene Debs, 1900, lamentando a morte do líder comunista alemão Wilhelm Liebknecht

Tais ganhos se mostraram transitórios, apesar dos esforços ensandecidos dos planejadores centrais para manter seus poderes bélicos temporários uma vez terminada a guerra — "para fazer das necessidades dos tempos de guerra uma questão de benefício em tempos de paz", como colocou um observador da época.[11] Em 1920, a produção industrial havia se contraído radicalmente, retornando a níveis próximos aos de 1916. As receitas federais continuavam a bater recordes, mas os gastos (de maneira inacreditável para o leitor moderno) foram cortados em mais de 50%, num esforço moderado para liquidar os débitos de guerra, um fardo de certa forma aliviado pelo fato de os Estados Unidos, tendo financiado boa parte dos custos bélicos dos Aliados, emergirem do conflito como uma nação credora. O verdadeiro Produto Nacional Bruto da nação aumentou de 46 bilhões em 1916 para 49,6 bilhões no auge da guerra, embora em 1920 já tivesse retornado ao nível pré-conflito, atingindo 47 bilhões — todas aquelas despesas, a matança e a arregimentação deram à economia, segundo a interpretação mais favorável dos dados, um bilhão de dólares a mais no PNB, a um custo equivalente a sete trilhões em dólares de 2010.

Há bastante controvérsia sobre a entrada dos Estados Unidos na guerra ter servido aos interesses nacionais, mas não há dúvidas de que o confronto e o socialismo de guerra de Wilson representaram um enorme prejuízo econômico. E a má alocação de capital criada pelas medidas de Wilson deu origem a profundos desequilíbrios econômicos que acabariam se manifestando dolorosamente durante a Grande Depressão, uma década e meia mais tarde.

Mais importante ainda é destacar que o socialismo de guerra de Wilson também fracassou em seus próprios termos. Os números referentes à produção industrial bruta são impressionantes, mas uma análise mais detalhada dos dados sugere que tal produção era inconstante e errática. Passado já algum tempo de sua entrada na guerra — um conflito onde os Estados Unidos estiveram envolvidos por apenas dezenove meses —, as tropas americanas ainda batalhavam com artilharia francesa, uma vez que a indústria de munições ianque — o *nec plus ultra* do socialismo de guerra — não era capaz de oferecer aos soldados americanos um armamento apropriado.

Os prejuízos não se limitaram às despesas de guerra. O verdadeiro custo do socialismo de guerra de Wilson deve incluir os custos de oportunidade de todos os ganhos que foram omitidos pela má administração da economia por parte do WIB, seu estímulo à cartelização e fixação de preços segundo grandes interesses industriais, e ao estabelecer um precedente para uma intervenção federal radical na economia privada — um precedente que voltaria a atormentar os Estados Unidos: na Grande Depressão, na Segunda Guerra Mundial, durante os anos de Nixon e Carter e na crise financeira de 2008.

Capítulo 14

# O INTERNACIONALISMO SOCIALISTA E OS ESTADOS UNIDOS

**Você sabia?**

- Os socialistas internacionais acreditam que o presidente Obama está abrindo uma janela para o socialismo
- Para implantar o socialismo, os socialistas americanos trabalham com todo mundo, dos ambientalistas aos extremistas islâmicos
- A esquerda não repudia a ideia de uma revolução socialista violenta

O socialismo de guerra de Wilson não é o que os comunistas tinham em mente, pelo menos em termos de seu conteúdo retórico e de sua confiança nos barões industriais em detrimento da ditadura do proletariado. (Esqueça, se puder, que praticamente todos os regimes socialistas que o mundo já viu se assemelham mais à versão de Wilson do que à de Marx.) Uma das razões pelas quais os socialistas não conseguem reconhecer o lado socialista de Wilson é porque ele era um nacionalista — e declarado, deixando sua marca no mundo ao promover guerra contra os inimigos da nação.

O socialismo, como concebido por Marx e seus acólitos imediatos, deveria ser uma empreitada internacional. Para os acadêmicos marxistas modernos, ainda o é. Mas o socialismo internacionalista é um tópico quase exclusivamente intelectual, um exercício teórico para os radicais eruditos e seus epígonos. Há certo tom doutoral facilmente identificável nas grandes publicações acadêmicas sobre o socialismo. Ninguém imagina, entretanto, que Hugo Chávez ou Kim Jong-il percam tempo as lendo.

Precisamos, porém, voltar a falar, ainda que brevemente, da tendência internacionalista, pois ela nos revela algo sobre o tipo de socialismo que temos nos Estados Unidos, onde o modelo socialista que cresce junto à hera de Harvard — diferentemente do socialismo que brota de movimentos revolucionários reais, ou seja, o socialismo que nasce dos canos das armas — tem uma influência comparável, se não maior, que o socialismo oriundo da tradição americana de radicalismo operário e movimentos populistas.

O socialismo internacionalista intelectual oferece o tipo de estrutura teórica que se mostra irresistível aos acadêmicos ocidentais. Esta, no entanto, pode ser ridicularizada — na verdade, ela mesma se ridiculariza. Consideremos esse ensaio recente do escritor socialista Dan Jakopovich, intitulado "No ventre da besta: desafiando o imperialismo americano e a política da ofensiva". Ele começa:

> Este trabalho é um estudo sobre o caminho estratégico necessário da luta anticapitalista e anti-imperialista nos Estados Unidos, considerado tanto em relação às circunstâncias domésticas específicas quanto ao papel e à função global do país e de suas forças socioeconômicas capitalistas. Analisarei aqui como o sucesso da implantação da mudança socialista internacional pode depender do estado do imperialismo americano e como a resistência anti-imperialista no país precisará se envolver estrategicamente com as realidades do sistema político americano e sua situação social e econômica.
>
> Começarei identificando certas implicações políticas possíveis do elemento "superestrutural" (ênfase de Schumpeter) na interpretação das variações na natureza dos imperialismos, conforme implantadas nos Estados Unidos.
>
> Na seção seguinte, examinarei brevemente a argumentação estratégica divergente de Marx e Engels, Lenin e Samir Amin, referente à "espacialização" da mudança antissistêmica, o potencial e o suposto papel de vitórias simultâneas antissistêmicas no centro capitalista e os conceitos opostos de "elos (periféricos e semiperiféricos) mais fracos na corrente imperialista" e "desassociação".
>
> Por último, apoiando-me na base de um instrumentário teórico gramsciano, tentarei adaptar os conceitos de "nacional-popular", "autoemancipação" e um "sistema de alianças" à situação americana. Tentarei concretizar a inter-relação dialética entre abordagens frentistas unidas e populares nas circunstâncias americanas e os principais temas da mudança anti-imperialista. Isso exigirá uma avaliação de alguns dos dilemas estratégicos centrais e das diferenças na esquerda americana,

> os quais tentarei conciliar por meio de uma nova síntese estratégica modificada.[1]

Vamos com cuidado. Hugo Chávez toma fábricas e indústrias inteiras quando isso convém ao plano, sem qualquer necessidade de um instrumentário teórico gramsciano (ou de qualquer outro tipo), e sua espacialização parece ser autossuficiente. Duvido que Chávez tenha lido uma só palavra que escreveu Schumpeter. Mao matava pessoas, e isso lhe parecia suficiente.

A primeira seção do estudo de Jakopovich é intitulada "Subjetividade imperialista", na qual ele desdenha do "marxismo vulgar" inculto. Mas se você conseguir superar o tom pretensioso da escrita, verá que Jakopovich faz algumas observações interessantes sobre como o credo supostamente internacionalista do socialismo se misturou com o nacionalismo em países como Rússia, China, Coreia do Norte, Vietnã, Venezuela, Iraque, Cuba e Irã — o que significa praticamente todos os lugares onde o socialismo foi explorado fora das salas de aula universitárias e dos cafés próximos. O problema, que Lenin confrontou imediatamente depois de liderar a primeira revolução comunista de sucesso, é que a visão de Marx de uma revolução mundial simultânea de trabalhadores — cujos países apresentam níveis radicalmente diferentes de desenvolvimento e sofisticação econômica — representa algo bastante improvável. Jakopovich escreveu:

> Lenin revisou a tese (internacionalista) por meio de sua teoria do "elo mais frágil da corrente imperialista". Ele destacou que "o desenvolvimento do capitalismo procede de maneira extremamente irregular em países diferentes". No que diz respeito à produção de bens, não pode ser diferente. Desse ponto de vista, conclui-se inegavelmente que o socialismo não pode alcançar a vitória simultaneamente em todos os países. Esta será alcançada primeiro em um ou mais países, enquanto os outros permanecerão burgueses ou pré-burgueses. Isso há de criar não apenas uma tensão, mas também um esforço direto por parte da burguesia dos outros países para subjugar o proletariado vitorioso do estado socialista.
>
> Apesar das aplicações muitas vezes equivocadas desse princípio, Lenin estava certo ao tentar integrar dialeticamente táticas e estratégias complexas e de contextos específicos num plano de trabalho estratégi-

co comum. "O rigor mecânico não consegue compreender como a Internacional Comunista não abandona a revolução mundial nem só por um instante, empenhando-se em utilizar todos os meios disponíveis para prepará-la e organizá-la, enquanto o Estado dos trabalhadores russos tenta promover a paz com os poderes imperialistas e a participação máxima do capitalismo imperialista na construção econômica russa. O rigor mecânico do pensamento não dialético é incapaz de compreender que essas contradições são as contradições objetivas e essenciais do atual período."

Foi só o fracasso das revoluções no Ocidente que fez com que Lenin e seu grupo levantassem a questão da desassociação.[2]

Esse é um modo elaborado de escrever que o socialismo é, por sua natureza, oportunista, e que, como filosofia política, provém sua própria base lógica para tal oportunismo. Se não se pode ter uma revolução mundial, pode-se ter revoluções nacionais na Rússia, na China e na Venezuela. Se não se pode ter uma revolução nacional, pode-se ter o socialismo aplicado pouco a pouco, *à la* Chávez. Se não se pode ter um verdadeiro programa socialista nacional, ainda é possível implantar fragmentos de socialismo em partes da economia política que Lenin teria identificado como "os elos mais frágeis". Nos Estados Unidos, isso significa ter um sistema de educação socialista e um sistema de saúde cada vez mais socialista, tirando vantagem do fato de que um conceito mal-aplicado de raciocínio moral sustenta que os mais vulneráveis — as crianças, os enfermos — não podem ser deixados aos caprichos do capitalismo amoral. (Na verdade, são aqueles vulneráveis que mais precisam da abundância de recursos gerada pelas economias de mercado livre.)

De tempos em tempos, os conservadores americanos — sobretudo depois da eleição de Obama — definiram o projeto progressista nos Estados Unidos como "socialismo" e seus oponentes como "socialistas". Essa jogada retórica é vista com desprezo e escárnio por parte do Partido Democrata, por grande parte da esquerda, pela mídia tradicional (que é indiscernível dos dois primeiros) e pela maioria da sociedade culta, incluindo uma enorme parcela da sociedade culta conservadora. Mas existem alguns analistas políticos que levam a sério esse argumento. E não fazem parte da direita — na verdade, é bem o contrário: são os próprios socialistas internacionais.

No que diz respeito aos Estados Unidos, "a luta contra a direita militarista é um componente central de um estratagema integrado internacional pela mudança sistemática de nossa análise", escreveu Jakopovich. Ele prossegue com uma enorme lista de medidas americanas, tanto no âmbito doméstico quanto internacional, às quais, em sua opinião, o movimento socialista internacionalista deveria prestar bastante atenção: a política externa na América Latina, os gastos militares, as políticas de comércio, as medidas econômicas internas etc. E antes que pensem que um socialista revolucionário vê os dois maiores partidos políticos americanos com o mesmo desdém, considerem que, no que diz respeito a questões das iniciativas da política internacional americana que irritam os socialistas internacionais, "o governo Obama já conseguiu reverter em grande parte a intensificação dessas tendências", escreveu ele.[3]

**Em plena vista**

Uma subseção do website "Organizing for America", parte do "movimento" de Obama, é intitulada "Marxistas/comunistas/socialistas a favor de Obama". Caso você não tenha entendido, eles explicam: "Esse grupo é para marxistas/comunistas/socialistas declarados, a favor da eleição de Barack Obama à presidência. Apoiamos Barack Obama, pois ele sabe o que é melhor para o povo."

## Abrindo a janela para o socialismo

A ideia de que a agenda progressista americana — e a do governo Obama, em particular — são partes essenciais de um programa socialista global coordenado é uma piada — para todo mundo, exceto para os próprios socialistas. Jakopovich vê na política americana motivo de grandes preocupações para os movimentos socialistas sul-americanos, insistindo que "a prioridade não revolucionária de confrontar a extrema direita nos Estados Unidos é um resultado direto do contexto não revolucionário americano. Ainda assim, essa estratégia pode ser claramente conectada às da esquerda em países onde os anticapitalistas já estão no poder, notoriamente a Venezuela e a Bolívia". Ele prossegue:

> O nacionalismo de recursos de Venezuela, Bolívia e Equador (ou a declaração de soberania energética), assim como as diferentes formas de integração latino-americanas (como a sugestão do Banco do Sul, o plano da Petrosur para uma *joint venture* de petróleo sul-americana

> controlada pelo Estado, o Mercosul e em especial a iniciativa da Alternativa Bolivariana para as Américas (Alba) para uma integração regional econômica e social baseada em colaborações mútuas independente de coordenadas neoliberais), pode exigir certo grau de paz e estabilidade de modo a conseguir encontrar espaço para certo "autocentrismo" do desenvolvimento, fora dos confins estabelecidos pelo dogma neoliberal governante.
>
> As atuais diferenças na abordagem dos legisladores americanos quanto ao clientelismo estatal, manifestadas pelas divergências referentes à proposta de Bush para um acordo comercial com a Colômbia (por exemplo), não são irrelevantes, como confirma o nervosismo da extrema direita em relação a esse tópico.
>
> A recente doutrina agressiva de preempção é particularmente perigosa para os objetivos da esquerda na América Latina. Os socialistas não podem permitir que esses regimes e movimentos populares passem despercebidos diante da ferocidade da violência militarista.[4]

É importante destacar que a convocação socialista por cooperação contra os ianques capitalistas ia além de temores defensivistas de que os Estados Unidos pudessem trabalhar para minar — ou mesmo derrubar — os governos socialistas das Américas. Observem a prioridade que Jakopovich dispensa às questões que envolvem bancos e empresas estatais — e, acima de tudo, ao acordo pendente de livre comércio entre Estados Unidos e Colômbia. O comércio livre, como vimos, é uma maldição para os socialistas de ambas as variedades, nacionalistas ou internacionalistas (e de fato os dois grupos aprenderam a agir bem em conjunto desde os anos 1930. Percebam que o socialista internacionalista Jakopovich elogia o "nacionalismo de recursos" do regime Chávez.)

Voltando-se para a política interna, Jakopovich cita a mobilização progressista contra o governo Bush — sobretudo o movimento antiguerra — como "uma janela para o socialismo". Segundo ele, é complicado fazer a agenda socialista progredir trabalhando em coalizão com o Partido Democrata — tendo em vista que este, apesar de seus outros defeitos, não representa uma frente revolucionária marxista —, mas não impossível. A principal dificuldade é que a abordagem fragmentada dos Democratas "condiciona os princípios nos quais o envolvimento socialista com o Partido Democrático deveria se basear". Assim, embora admita a necessidade de cooperar com os Democratas contra a direita, Jakopovich alerta os socialistas quanto à possibilidade de serem explorados como "ornamentos para medidas neoliberais e 'realistas' domésticas e internacionais". O foco, diz ele, "deve ser o desenvolvimento de reformas estruturais solidárias, como uma 'janela para o socialismo'".[5]

O que essa "janela para o socialismo" na política americana parece ser para os socialistas internacionalistas? De acordo com Jakopovich, ela se parece bastante com Jesse Jackson. A estratégia de Jackson da "Coalizão Arco-Íris" — a formação de um grupo fraco demais para assumir o controle do Partido Democrata, mas forte o bastante para custear as eleições e poder político aos Democratas — tem apelo junto aos socialistas americanos, que não possuem os números brutos e aliados suficientemente preparados de modo a pôr sua agenda em prática ou obter força eleitoral por si próprios. (Vale lembrar que, em sua produção literária, os socialistas condenam a democracia *per se*. A "verdadeira democracia", como a definem, é o socialismo. Uma democracia que produz resultados diferentes do socialismo não é, segundo o entendimento dos socialistas, uma democracia real.) O que Jakopovich espera criar é uma Coalizão Arco-Íris para os socialistas:

> Políticas transitórias só poderiam preservar seu sentido integral caso fossem abordadas dentro desse contexto programático de longo prazo. Uma nova "Coalizão Arco-Íris" é improvável neste momento (ainda que deva permanecer como um objetivo em médio prazo), mas o atual compromisso com o Partido Democrático (especialmente com suas "camadas mais externas") pode funcionar como um importante trampolim para reavivar os movimentos sociais de massa como uma alavanca indispensável para uma iniciativa eleitoral progressiva. A Coalizão Arco-Íris progressiva-populista de Jesse Jackson, um movimento de oposição ou um "partido dentro do partido", demonstrou o enorme potencial dessa estratégia. Por exemplo, conseguiu se mobilizar com êxito quanto a questões como a nomeação do direitista Robert Bork à Suprema Corte feita por Reagan. Mas seus feitos não ficaram por aí.
>
> "Como viram milhares de americanos quando Jackson discursou na Convenção Democrata em Atlanta, no verão passado, o apelo de classe

provocou emoções e liberou uma energia que nenhum outro político do qual possamos lembrar conseguiu atingir. Ao final da longa temporada de primárias, Jackson vencera eleições e cáucuses em quase todas as cidades mais importantes do país (incluindo Nova York, Chicago, Filadélfia, Houston e Los Angeles), a maioria dos estados do Sul, além de Michigan, Maine, Vermont, Alasca e outros estados do norte onde uma candidatura bem-sucedida de um negro pareceria impossível. Ele mobilizou milhões de eleitores seguindo uma plataforma de 'justiça econômica', justiça racial e o realinhamento das relações dos Estados Unidos com o Terceiro Mundo. Em Atlanta, suas forças tocaram em temas antes considerados tabus, como os direitos dos palestinos, uma taxação mais intensa sobre os ricos e uma restrição significativa sobre projetos e despesas militares. A presença de Jackson era tão impressionante que Dukakis foi obrigado a negociar um 'Pacto de Atlanta', prometendo às forças de Jackson papel de destaque em sua campanha e governo, caso vencesse, além de apoio numa série de artigos da agenda Arco-Íris."[6]

Se você está se perguntando como um comunista autodeclarado como Van Jones acabou na Casa Branca de Obama e por que tantas pessoas filiadas a organizações socialistas e comunistas conquistaram papéis de destaque (além de funções de bastidores) no governo Obama, isso deve jogar certa luz sobre a questão. Obama foi eleito presidente dos Estados Unidos pelo movimento antiguerra, e este, no país, representa explícita e inquestionavelmente uma criatura do socialismo. Os comícios antiguerra de maior destaque foram promovidos pela International ANSWER, uma ramificação do stalinista Partido Mundial dos Trabalhadores. O comitê de direção da ANSWER é quase uma internacional socialista em miniatura. Como relatou Ryan O'Donnell à época:

> O comitê de direção da ANSWER é um verdadeiro "Quem é quem" das organizações políticas radicais. Seu integrante mais influente, o estimado projeto de Ramsey Clark conhecido como Centro de Ação Internacional (IAC, na sigla em inglês), é considerado por muitos como nada mais que uma frente de organização comunista para a obscura organização stalinista conhecida como Partido Mundial dos Trabalhadores (WWP, na sigla em inglês). No entanto, o IAC não é o

único membro do comitê de direção da ANSWER comprometido com causas extremistas. A Comissão da Verdade coreana e os Pastores pela Paz são leais aliados de Kim Jong-il e Fidel Castro, respectivamente, e ambos os grupos continuam a apoiar as violações do direito internacional promovidas por esses regimes homicidas. Além de seu papel de frente de apoio para governos totalitários/comunistas na Coreia do Norte e em Cuba, integrantes do comitê de direção da ANSWER, como a Associação de Estudantes Muçulmanos e a Aliança pela Libertação da Palestina, continuam a oferecer apoio ideológico, logístico e financeiro a organizações dedicadas à destruição do Estado de Israel, incluindo o grupo terrorista Hamas. Uma investigação mais aprofundada dos integrantes do comitê de direção da ANSWER deixa claro que a organização, na verdade, é uma das maiores inimigas da paz.

[...] os organizadores da ANSWER, muitos dos quais são membros documentados do WWP, muitas vezes se recusaram a permitir que esquerdistas dedicados e defensores da paz discursassem nos comícios caso sustentassem uma posição a favor de Israel. O mais famoso desses episódios aconteceu quando o rabino Michael Lerner foi impedido de falar num recente comício antiguerra do IAC em São Francisco. Por outro lado, na marcha de janeiro, em Washington, a ANSWER "entregou um microfone a Abdul Malim Musa, um clérigo muçulmano que, em 31 de outubro de 2001, esteve presente a uma coletiva de imprensa no National Press Club junto a outros ativistas muçulmanos e membros do Novo Partido dos Panteras Negras, 'onde os interlocutores afirmaram que os ataques de 11 de setembro foram promovidos por Israel e que milhares de judeus foram alertados para não ir ao trabalho no World Trade Center naquele dia'. Nessa coletiva, Musa atacou os 'sionistas em Hollywood, os sionistas em Nova York e os sionistas em Washington', que 'colaboram' para a supressão de negros e muçulmanos".[7]

**Nada de socialismo por aqui...**

Entre os grupos que marcharam no rali *One Nation Working Together* (Uma nação trabalhando junta), em Washington, em outubro de 2010, cujo apresentador era o comentarista democrata da MSNBC e apoiador de Obama, Ed Schultz, estavam:

- A União Internacional dos Empregados do Serviço, maior apoiadora da campanha de Barack Obama;
- Os Progressistas do Partido do Café, um grupo formado em reação ao movimento Tea Party.

Essas são as figurinhas de sempre. A eles, juntaram-se:

- O Partido Socialista dos EUA (como patrocinador oficial);
- O Partido Comunista dos Estados Unidos (como patrocinador oficial);
- O Comitê de Correspondência pela Democracia e pelo Socialismo;
- Os Socialistas Democratas de Ohio;
- Os Socialistas Democratas dos Estados Unidos;
- A Alternativa Socialista;
- O Partido Trabalhador Socialista;
- A Organización Marxista-Leninista de los Estados Unidos;
- O Partido pelo Socialismo e pela Libertação;
- Os Socialistas Democratas de Nova York;
- A Associação de Ex-Criminosos da Pensilvânia.

Pelo menos os últimos eram *ex*-criminosos.

Muitos dos defensores brancos e suburbanos do governo Obama — em particular seus apoiadores brancos, suburbanos e judeus — ficaram intrigados com a hostilidade da administração em relação a Israel, uma ruptura dramática na política externa de longa data dos Estados Unidos em relação a um aliado crucial. Muitos estrategistas democratas revelaram em privado estar perplexos pela controvertida decisão do governo de não levar a cabo o caso de intimidação dos eleitores por parte do Novo Partido dos Panteras Negras na Filadélfia, no qual um violento membro uniformizado dessa organização explicitamente racista foi visto ameaçando eleitores em potencial com um cassetete. Mas se você consegue entender a estratégia da Coalizão Arco-Íris dos socialistas — defendendo as mesmas causas de ambientalistas (Jakopovich não mede esforços para elogiar o "Movimento Verde-Esquerdista" da Islândia, o qual equipara aos radicais esquerdistas da SYRIZA, na Grécia, como grandes símbolos da mudança e da esperança internacionais), islamitas, militantes palestinos seculares, nacionalistas de esquerda como Hugo Chávez, o movimento antiguerra e os movimentos antiamericanos proveitosos de qualquer natureza —, a hostilidade de Obama em relação a Israel e a solicitude de seu governo quanto aos Novos Panteras Negras também é compreensível.

Barack Obama é um político de talento e entende bem a *Realpolitik* da esquerda. Ele sabe que foi o movimento antiguerra que o ajudou a derrotar Hillary Clinton e garantiu sua vitória sobre John McCain. Uma vez que o presidente Obama não tem planos de efetuar qualquer desocupação repentina do Iraque ou do Afeganistão, ele precisa cortejar essa Coalizão Arco-Íris de outras maneiras. A Coalizão Arco-Íris original de Jackson garantiu a ele e a seus apoiadores um lugar num Partido Democrata ainda dominado por tipos como Michael Dukakis. A nova Coalizão Arco-Íris dos socialistas tem alvo semelhante: conquistar espaço num partido no qual os Democratas de Wall Street (Rahm Emmanuel, Peter Orzsag, Robert Rubin) vivem uma contenda pelo poder com a turma "organizadora de comunidades" (Acorn, a NAACP e as máquinas democratas em Nova York, Washington, Chicago, Los Angeles, Filadélfia etc.)

Não importa muito que o presidente Obama e os membros de seu governo vejam a si mesmos como parte de uma vanguarda socialista internacional (e, na maior parte, certamente não é assim que se consideram). Os próprios socialistas internacionais veem o governo Obama como parte de sua "janela para o socialismo". Para o governo Obama e o Partido Democrata, basta que saibam contar votos. Os socialistas mais puritanos se mostram relutantes em dividir a cama com um partido que corteja interesses corporativos com vigor similar aos dos Republicanos e, com avidez ainda maior, os interesses de Wall Street. Jakopovich, por exemplo, defende o estabelecimento de "clubes democratas" locais, dominados por socialistas, com o escopo de assumir o controle de determinadas organizações partidárias — de partidos regionais a grupos nacionais, como os Democratas Progressistas dos Estados Unidos — uma a uma, "alargando os limites de espaço político existente".

## O sonho que nunca morre

Recorri bastante à análise de Jakopovich aqui por ele ser o mais lúcido — e mais aberto — dos autodeclarados socialistas a ter escrito sobre o assunto, especificamente no contexto do minguante governo Bush e do crescente governo Obama. Mas é possível encontrar ideias semelhantes — e misturas similares de interesses ideológicos e operacionais — por todo o espectro socialista.

Vale ter em mente que os socialistas de hoje em dia, por trás de toda a retórica democrática, não repudiam a violência, seja na teoria ou na prática. Ao escrever para uma edição de 2010 da *New Life Review*, Slavoj Žižek, indiscutivelmente o intelectual de esquerda vivo de maior influência, clama pelo uso da violência — como já fizera em outras ocasiões — e perdoa — como já fizera em outras ocasiões — as atrocidades perpetradas pelos socialistas em nome do socialismo. No mesmo artigo, ele repudia de maneira explícita que se possa confiar em instituições democráticas como forma de fazer progredir a causa socialista. Žižek se refere a essas ideias gêmeas como a "desfetichização das instituições democráticas" e a "desfetichização da violência".[8]

Seria difícil exagerar na inumanidade das políticas de Žižek. "O que havia de errado com o comunismo do século XX", escreveu ele, "não foi seu recurso à violência per se — a tomada do poder estatal, a Guerra Civil para mantê-lo —, mas seu modo mais amplo de funcionamento, que fez desse recurso à violência algo inevitável e legítimo: o Partido como instrumento de necessidade histórica, e assim por diante." Citando que políticos americanos tentaram utilizar uma pressão econômica para isolar e marginalizar o regime socialista brutal da Venezuela — um governo que suprime a liberdade de expressão e recorre a uma violência política arbitrária —, ele pergunta: "Não passou da hora de contramedidas defensivas serem adotadas?" Žižek menciona então um dos muitos lemas de Mao — "Tudo sob o Céu se encontra num completo caos; a situação é excelente!" — e prossegue, afirmando que num mundo sem socialismo, a violência é sempre legítima por definição:

> Do ponto de vista dos subordinados e oprimidos, a própria existência do Estado, como aparato de dominação de classe, é um ato de violência. De maneira semelhante, Robespierre defendeu que o regicídio não é justificado pela comprovação de que o rei tenha cometido algum crime específico: a própria existência do rei é um crime, uma ofensa à liberdade das pessoas. Em sentido específico, o uso da força pelos oprimidos contra a classe governante e seu Estado é sempre, em última instância, algo "defensivo". Se não reconhecermos esse ponto, "normalizamos", *volens nolens*, o Estado e aceitamos sua violência como uma simples questão de excesso de contingente. O lema liberal padrão — de que às vezes é necessário recorrer à violência, mas nunca legítimo — não é suficiente.[9]

**Utopias às pencas**

"'*On ne saurait faire une omelette sans casser des ouefs*' ['Não se pode fazer uma omelete sem quebrar os ovos.']"

Com essas palavras, em 1790, Maximilien de Robespierre acolheu a terrível Revolução Francesa, que começara um ano antes. Com uma firme convicção de que o governo poderia ser utilizado para planejar a vida de outras pessoas, ele se tornaria o arquiteto do período mais sanguinário da revolução — o 'Reino do Terror' de 1793-4. Robespierre e sua guilhotina quebraram milhares de 'ovos' na vã tentativa de implantar sua 'omelete', ou seja, uma sociedade planejada centralmente, utópica.

Todos os experimentos coletivos do século XX foram proclamados pelos socialistas como a Terra Prometida. 'Eu vi o futuro e ele funciona', disse o intelectual Lincoln Steffens após uma visita à União Soviética de Stalin. Em 1984, na revista *The New Yorker*, John Kenneth Galbraith afirmou que a União Soviética vinha atingindo um grande progresso econômico em parte por utilizar o 'potencial integral' de sua força de trabalho, em contraste com o Ocidente capitalista e menos eficiente. Mas um estudo minucioso de 846 páginas publicado em 1997, *O livro negro do comunismo*, estimou que a ideologia comunista custou vinte milhões de vidas no 'paraíso dos trabalhadores'. Milhões de outros morreram em lugares como China, Camboja e Coreia do Norte."

Lawrence W. Reed, *Where Are the Omelets?* [*Onde estão as omeletes?*], 2005

A questão aqui não é a existência de intelectuais europeus gordos e mimados com ideias risíveis sobre o uso da violência; a questão é que a esquerda ainda dá ouvidos aos chamados de Mao e Lenin, e que sua demanda por abordagens democráticas à reforma socialista não é obstáculo a outras abordagens socialistas, incluindo sua implantação por meio de violência. A ditadura do proletariado não é um sonho que morre facilmente. Žižek não é meramente um louco com ideias radicais, pregando de um café parisiense; ele faz parte da nata da sociedade intelectual nos Estados Unidos e no exterior, sendo celebrado nos círculos mais rarefeitos, discursando e debatendo em locais de elite e publicando seus textos nos veículos mais prestigiosos. Sua postura antiestablishment é divertida, mas o mais decepcionante é que ele é o establishment de esquerda e ainda assim urge pela imposição violenta do socialismo por quaisquer meios necessários.

Ao considerarmos os esquerdistas americanos que se encaixam na ala mais moderada do espectro socialista, é essencial manter em mente o que esse espectro contém. Como expressou Adam Shaw num ensaio para a

*American Thinker*, "o número de definições exatas do que é socialismo é o mesmo do número dos socialistas. Ainda assim, existem características em comum. A paixão por grandes governos, a nacionalização da indústria, a taxação intensa, a redistribuição de riquezas etc., tudo isso aponta para o socialismo. Uma pessoa como o presidente Obama nem precisaria se declarar socialista na Europa Ocidental; isso seria suposto naturalmente, sem qualquer estardalhaço ou conspiração".[10]

Na verdade, há pontos fundamentais da agenda de Obama essenciais em todos os aspectos, menos no nome. Temos de entender, entretanto, que o que a esquerda americana tem em mente não são faixas vermelhas e comitês de trabalhadores. Trata-se de um socialismo que atua de cima para baixo, administrável, com tons da Ivy League;* um socialismo que vai adentrando as "forças governantes" da economia, setor por setor; tendo já controlado a educação e o trabalho por bastante tempo, seus olhos agora estão voltados para questões como o comércio, as finanças e a energia. Uma grande vitória concedida pelo governo Obama os encorajou: a socialização parcial do sistema de saúde americano.

Esta claramente é a maneira como Žižek vê as coisas. "Sou um leninista", declarou ele numa entrevista de 2009 para a revista *The New Statesman*. "Lenin não tinha medo de sujar as mãos. Se puder obter poder, agarre-o. Faça o que for possível. É por isso que apoio Obama. Acho que sua batalha pelo sistema de saúde é extremamente importante, pois envolve o próprio núcleo da ideologia governante."[11]

---

* A Ivy League é um grupo de oito universidades particulares do Nordeste dos EUA, as mais antigas e tradicionais [N.T.]

Capítulo 15

# SIM, O OBAMACARE É SOCIALISMO

**Você sabia?**

- O ObamaCare vai instituir o planejamento centralizado no sistema de saúde
- Um dos principais arquitetos do ObamaCare é um fervoroso defensor do sistema de saúde socialista
- Os primeiros passos rumo a um sistema de saúde socialista na Grã-Bretanha foram medidas similares ao ObamaCare

É claro que o ObamaCare se trata de socialismo. Ele foi arquitetado seguindo explicitamente linhas desse sistema — o que significa um modelo de planejamento centralizado — e apresenta outras características secundárias da iniciativa dessa doutrina, como redistribuição de renda, nivelamento econômico, cooptação e nacionalização de empresas privadas e a escalada de uma elite planejadora que não está sujeita às regras que impõe sobre o resto do país.

Dizer que boa parte dos compromissos de Obama são socialistas dificilmente seria o tema de um debate sério. Escrevendo para o periódico socialista *Dissent*, Robin Blackburn analisou a resposta do governo à crise financeira de 2008 (uma resposta cuja orientação rumo à nacionalização ficou aparente durante os últimos dias do governo Bush, para não falarmos dos primeiros dias da administração de Obama). "Nas semanas e meses após setembro de 2008", escreveu ela, "o capitalismo como o conhecemos foi salvo de uma experiência de quase morte pela intervenção maciça do Estado, o que rendeu às autoridades federais americanas a posse de grandes ativos, incluindo grande parte do Citigroup, maior banco do país; do AIG, a maior seguradora; e da GM, maior fabricante de automóveis do mundo. Fannie Mae, a gigante das hipotecas, voltou aos cuidados do governo. Embora seja ridículo rotular essas medidas desesperadas — e temporárias — como 'socialismo', seria igualmente absurdo não enxergar que a propriedade pública em tal escala apresentava tons de uma abordagem distintamente socialista."[1] Em outras palavras, é uma abordagem socialista não considerada socialismo.

E isso vale em dobro para o sistema de saúde. O fato mais importante em questão no debate sobre este — e também o dado mais citado pelos apoiadores de sua nacionalização — deveria ter deixado tudo bem claro desde o princípio: os Estados Unidos gastam cerca de 15% do PIB em assistência médica, enquanto outros países, como Canadá e Alemanha, gastam cerca de 10%. Obama tocou nesse assunto diversas vezes durante seus discursos sobre o tema: "Gastamos 51% a mais por pessoa em assistência médica do que qualquer outro país", disse ele em sessão no Congresso, "mas nem por isso somos mais saudáveis".[2]

Deixe de lado a segunda parte dessa afirmação (realmente, os americanos desfrutam significativamente os produtos de suas despesas médicas) e concentre-se na primeira. É inquestionável que os Estados Unidos destinam uma parcela maior de sua economia em assistência médica do que a maioria dos outros países. Por que isso é algo tão problemático? Os Estados Unidos gastam mais em inúmeros produtos e serviços do que outras nações, mas também gastam menos em outros aspectos. Relativamente falando, eles gastam muito mais de sua renda coletiva em tecnologia da informação e muito menos em alimentos do que Haiti, Ruanda ou a suposta potência econômica que é a República Popular da China, por exemplo.

Isso significaria que os haitianos e ruandeses estão levando a melhor com seus laptops e dispositivos de internet sobre os americanos? Significaria que os camponeses chineses estão se alimentando melhor? Provavelmente não. A verdade é que, à medida que as sociedades vão se tornando mais ricas, uma parcela cada vez menor de sua renda se faz necessária para cobrir gastos com itens como alimentos ou habitação; com muito mais renda disponível para ser gasta (e os americanos, com seus baixos índices de economia, *de fato* gastam a renda à sua disposição), as sociedades ricas tendem a consumir mais entretenimento, viagens, educação, serviços profissionais e coisas do gênero. Assistência médica é um serviço muitíssimo requisitado — quando se faz necessária, não há alternativas. Os altos gastos dos americanos com assistência médica não significa que estejam sendo roubados; significa que são uma nação rica.

Por que uma parcela "correta" do PIB deveria ser gasta com o sistema de saúde? A resposta é que não deveria, assim como não há um nível correto de gastos com alimentação, roupas, moradia, entretenimento, chicletes, campanhas publicitárias ou qualquer outro item de consumo que possa ser do interesse dos poderes em Washington.

Pode-se afirmar também que os Estados Unidos gastam muito mais em educação do que a maioria dos outros países — significativamente mais que o Japão ou que a Coreia do Sul. E seria difícil afirmar de maneira convincente que estejam obtendo resultados melhores que japoneses ou que coreanos. No entanto, quando se trata de gastos com educação, o argumento é o contrário daquele usado para a reforma do sistema de saúde: nenhum tipo de gasto com educação é considerado excessivo. É impossível imaginar Barack Obama dizendo ao Congresso que eles, como nação, gastam muito de seu PIB em educação e que deveriam reduzir os investimentos a um nível equivalente ao de Cingapura, que obtém uma ótima relação entre custo e benefício no que diz respeito à educação.

Por que essa discrepância? A política por trás disso é óbvia: a educação americana consiste em desapropriar dinheiro do setor privado e transferi-lo para o público — uma vez que quase todas as instituições educacionais nos Estados Unidos são públicas. Já no sistema de saúde, o sentido do fluxo de recursos é revertido. Mesmo antes do ObamaCare, mais da metade de todas as despesas com saúde no país cabia ao governo, ainda que as partes que lucravam com isso fossem, em sua maioria, privadas: médicos, hospitais, fabricantes de produtos farmacêuticos, e similares. O presidente Obama não diria ao sindicato dos professores que os Estados Unidos gastam muito com eles, mas não hesita em dizê-lo a médicos e fabricantes de remédios.

### ObamaCare: parece socialismo porque é socialismo

Resumir os gastos em determinado setor como uma parcela do PIB é um sintoma clássico de planejamento centralizado. Os defensores da socialização do sistema de saúde confundem a medida com aquilo a ser medido — confundem o mapa com o território. Por que deveria ser um problema o fato de os Estados Unidos gastarem 15% de seu PIB em assistência médica? Por que seria preferível gastar 14%? Ou 10%? E como pensam que quanto menos melhor, por que não 1%?

Esses números são tão significativos quanto o plano de Stalin de duplicar a colheita de trigo a cada cinco anos — eles nada nos dizem sobre as atividades em si, que são por demais complicadas para ser resumidas em medidas simplórias. Da mesma forma, comparações relativas entre diferentes países praticamente não têm sentido. Os Estados Unidos são o terceiro país mais populoso do mundo, atrás da China e da Índia. Sua população é altamente diversificada, e sua economia, bastante complexa. Há imigrantes de todas as partes do mundo, legais e ilegais. A nação é um dos lugares menos homogêneos do planeta no que diz respeito a etnias, religiões, culturas e dinâmica populacional. Comparar os resultados do sistema de saúde americano com o da Suécia é uma tolice (embora valha a pena destacar que os sueco-americanos desfrutam resultados bastante similares aos dos suecos da Suécia. Do mesmo modo, as pessoas de Okinawa costumam ter uma vida longa em qualquer parte do mundo.)

Interpretado adequadamente, o ObamaCare é um exercício óbvio de planejamento centralizado socialista. Não é o que chamaríamos de socialismo integral — não se trata do monopólio médico que exercem o governo canadense e o governo russo, por exemplo —, mas não precisa sê-lo. A indústria petrolífera venezuelana não é menos socialista por ter mais de uma empresa envolvida — todas elas são dominadas por Hugo Chávez, pelo plano e pela política. Os Estados Unidos sob a influência do ObamaCare podem muito bem terminar com dúzias de companhias de seguros — mas cada uma delas oferecerá um produto desenvolvido em Washington, em vez de algo produzido pelo mercado.

Como muito do planejamento centralizado americano, a socialização do sistema de saúde vem sendo implantada indiretamente, por meio da socialização de um tipo particular de finança. Em grande parte como aconteceu com a Fannie Mae e a Freddie Mac, a Administração Federal da Habitação, a política de impostos e mesmo o sistema rodoviário foram usados por Washington para reformular o mercado imobiliário de acordo com *diktats* políticos (resultado da crise financeira de 2008, que por sua vez foi utilizada como desculpa para a posterior socialização das finanças); o sistema de saúde foi estatizado por meio da socialização dos seguros.

Isso, a propósito, não teve início com o ObamaCare. Antes mesmo do projeto de lei dos Democratas sobre o sistema de saúde ser considerado, o governo americano já gastava 50% de todos os dólares relacionados à saúde, dominando o mercado com o Medicare, o Medicaid e outros programas federais. Usando as ferramentas rudimentares da política, Washington concluiu que o problema fundamental com o sistema de saúde americano não era o acesso a produtos e serviços médicos de qualidade, mas sim a um seguro de saúde — o qual, como foi comprovado por análises empíricas rigorosas, está apenas tangencialmente relacionado ao acesso à assistência médica.

Os eleitores dotados de seguros, no entanto, demonstram certa docilidade no que diz respeito às questões do sistema de saúde, ainda que haja muito nele urgindo por reformas. A cobertura dos seguros funciona como um sedativo político, por isso Obama e companhia acharam uma solução tão desastrada quanto a decisão de Hugo Chávez de combater sequestros bloqueando as contas bancárias dos familiares das vítimas. O plano era aprovar uma lei que exigisse que todos os americanos comprassem um seguro. Seria natural pensar que os americanos que desejavam um seguro e que poderiam pagar por ele já estariam cobertos, mas o governo Obama não via as coisas desse jeito.

Esse lapso foi um caso de cegueira voluntária. Assim que o mandato federal para a compra de seguros começasse a valer, o governo teria uma desculpa para intervir, ampla e arbitrariamente, na estrutura, nos preços e na distribuição dos seguros. Tendo uma longa experiência com o socialismo de finanças, os veteranos da Fannie Mae e do Departamento de Tesouro no governo Obama não poderiam ter encontrado uma solução mais sintonizada com suas próprias visões do mundo e dos seus interesses — ou menos sintonizadas com as realidades políticas e econômicas do sistema de saúde.

**A assistência médica na prática**

Os esquerdistas muitas vezes enaltecem o sistema de saúde cubano como um modelo de medicina socializada. Ao mesmo tempo que tentam empurrar as estatísticas falsificadas do regime de Fidel Castro, renegam a realidade de infortúnios do sistema. Por exemplo, Larry Solomon, do *National Post*, relatou como o regime cubano respondeu a um surto de dengue em 1997: temendo que as notícias sobre a doença maculassem a reputação de Castro e fizessem a entrada de dólares provenientes do turismo diminuir, as autoridades da área de saúde negaram sua existência. Um médico cubano, o dr. Dessy Mendoza Rivero, acabou com as tentativas oficiais de encobrir o caso ao informar uma rádio de Miami sobre o surto, sendo preso e sentenciado a oito anos de prisão. Posteriormente, o governo admitiu que os sintomas se referiam à dengue.

Solomon explica o panorama:

> Inúmeras são as anedotas em que o governo adultera seus números para dar provas ao mundo das glórias da revolução, com muitos acadêmicos desconfiando das estatísticas oficiais. Um demógrafo da Academia Nacional de Ciências descobriu que os próprios dados do governo cubano não batiam com as estatísticas oficiais sobre a mortalidade infantil: eles indicavam um índice crescente de mortes, e não o contrário, uma suspeita que encontrava eco em outras estatísticas do ministério da Saúde cubano, que mostravam altos índices de enfermidades infantis geralmente relacionadas a uma alta taxa de mortalidade. Outros estudiosos levantaram suspeita quanto aos números envolvendo o HIV, destacando a grande quantidade de cubanos que serviram em guerras africanas, os muitos estudantes africanos que viviam em Cuba, o enorme mercado do sexo no país e o alto índice de HIV entre os cubanos que escaparam da ilha. Uma pesquisa secreta do Partido Comunista Cubano em 1987, com 10.756 participantes, demonstrou que 88% da população de uma província estava decepcionada com o sistema de saúde. Quando o índice de suicídios no país atingiu níveis alarmantes — atualmente é o dobro do índice típico de países latino-americanos —, o governo cubano deixou de divulgar estatísticas suicidas para permitir comparações internacionais.

O professor da Northwestern University David Dranove, autor de *The Economic Evolution of American Healthcare* (*A evolução econômica da assistência médica americana*), afirma que poucos, para não dizer nenhum, dos responsáveis pelo ObamaCare definiriam a si próprios como socialistas, ainda que estejam arquitetando nada mais que o socialismo. (Ele não menciona que o czar da Medicare, Donald Berwick, um dos mais influentes planejadores do ObamaCare, tem uma retórica fortemente anticapitalista, denunciando a "obscuridade da iniciativa privada", ou que seu modelo preferido é o explicitamente socialista Serviço Nacional de Saúde do Reino Unido. Talvez se trate de um lapso, talvez de mera cortesia profissional.) Quaisquer que sejam suas motivações políticas, seu erro é idêntico ao "conceito fatal" de Hayek — a ideia de que os melhores e mais inteligentes, dotados de poder político suficiente, possam planejar racionalmente as questões humanas. Descrevendo os acadêmicos da Ivy League responsáveis pela implantação do ObamaCare, o professor Dranove relata:

> A maioria dos meus colegas de Cambridge é economista e sabe como funcionam os mercados. Aprenderam segundo a teoria econômica e a observação prática que a assistência médica no mercado livre é imperfeita. Temendo uma seleção adversa, seguradoras irregulares tomam medidas que deixam alguns indivíduos descobertos, enquanto preferem não comprar seguros e recorrem à caridade subsidiada pelos contribuintes. A maioria dos economistas (na qual me incluo) concorda com essa análise do problema com o mercado de seguros.
>
> [...] Mas essa solução não acaba com a tomada do sistema de saúde por parte do governo. Não há em todo o mundo uma só seguradora, pública ou privada, que não intervenha diretamente na distribuição da assistência médica. Seguros socializados levam a uma medicina socializada; se o governo controla mais da metade do setor de seguros por meio do Medicare e do Medicaid, além de regular o restante com firmeza, é inevitável que ele também tente controlar como a assistência médica é comprada e vendida. E não acredito que faça muita diferença quem está no controle, republicanos ou democratas. A tentação de impor as regras sobre 17% do PIB é muito grande.
>
> O governo Obama contratou um batalhão de acadêmicos para implantar novas reformas. Trazem consigo os mais finos *pedigrees* de Cambridge e ideias promissoras. Escreverão o primeiro esboço de regulamentos, e os acadêmicos de todos as partes acenarão com a cabeça diante da esperteza de nossos companheiros. (Alguns de nós até apreciarão quando nossas ideias favoritas forem transformadas em medidas.) Com o tempo, porém, regras e regulamentações que governarão nosso sistema de saúde terão mais o dedo dos políticos do que dos acadêmicos. É essa a natureza da besta.
>
> Meus colegas de Cambridge não são a favor de uma medicina socializada. Mas temo que a fera regulatória que foram encarregados de domar é grande demais para eles, apesar de seus talentos. Daqui a dez anos, lembraremos esses dias como o início do fim da medicina com base no mercado dos Estados Unidos. E meus colegas apenas poderão olhar para trás, balançar a cabeça e dizer: "Não deveria ter acontecido dessa maneira."[3]

Tradução: *não era este o socialismo com o qual sonhamos!*

Mas *será* o socialismo que os burocratas quiseram. O apoio dos funcionários é o que faz a política, tanto em nível federal quanto no quadro administrativo da escola local. O Centro de Serviços da Medicare e Medicair (N.T.: CMS, na sigla em inglês), antes um órgão federal obscuro, estará no centro do poder federal americano sobre a saúde, desenvolvendo medidas, impondo regulamentações e criando protocolos. Ao apontar o dr. Berwick como chefe dessa organização, o presidente Obama dava um recado claro sobre o tipo de sistema que seu governo pretendia implantar. Segundo opinião famosa de Nancy Pelosi, presidente da Câmara dos Representantes, o Congresso deveria passar a lei sobre o sistema de saúde para descobrir o que ela diz — mas a realidade política é que o escopo principal da lei, conhecida por poucos, é gerar um novo e enorme corpo administrativo federal, que criará suas próprias regras e procedimentos, profundamente influenciados pelo dr. Berwick e seus colegas. O que eles têm em mente?

### "Um exemplo para o mundo inteiro"

Consultemos o próprio dr. Berwick para obter um parecer a esta questão: "Nutro certo romantismo pelo NHS", disse ele, referindo-se ao Serviço Nacional de Saúde britânico. "É fantástico. Tudo de que preciso para reacender minha paixão é olhar para o sistema de saúde do meu próprio país.[4] O NHS é um exemplo para o mundo inteiro — um exemplo do qual os Estados Unidos precisam mais do que a maioria dos outros países".[5] Antes que pensem que ele tenha exagerado na bajulação, Berwick foi mais além: "O NHS não é apenas um tesouro nacional; é um tesouro mundial."[6]

O dr. Berwick é anticapitalista. Além de julgar a iniciativa privada "imoral", ele alertou os pretendentes a reformistas da Grã-Bretanha, muitos dos quais se mostravam descontentes com os resultados de suas experiências com um sistema de saúde socialista: "Por favor, não depositem suas esperanças nas forças do mercado."[7] As forças do mercado são tudo o que está entre os aspirantes a planejadores centrais e a tão almejada ordem econômica racionalmente planejada por eles. Num artigo sobre a reforma do sistema de saúde, o dr. Berwick afirmou: "Nos Estados Unidos, a competição é um dos principais motivos de nosso sistema de saúde duplicativo, voltado ao fornecimento e fragmentado."[8] Com seu discurso socialista até a alma, citou uma "ação coletiva prevalecente sobre interesses individuais" como o "Santo Graal" do sistema de saúde.[9]

Os intelectuais zombaram dos "painéis de morte" mencionados por Sarah Palin, mas o dr. Berwick disse o seguinte: "A decisão não trata de racionar ou não a assistência, mas sim de racioná-la de olhos abertos."[10] Mais precisamente, ele afirma que devemos usar as forças do governo para "reduzir o uso de procedimentos médicos indesejados ou ineficazes em pacientes terminais".[11] Uma coisa é indesejada. Se alguém não quer receber cuidados médicos, não é necessário um esforço hercúleo para evitá-los. Mas a quem cabe decidir o que é "ineficaz"? Obviamente, ao dr. Berwick e aos outros principais planejadores.

O socialismo unissetorizado como aquele aplicado aos usuários do sistema de saúde britânico ou às famílias americanas que se valem do ensino público depende do contexto e das condições locais — afinal, existem algumas escolas públicas excelentes nos Estados Unidos e certamente alguns britânicos recebem uma assistência médica de ótima qualidade. No entanto, podemos estudar esses sistemas com o passar do tempo e analisar seus resultados, sobretudo porque companhias como o NHS produzem uma grande quantidade de dados. Vale a pena darmos uma olhada neles para ter uma prévia de como será o sistema de saúde socializado americano.

O NHS traça paralelos bastante semelhantes ao sistema educacional americano num aspecto importante: a classe de pessoas à qual pertencem os principais planejadores não usufrui de seus serviços. Assim como os americanos mais ricos ainda colocam seus filhos em escolas particulares (assim como fazem muitos dos não ricos que podem pagar para tal, como a maioria dos professores de Chicago — por si só, algo que diz muito), cerca de 8% dos britânicos recorrem a seguradoras particulares e assim têm acesso a assistência médica fora do sistema nacional. Isso, em muitos casos, é uma emergência: o NHS recusa prestar serviços a doentes apoiando-se em bases financeiras. Assim como o dr. Berwick, seus dirigentes sabem que é preciso racionar, e o fazem de "olhos abertos" e portando uma calculadora.

Conforme noticiou a BBC em 1999: "Pacientes vêm sofrendo, e alguns chegaram a falecer como consequência do racionamento de serviços por parte do NHS, afirmam médicos. Uma pesquisa com quase três mil profissionais de saúde, feita pelo periódico *Doctor e Hospital Doctor*, descobriu que um em cada cinco médicos conhece pacientes que sofreram danos como consequência do racionamento de serviços. Mais de 5% dos médicos de família entrevistados também disseram saber de pacientes que morreram por terem seus tratamentos recusados pelo NHS."[12] As consequências desse racionamento nem sempre são óbvias. Uma vez que o trabalho do NHS em cuidar de pacientes idosos com problemas crônicos é relativamente ruim — considerando-se que tais tratamentos são caros e o "retorno de investimento" é sempre calculado para baixo no caso dos doentes de idade avançada —, muitos idosos britânicos com Mal de Parkinson ou demência são assistidos por parentes, em especial por seus cônjuges.

Além disso, a recusa de assistência a um parente que cuida de outro membro da família pode causar um efeito bola de neve, como descobriu a BBC. "Entre esses médicos, estava o dr. Richard Money, do Sidcup, que relatou o caso de um homem de setenta anos que aguardava por uma cirurgia enquanto cuidava sozinho de sua mulher, que sofria de Mal de Alzheimer. O dr. Money disse que o paciente fora encaminhado a passar por uma cirurgia em 1997. Apesar do fato de que seu quadro de saúde não seria nada bom caso não fosse operado, seu nome foi colocado numa lista de espera por seis meses. Eventualmente, sua condição foi se complicando, e ele morreu cerca de um ano depois do encaminhamento inicial, enquanto ainda aguardava a cirurgia."[13]

Tais histórias são comuns na Grã-Bretanha e em outros países com sistemas igualmente politizados. Não é de surpreender que hospitais e clínicas americanos frequentemente sejam vistos como refúgios médicos por canadenses que tiveram seus tratamentos negados pelo sistema socialista "gratuito" de seu país. Um dos principais problemas é que os principais planejadores consideram suas medidas políticas como uma realidade; já que não podem falar sobre os racionamentos, fingem que eles não existem. Médicos e diretores de hospitais sabem que não é bem assim. "Quase metade (45%) dos médicos de família que responderam à pesquisa afirmaram conhecer casos de pacientes cujos tratamentos foram adiados devido aos custos", relatou a BBC. "Os ministros insistiram diversas vezes que o racionamento não é necessário no NHS. No entanto, os médicos afirmam que, diante de recursos limitados, o racionamento é inevitável."[14]

Para os pacientes que têm seus tratamentos recusados, não faz muita diferença se o racionamento foi conduzido de olhos fechados ou, como prefere o dr. Berwick, abertos.

O NHS, criado em 1946, já acumulava escândalos, politização, acusações de favoritismo e má administração financeira na década de 1960. Uma análise das reclamações contra o Ely Hospital, em Cardiff, revelou abusos dignos de um romance de Dickens: enfermeiros chegavam a atacar pacientes, abrindo suas cabeças e depois suturando seu couro cabeludo sem qualquer supervisão médica. Uma pilha de abusos similares está catalogada. Inacreditavelmente, o NHS tentou deixar seu relatório o menos escandaloso possível. Um dos trechos diz:

> O paciente de meia-idade Housman (da Ala 21) foi, numa ocasião, tratado com brutalidade indevida pelo enfermeiro-responsável "M" e pelo auxiliar de enfermagem "N" e malcuidado, de modo a sofrer um ferimento no escalpo. A ferida foi suturada pelo enfermeiro-responsável "M", e o paciente foi tratado com paraldeído, sem qualquer supervisão médica, sendo examinado por um médico apenas no dia seguinte. Esse incidente não foi causado por maldade, mas pela aceitação de padrões de atendimento indesejavelmente baixos, antiquados e excessivamente duros, e de um sistema pelo qual os membros da equipe de enfermagem têm permissão para suturar feridas e administrar drogas com referências insuficientes ou inexistentes da parte de ou supervisionadas pela equipe médica (Parágrafos 89 a 96).
>
> (c) O paciente idoso Addison (da Ala 17A) foi golpeado no rosto em pelo menos uma ocasião, em decorrência de uma tentativa vigorosa e atrapalhada de controlar seus movimentos. O incidente foi causado por falta de destreza e certa falta de comiseração ao lidar com um paciente difícil, mas não por maldade. Não foi possível identificar de maneira precisa o enfermeiro responsável pelo incidente (Parágrafos 30 a 37).
>
> (d) O jovem paciente epiléptico Masefield (da Ala 23), portador de hábitos difíceis, teve seu rosto estapeado em mais de uma ocasião pelo enfermeiro-responsável "A" e pelo enfermeiro "R". Tal conduta não foi provocada por maldade, mas sim pela utilização de técnicas antiquadas e rudimentares para lidar com um paciente complicado (Parágrafos 109 a 113).

(e) Não foi possível confirmar a alegação de que o enfermeiro-responsável "A" tenha utilizado uma mangueira contra pacientes despidos numa das alas. XY não confirmou ter sido testemunha ocular desse incidente, e a testemunha a quem ele atribuiu a história não se prontificou a dar seu relato diante de nossa presença.[15]

Falta de destreza e de um pouco de comiseração — isso vindo de *enfermeiros que agrediram idosos com tanta força que provocaram ferimentos que precisassem de suturação*. As autoridades nem conseguiram identificar os funcionários responsáveis por tal abuso, o que deixa evidente a negligência e a cultura burocrática de autoproteção, características que nos são familiares depois de nossos estudos sobre o socialismo ao redor do planeta. Apesar de toda a "obscuridade da iniciativa privada", é impossível imaginar médicos americanos molhando pacientes nus com uma mangueira.

Várias tentativas de reforma foram efetuadas nos anos 1960 e 1970, sempre de maneira ineficaz. Esse período representa o auge do socialismo britânico. Nos anos anteriores à eleição de Margaret Thatcher, a Grã-Bretanha fora transformada num Estado socialista democrático e subjugada por funcionários gananciosos do setor público, chefes insubordinados de sindicatos que eram protegidos pelas elites do planejamento centralizado e também pela má aplicação de capital e distorções de decisões de investimento. O fracasso intelectual do socialismo britânico ficava mais evidente em seu sistema de saúde, mas o socialismo da saúde é uma variante um tanto nefasta. Ao contrário das indústrias pesadas que foram novamente privatizadas no governo Thatcher, o NHS permaneceu incólume.

**Isto é o que chamamos de exagero**

"Segundo o ex-vice-primeiro-ministro do Reino Unido, John Prescott, o NHS é a 'melhor invenção' da Grã-Bretanha. Sério? Melhor que a democracia parlamentar? Melhor que a penicilina? Melhor que a descoberta do DNA, que a abolição da escravatura ou que a *common law*? Veja só, John, o NHS produz alguns dos piores resultados no campo da saúde no mundo industrializado. A Grã-Bretanha é o Estado ocidental onde você menos gostaria de ter câncer, um enfarte ou uma doença cardíaca. Em nosso país, milhares de pessoas morrem em hospitais por motivos não relacionados a suas condições originais. Se essa é nossa 'melhor invenção', que Deus nos ajude."

Daniel Hannan, conservador britânico, membro do Parlamento Europeu, 2009

Isso é surpreendente, diante de seu desempenho. Os principais planejadores tentam ignorar as realidades econômicas, mas os incentivos sempre seguirão as leis de oferta e demanda, tão imutáveis quanto a lei da gravidade. Assim como o governo Obama entre 2008 e 2010 se mostrou bastante preocupado com os preços finais gastos em assistência médica, os burocratas do NHS viram no lucro dos hospitais e nos salários relativamente altos dos médicos uma incongruência com a qual deveriam lidar na nova ordem de racionamento. O resultado, é claro, foi uma escassez de médicos. Mais uma vez, os resultados foram tão extremos a ponto de serem inimagináveis para a maioria dos americanos, que poderiam esperar uma assistência médica melhor nas prisões do país que aquela recebida pelos britânicos em seus hospitais.

Em meados dos anos 1970 — no ápice do socialismo britânico —, as condições de muitos hospitais do país se aproximaram de padrões pré-vitorianos. Isso se aplicava especialmente no tratamento de pacientes com doenças mentais — ou seja, para os cidadãos com menor poder político. Em 1975, havia um médico — apenas um! — para cada 660 doentes mentais nos hospitais do NHS. Em seu estudo de 1975 intitulado *Rationing Health Care* (*Racionando a assistência médica*), Michael Cooper escreveu: "É possível encontrar alas em hospitais psiquiátricos onde os pacientes dormem, comem, fazem suas necessidades, vivem e morrem, tudo num só grande quarto." O trabalho de Cooper é citado num longo estudo sobre o NHS feito pelo professor John Goodman, da Universidade de Dallas, chamado "O sistema de saúde nacional na Grã-Bretanha", que contém inúmeras páginas de revelações horripilantes: "Os pacientes psiquiátricos, que ocupam 45% dos leitos não vagos, recebem dos médicos uma assistência de uma hora por ano em média. Como observou um comentarista, 'seria de fato extraordinário se os pacientes não sofressem danos em suas diagnoses, no monitoramento de efeitos colaterais, em tratamentos exagerados e na recuperação pós-alta' sob essas condições."[16]

Levando-se em consideração que os médicos dedicavam a esses pacientes um total de *uma hora por ano*, fica mais fácil entender como os enfermeiros passavam incólumes depois de agredir os pacientes e suturá-los sem supervisão médica.

Desesperados para preencher os cargos de médicos disponíveis, os britânicos começaram a chamar uma grande quantidade de profissionais do exterior, tendo a maioria deles estudado em escolas de medicina estrangeiras que, para colocar de maneira branda, não seguem necessariamente os padrões ocidentais. Como destaca o professor Goodman, em 1975, cerca de 85% dos novos médicos na área de geriatria e 86% na área psiquiátrica eram estrangeiros.

Não há nada de errado com médicos que estudaram no estrangeiro, é claro, e as instituições de ensino de outros países passaram por grandes avanços desde os anos 1970. Esses números são mencionados apenas para indicar que, com o advento do NHS, quase ninguém mais na Grã-Bretanha queria se tornar médico, sobretudo para lidar com pacientes idosos ou com doenças mentais, ou seja, aqueles que mais necessitavam de cuidados intensivos e os que menos tinham probabilidade de agir politicamente para garantir seus interesses. Como mostram os dados, os resultados foram terríveis.

Tenham em mente que não estamos falando de um país atrasado do Terceiro Mundo, ou de um acontecimento cem anos atrás. Trata-se da Inglaterra — da Inglaterra civilizada! — há poucos anos.

Outras tentativas de reforma foram efetuadas. As mais recentes buscavam fazer com que os cidadãos britânicos pudessem recorrer ao minúsculo sistema de saúde que sobrevivera no país. Em outras palavras, enquanto o governo Obama se inspira no NHS socialista, o próprio NHS busca se dessocializar, mesmo que de maneira tímida. Nem é preciso dizer que a introdução de reformas voltadas ao mercado provocou a oposição das elites do planejamento centralizado, deixando-as iradas.

## A evolução de uma tragédia

Como será o sistema de saúde americano socializado: lembrará mais a Grã-Bretanha dos anos 1970, como temem seus críticos, ou a Suécia de 2010, como esperam os entusiastas? A Lei de Proteção ao Paciente e Serviços de Saúde Acessíveis, conhecida informalmente como ObamaCare, não estabelece, afinal, que o governo pague por tudo, como pleiteava a maioria dos defensores socialistas de uma reforma do sistema de saúde. Ela não faz dos médicos funcionários públicos (embora na prática muitos já o sejam no que diz respeito ao tratamento de pacientes do Medicaid e do Medicare, sendo este uma das razões pelas quais pouquíssimos profissionais aceitem novos pacientes assistidos por esses programas). Por que devemos supor — que motivo temos para acreditar, além do que nos dizem a história, nossas experiências, a prudência, a economia e certa familiaridade com a realidade política — que o ObamaCare dará o tipo de socialismo pelo qual passou a Grã-Bretanha, em vez do "socialismo com o qual os americanos sonham"?

Para responder a essa pergunta, tenham em mente que, na Grã-Bretanha, não era o governo quem pagava por tudo inicialmente. No princípio, o país contava com um sistema muito parecido com o dos Estudos Unidos pré-ObamaCare: a prestação de serviços médicos diretos para os muito pobres era feita por meio de um sistema parecido com o Medicaid americano, substituído posteriormente por um programa nacional de assistência médica que, assim como o Medicare e o Medicaid, era responsável por cerca de 50% de todos os gastos com a saúde. Na verdade, a transformação britânica de um sistema quase inteiramente privado de assistência médica em outro, socialista, é bastante familiar ao observador da história americana contemporânea.

O estudo do professor Goodman nos oferece um valoroso histórico da evolução do sistema de saúde britânico. Ao escrevê-lo nos anos 1970, ele mal poderia prever o quanto descreveria o futuro dos Estados Unidos ao analisar o passado da Grã-Bretanha, o que de fato fez: o mandato individual, a aquisição das companhias de seguro, a comprovação de recursos e o racionamento, a preferência ao planejamento central em vez de sistemas descentralizados e a imposição do socialismo em meio a toda essa confusão.

Já era de longa data que a Grã-Bretanha passara a demonstrar interesse oficial pelas dificuldades dos pobres, sobretudo no que dizia respeito ao atendimento médico que recebiam. Durante grande parte de sua história, a pobreza foi tratada como uma questão de saúde pública, e os programas governamentais contra a miséria se baseavam tanto em epidemiologia quanto em economia. A Lei de Auxílio aos Pobres, também conhecida como Lei dos Pobres, foi decretada em 1601, no reinado da Rainha Elizabeth I. Como destaca o professor Goodman, tal lei se transformou na inspiração básica para todos os programas de saúde pública e combate à pobreza na Grã-Bretanha até a implantação do NHS.

Ao contrário de seus irmãos coloniais, os britânicos mantiveram sua igreja, e a Lei dos Pobres deu às paróquias locais da Igreja Anglicana a possibilidade de coletar impostos para o auxílio de seus fiéis em condições de pobreza. Alguns de seus programas, como as rigorosas *poorhouses* e *workhouses*, podem soar aos ouvidos do leitor moderno como algo típico da era medieval, mas isso ocorreu não muito tempo depois do término da Idade Média, então há uma boa explicação para sua existência. Comparado à maior parte da Europa, para não falarmos do resto do mundo, o sistema britânico era o que de mais avançado havia. Como sociedade comercial, a Grã-Bretanha estava sintonizada com a questão dos incentivos econômicos. Assim, aqueles que dependiam de auxílio público, eram mantidos num nível econômico abaixo do que receberiam como trabalhadores, garantindo dessa maneira que os serviços fossem utilizados apenas por aqueles com pouco ou nenhum recurso. Essa foi uma das primeiras versões do que hoje conhecemos como "comprovação de recursos" e racionamento dos benefícios governamentais.

As classes operárias tinham outras opções, contudo. Organizações de caridade, em grande parte administradas por grupos religiosos, disponibilizavam uma série de serviços de ajuda, incluindo assistência médica, mesmo para aqueles que não tinham direito a viver nas *poorhouses*. A Grã-Bretanha, como lar do primeiro mercado de seguros, o Lloyd's of London, previsivelmente foi uma inovadora no mundo dos seguros de saúde privados. Organizações de auxílio mútuo, conhecidas como "sociedades amistosas", ofereciam subsídios em caso de doença e benefícios em caso de incapacidade e morte para seus assegurados em troca de uma taxa semanal. Muitas dessas sociedades cresceram e se tornaram bastante sofisticadas financeiramente; na verdade, é um desastre histórico que jamais tenham tido acesso a técnicas atuariais modernas. Caso tivessem, a Grã-Bretanha e o resto do mundo anglófono poderiam ter sido poupados das indignidades da medicina socialista e da fanfarronice cruel da indústria moderna de seguros.

No período entre a indústria de seguros primitiva e o sistema de auxílio público, os desfavorecidos britânicos desfrutaram do que, para a época, era uma rede avançada de seguridade social. "De maneira geral, o sistema da Lei dos Pobres foi bem-sucedido em fornecer alimentos e habitação para milhões de indivíduos em condições de pobreza", afirma o professor Goodman. "Havia um mínimo de assistência médica nos abrigos públicos, e, ao fim do século XVIII, a maioria das paróquias oferecia alguns serviços de saúde aos pobres em suas próprias casas." Mas o sistema logo seria transformado em algo familiar àqueles que estudaram *Crisis and Leviathan*: um caso de emergência pública emergiria, inspirando os "reformadores" a tomar medidas que iam muito além do que seria necessário para prevenir catástrofes similares no futuro.

No caso do sistema de saúde britânico, a crise que libertou o Leviatã foi a epidemia de cólera de 1866, a qual tornou as condições de saúde dos abrigos populares uma *cause célèbre*. De início, os reformadores pressionaram as paróquias locais para que fosse estabelecida uma rede de hospitais, com alas isoladas para pacientes com doenças contagiosas e manicômios para os insanos. Esses coexistiam ao lado de hospitais de caridade que havia muito eram mantidos por ordens religiosas e igrejas locais. Ao mesmo tempo, as sociedades amistosas começavam a passar por dificuldades financeiras — em grande parte, como destacou o professor Goodman, devido ao fato de os trabalhadores britânicos passarem a desfrutar uma vida mais longa, decorrente da melhoria de suas condições de trabalho, alimentação e saúde. Com o sistema em vigor sob pressão econômica e a lembrança da epidemia de 1866 ainda fresca na memória dos reformadores, o cenário estava pronto para a criação de um sistema nacional de saúde.

O verdadeiro marco inicial da socialização do sistema de saúde britânico — assim como na socialização do sistema de saúde americano — foi a estatização e a nacionalização da indústria de seguros. David Lloyd George, na época chanceler do tesouro, foi o autor do sistema nacional de seguros de saúde. Assim como os planejadores do ObamaCare, Lloyd George via a assistência médica como uma abstração econômica, e seu socialismo de benefícios e batalhas não era muito diferente do de guerra de Woodrow Wilson. Como este, George se inspirou em parte no exemplo de Otto Von Bismarck, que estabelecera um mandato individual para os operários industriais no final do século XIX que depois passaria a cobrir quase todos os trabalhadores alemães no período antecedente à I Guerra Mundial.

Tanto para Lloyd George quanto para Bismarck, a saúde era basicamente uma questão econômica. Como escreveu o professor Goodman, sua "preocupação primária era com a doença como causa de pobreza, não pelos males que provocava. Sua proposta era oferecer assistência médica a quem ganhava o pão — mas não à sua família — de modo que pudesse retomar o trabalho". O ato de aceitar benefícios públicos ficou conhecido por gerações pela expressão "recorrer a Lloyd George".

Assim como o sistema americano de seguridade social/Medicare/Medicaid, o programa Lloyd George foi financiado por uma combinação de impostos deduzidos do salário dos trabalhadores, um segundo imposto deduzido dos empregadores e uma contribuição do governo paga com a receita geral dos impostos. Não é necessário um alto grau de sabedoria econômica para perceber que, no final, todos os três impostos são pagos por uma única parte: o próprio trabalhador.

No entanto, esse conhecimento não era abundante na época. "O programa Lloyd George foi vendido ao público com a promessa de 'nove centavos por quatro'", descreveu o professor Goodman.

> Em outras palavras, diziam aos trabalhadores de baixa renda que os benefícios que receberiam valiam mais que o dobro de sua contribuição semanal de quatro centavos. Já os fatos mostravam uma história diferente. Tanto a teoria econômica quanto as evidências empíricas sugerem que os impostos sobre o emprego não caem de fato na conta dos empregadores. A contribuição de três centavos do empregador era parte do custo de contratar um trabalhador por uma semana. Os empregadores não tinham qualquer incentivo financeiro para se importar se sua "contribuição" era destinada a um programa de seguros ou aos trabalhadores, como parte de seus salários. Assim, a maioria dos economistas acredita que a carga desses impostos acaba recaindo sobre os próprios trabalhadores. Caso essas taxas não existissem, os salários seriam três centavos mais altos. Além disso, parte do fardo dos impostos gerais também caía, indubitavelmente, sobre os trabalhadores de baixa renda. Portanto, a contribuição do Estado saía em parte dos bolsos dos trabalhadores. O canto de sereia que prometia algo em troco de nada, no final, não passava de um embuste.[17]

E tal embuste é familiar à população americana contemporânea. Embora o governo Obama tenha prometido aumentar os impostos apenas para os mais ricos, seus planos são de aumentar os impostos sobre os empregadores americanos, como se essas despesas não fossem repassadas para os próprios trabalhadores. Além disso, os impostos sobre os salários serão maiores para uma minoria dos lares americanos financiados pelo programa. Como disse o dr. Brewick, o homem de Obama nos Centros para Serviços do Medicare e Medicaid (CMS), "Precisamos — precisamos! — redistribuir as riquezas" por meio do programa nacional de assistência médica.[18] A lei também aumentará os impostos e multas sobre muitos negócios — levando ao resultado inevitável de tirar muitos (provavelmente a maioria) americanos dos sistemas com base no mercado e levá-los para os programas "grátis" ou subsidiados pelo governo.

Não importa que esses programas "grátis" tenham um custo de trilhões de dólares. O conceito de receber algo em troca de nada é um componente crítico da plataforma política dos principais planejadores. Alegando que querem formular um plano racional dessas indústrias, eles afirmam serem capazes de eliminar desperdícios, fraudes e abusos do sistema; sem compreender o papel da competição e do lucro, afirmam que, ao se livrarem desses elementos negativos, conseguiram economizar dinheiro, numa fórmula mágica de melhor assistência a um custo mais baixo.

**Redistribuindo riquezas — e direitos humanos**

Um aspecto traiçoeiro da política de redistribuição de riquezas dos governos socialistas é que ela possibilita a repartição de direitos políticos. Uma vez que os direitos de propriedade são fundamentais para qualquer sociedade liberal, a interrupção desses direitos sólidos dá espaço à alteração de muitos outros direitos políticos. O plano de redistribuição de terra no Zimbábue sob o governo socialista de Robert Mugabe é um exemplo dramático. Outro caso é o da "reforma agrária" na Albânia pós-segunda Guerra Mundial, usada como pretexto para atacar a religião organizada, um setor que representava uma oposição considerável ao regime socialista. Conforme relataram Raymond Zickel e Walter R. Iwaskiw num projeto de pesquisa federal para a Biblioteca do Congresso, o objetivo era destruir a religião organizada na Albânia, confiscando e até queimando casas de adoração e outras propriedades religiosas.

Se a reforma agrária pode ser utilizada como pretexto para colocar fogo em mosteiros, a reformulação do sistema de saúde pode ser usada como desculpa para reprimir discursos políticos impopulares, como já vem acontecendo nos Estados Unidos, onde o governo Obama ameaça fechar as portas de qualquer seguradora que associe publicamente o aumento dos custos dos seguros de saúde à implantação do ObamaCare.

É por isso que muito do que envolve o debate sobre o sistema de saúde é tão abstrato, dominado por questões irrelevantes, como qual seria a parcela ideal do PIB a ser dedicada aos gastos com despesas médicas. Não é surpresa que boa parte desse discurso seja desonesta — e incompatível com fatos bem-conhecidos. Como expressou o *New England Journal of Medicine*, "Barack Obama afirmou que 'muito pouco é gasto com a prevenção e a saúde pública'. Nossas descobertas sugerem que as generalizações feitas por muitos candidatos presidenciais possam levar a conclusões equivocadas. Essas declarações passam a mensagem de que recursos substanciais podem ser economizados por meio da prevenção. Ainda que algumas medidas preventivas ajudem a economizar, a grande maioria, analisada pela literatura sobre a economia na área de saúde, não o faz."[19]

Segundo Lloyd George, em longo prazo seu programa ajudaria a Grã-Bretanha a economizar uma quantia indescritível de dinheiro ao prevenir o empobrecimento das famílias da classe operária. O conceito era manter o chefe de família sempre apto para o trabalho, economizando por não precisar, futuramente, subsidiar sua viúva e seus filhos. É claro que as coisas não saíram desse jeito.

Assim como Barack Obama, David Lloyd George encontrou um grande obstáculo na implantação de seu programa: a oposição do lobby das seguradoras. E, assim como Obama, ele superou tal obstáculo recorrendo à segunda arma mais antiga do arsenal político: o suborno. (A mais antiga, caso estejam se perguntando, é uma pedrada na cabeça.) As sociedades amistosas dos tempos de Lloyd George eram, assim como seus equivalentes modernos, hostis à socialização de sua indústria, e ambas tinham o mesmo motivo: perderiam dinheiro. Os liberais britânicos reagiram criando um programa que funcionaria por meio do mercado existente, exigindo que a classe operária comprasse seguros e oferecendo subsídios para possibilitar sua aquisição.

Os democratas americanos seguiriam o mesmo caminho um século mais tarde, com o "mandato individual" para a compra de seguros de saúde e uma série de subsídios que a financiava. Assim como aconteceu posteriormente com os americanos, as seguradoras britânicas se acalmaram depois que o governo decretou uma lei obrigando praticamente todas as famílias a comprar seus produtos. As sociedades amistosas fizeram outra descoberta que depois inspiraria seus epígonos americanos: ao se estabelecerem numa interseção do governo, das finanças e da medicina, eram elas — e não os médicos, os pacientes ou os donos de hospitais — que estavam à frente do sistema.

Em outras palavras, o ObamaCare colocará os Estados Unidos mais ou menos em situação semelhante à que se encontrou a Grã-Bretanha logo após as reformas de David Lloyd George: em meio a um sistema dominado por companhias de seguro ávidas por lucro, mas que ao mesmo tempo é quase integralmente financiado pelo governo, com todo o despreparo e a irresponsabilidade inerente a essa situação. As questões econômicas são similares, assim como as políticas. O pacote de reformas de Lloyd George foi vendido, em parte, como uma medida para acalmar uma inquieta classe operária, que poderia se sentir tentada a exigir decisões mais radicais para assegurar seus interesses. O ObamaCare foi vendido como uma alternativa moderada ao sistema do NHS, no qual o governo financia tudo.

Além disso, o sistema de Lloyd George foi recebido com ambivalência pelos socialistas fabianos da Grã-Bretanha, segundo os quais ele não se aprofundava como deveria, mas, ao mesmo tempo, consideravam que as classes operárias não tinham competência para cuidar de seus negócios sem a supervisão dos homens de Cambridge e Oxford que dominavam a classe política. A esquerda americana saudou o ObamaCare como uma aliança de mau gosto com a iniciativa privada, mas celebrou o decreto do mandato sobre o seguro seguindo a teoria de que a classe operária americana é burra demais para garantir seus próprios direitos sem ser forçada pelo estatuto federal.

Vocês perceberão, entretanto, que a Grã-Bretanha não se manteve a mesma após as reformas de Lloyd George. Tampouco isso acontecerá com os Estados Unidos após o ObamaCare. Na verdade, levou menos de trinta anos para que os britânicos passassem de um mercado socializado de seguros para um sistema de saúde completamente socialista. Os americanos, indóceis por natureza, provavelmente levarão menos tempo.

### Fim de jogo

Se continuarmos a considerar a teoria de que o passado britânico joga luz sobre o futuro dos Estados Unidos, vale a pena analisarmos, resumidamente, como o sistema de seguros de Lloyd George se tornou o NHS que conhecemos.

O programa de Lloyd George, assim como o ObamaCare, gerou incentivos financeiros perversos que se mostraram insustentáveis. Além de subornar o *lobby* das seguradoras, ele e os liberais tiveram de subornar médicos, o que fizeram ao estabelecer um plano de remuneração generoso que deixou a todos contentes; o volume de serviços médicos prestados aumentou em 50% nos anos seguintes à reformulação dos seguros, e os honorários dos médicos cresceram em proporção semelhante, significando um aumento substancial em seus salários — chegando a dobrar nas regiões mais pobres. As tentativas posteriores do NHS de controlar esses gastos levaram a uma catastrófica escassez de profissionais na Grã-Bretanha nos anos 1960 e 1970, assim como as tentativas de limitar os honorários dos doutores que trabalhavam para o Medicare e o Medicaid nos Estados Unidos levaram a uma escassez crítica de médicos dispostos a aceitar novos pacientes atendidos por esses programas.

As sociedades amistosas britânicas, menos bem-sucedidas em identificar assinantes de alto risco, logo se viram em sérios problemas financeiros e se mostraram ressentidas em relação aos competidores que se saíram melhor, criando um *lobby* para uma ação nacional que produzisse um sistema mais "justo" — o que significava um sistema que fizesse mais para garantir os lucros dessas companhias e melhorasse seu posicionamento no mercado. Uma vez que os serviços médicos eram "gratuitos" quando chegavam aos consumidores, os pacientes não tinham qualquer incentivo para limitar sua utilização, e o acréscimo de benefícios financeiros — em particular remunerações por invalidez, que demandavam um certificado médico — fez aumentar bastante as horas de trabalho e os custos administrativos necessários para manter o sistema. A reação dos médicos foi empurrar o máximo possível de seus pacientes para o seguro-desemprego e os hospitais de caridade. A diferença radical na qualidade da assistência prestada a pacientes "privados" para aqueles dependentes do sistema nacional provocou ressentimentos sociais que inevitavelmente acabaram tomando expressão nas urnas. Em outras palavras, a Grã-Bretanha se viu na posição que os Estados Unidos estão se preparando para ocupar daqui a dez ou vinte anos.

"Nos anos 1920 e 1930, houve inúmeras recomendações para que se alterasse o plano nacional de seguros de saúde", relata o professor Goodman. "Entre elas, estavam as recomendações para estender os benefícios aos dependentes dos segurados e para ampliar o sistema, de modo a incluir tratamentos hospitalares e outros serviços especializados. No final, essas propostas foram rejeitadas em favor de um plano mais desenvolvido e universal de assistência médica 'gratuita'. Muitas pessoas viram na reforma do seguro de saúde nacional um modo de remendar um plano que se mostrara falho sob todo e qualquer aspecto. Segundo elas, a assistência médica deveria estar à disposição de *todos* por uma questão de 'direito'."[20]

O modelo de George Lloyd acabou representando um estágio de transição no caminho para a servidão da assistência médica. O ObamaCare provavelmente terá o mesmo fim, já que é esse seu propósito. "Sou a favor de um programa de saúde universal sustentado pelo governo", disse o então senador do Illinois Barack Obama em 2003, quando ainda não precisava, por questões políticas, fingir que não apoiava tal sistema. "Todos vocês sabem que podemos não conseguir o que queremos de imediato, pois antes precisamos retomar a Casa Branca, o Senado e a Câmara."[21]

Tendo alcançado esse objetivo em 2008, o que vem a seguir? Numa entrevista em 2007, o então senador Obama explicou o plano: "Digamos que eu proponha uma mudança para um sistema sustentado pelo governo. Vamos chamá-lo de Medicare plus. Seria, basicamente, a possibilidade de que todos fossem atendidos por essa iniciativa."[22] Permitir o acesso de todos a esse procedimento equivale ao que se conhece como "opção pública" — criando um sistema quase socialista paralelo a outro, já existente, e depois usando os poderes coercivos do Estado para minar economicamente o que restou do sistema privado, fazendo da "opção" pública a única opção.

O senador Obama já previra tudo em 2004, quando disse: "Em nível federal, o que estou buscando é uma proposta bem específica, que possa oferecer assistência médica a todas as crianças que dela necessitarem em todo o país e que possibilite que pessoas entre 55 e 64 anos possam pagar pelos serviços do Medicare. Na minha opinião, se começarmos pelas crianças e por essas pessoas entre 55 e 64 anos, que são as mais vulneráveis, acho que seremos capazes de preencher todas as lacunas até finalmente tomarmos o rumo de um plano de saúde universal."[23]

O senador democrata Barney Frank descreveu de maneira mais sucinta a estratégia de usar o ObamaCare para estabelecer esse papel federal mais amplo, complementando-o com uma "opção pública" e depois substituindo essa bagunça de sistema por algo totalmente socializado, nos moldes do NHS: "Não temos os votos necessários para que o governo banque tudo. Gostaríamos de ter. Acho que se conseguirmos desenvolver uma boa opção pública, isso poderia nos levar a um sistema financiado pelo Estado. Essa seria a melhor forma para chegarmos lá. A melhor maneira de chegarmos a um sistema financiado pelo governo — a única maneira — é desenvolver uma opção pública, demonstrando sua força e sua capacidade."[24]

Funcionou na Grã-Bretanha. Funcionará aqui.

Durante discurso para um grupo de congressistas republicanos sobre a astúcia de sua proposta para a saúde, o presidente Obama disse:

> Se dessem ouvidos ao que foi dito — e, francamente, é impressionante como alguns de vocês perseguiram essa lei —, os senhores pensariam que tudo isso se trata de uma conspiração bolchevique. Foi assim que vocês a descreveram. Precisamos estreitar um pouco a distância entre retórica e realidade. Não estou sugerindo que devamos concordar em tudo, seja quanto à saúde, à educação ou o que for, mas se o modo como os republicanos veem essas questões for sempre sob a óptica de alguma conspiração insana para impor a presença maciça do Estado em cada aspecto de nossas vidas, isso não deixa muito espaço para que os senhores negociem comigo.[25]

Entretanto, a proposta de Obama para a saúde, conforme articulada pelo próprio presidente e seus colegas de Congresso, não tinha nada de conspiração bolchevique. Tratava-se de uma trama *à* David Lloyd George, um programa como o socialismo de guerra de Wilson, uma repetição do nacional socialismo bismarckiano sem o uniforme extravagante, presilhas, *epaulettes*, bigode ou sotaque prussiano. Trata-se de socialismo num só setor, o conceito fatal sobre os melhores e mais inteligentes, um chavismo sem as camisas vermelhas e as vibrantes canções partidárias. Era e ainda é uma simples parada no caminho para a servidão.

# Epílogo

## O preço é metafisicamente correto

"A tentativa de reformular o mundo seguindo os preceitos socialistas pode destruir a civilização", escreveu Ludwig von Mises. "Ela jamais construiria uma sociedade socialista bem-sucedida."[1]

Mises não chegou a conhecer o espirituoso crítico social (mais conhecido como guitarrista) Guy Clark, que disse haver dois produtos para os quais não se pode gerar sinais de preço do mercado: amor verdadeiro e tomates caseiros. O sr. Clark estava meio certo, o que não é lá tão ruim, no que diz respeito a previsões referentes ao mercado financeiro. É difícilimo encontrar bons tomates, e, se quiserem ver por si próprios o fracasso do mercado, basta correr para a sessão de hortifrúti mais próxima e dar uma olhada na bucha pálida e insípida de polpa celulósica que a Farmer Elm garante ser tomate. Apesar do sucesso moderado na ressurreição de espécies saborosas e com nomes extravagantes no reino dos tomates, como o *mortgage-lifter*, o *cherokee purple* e o *hillbilly*, o fracasso geral do mercado em produzir uma quantidade razoável de frutos dignos do nome "tomate" é um dos mistérios do capitalismo.

É possível que haja uma forma de culpar Earl Butz ou o *lobby* dos agronegócios (vulgo Big Elmer) por esse fracasso, mas, por ora, deixaremos essa questão para os historiadores e os nixonologistas.

Os preços são — ou deveriam ser — objeto de respeito e admiração, um mistério sobre o qual meditar. Não são apenas meras interseções nas curvas de oferta e procura, os previsíveis $19,99 das propagandas noturnas; o preço é o paráclito da economia de mercado, o intercessor místico entre produtores e consumidores, responsável por milagres na administração de informações e na coordenação econômica que, de outra forma, não poderiam ser alcançados. O preço é o agitador epistemológico da vida em comunidade, transportando conhecimento de maneira instantânea, sem qualquer fricção, coordenando as ações de um estaleiro em Virgínia com as de uma siderúrgica na China, direcionando os fluxos globais de capital e fazendo com que executivos incautos em Atlanta descubram que sua *New Coke* é um fiasco.

Vale a pena analisarmos o final do período da Guerra Fria: ao chegar ao mercado em 1985, a *New Coke* representava o produto mais desenvolvido, polido, pesquisado, cuidadosamente refinado, testado e voltado para o público naquele tempo. (Os governos socialistas não são as únicas organizações cujo planejamento pode ser aniquilado pelo mercado, isto é, pela realidade.) A Coca-Cola envolveu todos seus funcionários, de cientistas de alimentos a psiquiatras, no desenvolvimento daquilo que batizaram, ao estilo militar, como Projeto Kansas. As mentes mais brilhantes da indústria lhes garantiram que a *New Coke* seria um sucesso tremendo.

O preço, entretanto, apontou outra coisa. Enquanto a *New Coke* não poderia sair de graça, o preço da velha Coca-Cola, quando encontrada, estava nas alturas. Os consumidores passaram a gastar quantias extraordinárias para importar "a verdadeira Coca-Cola" de outros países. Uma organização chamada "Apreciadores da velha Coca-Cola dos Estados Unidos" conseguiu levantar 120 mil dólares para pressionar a fabricante a retomar sua antiga fórmula. O novo produto foi tão malvisto que, em algumas cidades do sul, conservadores revanchistas pagavam o preço total por garrafas da *New Coke* para esvaziá-las nas ruas como ato de protesto. As vendas afundaram, as encomendas caíram vertiginosamente e os engarrafadores regionais se revoltaram. O preço dizia: aquelas mentes brilhantes estavam erradas. Os intelectuais da Coca-Cola diziam "X", enquanto os preços diziam "Nada de X".

O preço estava certo.

Foi necessário certo trauma (viva a era Reagan, quando a *New Coke* era nossa definição de crise econômica!), mas prevaleceu a vontade dos consumidores, e a nova Coca-Cola se juntou ao socialismo na lixeira da história — por motivos semelhantes, porém com menos sangue derramado. A Coca-Cola teve de se curvar à realidade mais rápido que os socialistas.

O preço é, entre outras coisas, um retrato da relação entre o que os fabricantes vendem e o que os consumidores desejam. Ainda que intangível, é uma realidade, tão real quanto a força da gravidade, um arranha-céu ou um caso de câncer no pâncreas. Comparar os declínios simultâneos da *New Coke* e do socialismo soviético entre 1985 e 1991 não é um exercício de frivolidade.

Como destacou Hayek, o grande problema dos regimes de planejamento centralizado, como o da antiga União Soviética, é que não existem preços para facilitar a comunicação entre produtores e consumidores. Os relatos dos erros de produção na era soviética seriam cômicos se não tivessem cobrado um preço alto. Havia, por exemplo, um excesso na produção de pesticidas (isso para não falarmos de tanques, foguetes e ideologias), mas, por outro lado, períodos de escassez aguda de açúcar, farinha, calçados e outros artigos de primeira necessidade. Usava-se papel higiênico para dar mais sustância às salsichas, até que esse item também começou a faltar. Os ladrões que invadiam as casas levavam tudo, menos dinheiro — não havia por que fazê-lo, já que existia pouco ou quase nada para comprar.

Para os soviéticos, não havia preço real. Assim, também não existia retorno por parte dos consumidores aos fabricantes. Se o consumo de refrigerantes seguisse pelo mesmo caminho, ainda estaríamos bebendo *New Coke* e os executivos em Atlanta estariam andando por lá com seus uniformes militares elegantes, dizendo-nos para tomar *New Coke* e gostar, uma vez que haviam determinado *racionalmente* que era aquilo o que desejávamos. *É uma decisão científica, caramba!*

Um valioso conselho: sempre desconfiem de quem afirma que fará as coisas de modo racional ignorando a realidade — e ignorar os preços é ignorar a realidade.

Assim que os poderosos do mundo socialista passaram a carregar calculadoras em vez de fuzis AK-47, isso começou a se tornar aparente. Em 1968, o economista Oldrich Kyn, que expressara certa simpatia pelo sistema socialista da União Soviética e pelas economias socialistas da Europa oriental, sentiu a necessidade de abordar o tema dos preços num estudo apresentado a uma conferência da Associação Internacional de Economia. Usando uma linguagem acadêmica precisa, ele chegou à mesma conclusão que já havia alcançado um sem-número de economistas antissocialistas — não é possível se livrar dos preços num passe de mágica:

> Até recentemente, estabelecer preços era considerado um problema secundário na economia socialista. Isso resultava de práticas antigas e de um conjunto de postulados teóricos amplamente aceitos. Pou-

ca atenção foi dedicada à teoria dos preços, e tal deficiência marcou profundamente a prática econômica recente. Essa negligência quanto ao preço era justificada pela suposição de que o principal problema da economia socialista era a certeza de que as proporções planejadas derivavam primariamente de balanços materiais e de sua desagregação como diretivas para a produção impostas sobre iniciativas individuais. Dessa maneira, o papel dos preços nada mais era que o de uma forma subsidiária de contabilização dos custos; torná-lo independente e relacioná-lo ao mercado era, na verdade, algo considerado inconciliável com o sistema de planejamento e administração central.[2]

A maior mudança no pensamento marxista surgiu com a necessidade dos socialistas, forçados pelo governo, de desviar o foco da teorização moral para as realidades do governo — ou, como afirmou o Professor Kyn, pela "rápida infiltração matemática na economia marxista". Assim como fizera Mises antes dele, o professor chegou à conclusão de que os preços não haviam sido planejados de maneira alguma; apenas foram estabelecidos por decreto, sem contar com qualquer tipo de informação que seria necessária para que de fato houvesse um planejamento. Segundo Kyn:

> Os problemas relacionados aos preços eram uma característica básica do socialismo e não podiam ser considerados algo secundário.
>
> A ideia do planejamento foi erroneamente apresentada como algo inseparável da determinação administrativa de metas e preços. Na verdade, não houve um planejamento de preços, já que estes se mantiveram constantes até se mostrarem incompatíveis com as condições econômicas em constante evolução. O estabelecimento desses preços foi ainda mais aleatório em seus valores relativos que aqueles estabelecidos pelo mercado, já que formavam um conjunto de erros de cálculo, avaliações falsas da situação, falta de informação e uso de critérios subjetivos por parte daqueles que tomavam as decisões. Dessa forma, parece justificável recorrer à "determinação central", em vez de "planejar" os preços. Vale destacar que tal determinação estava de acordo com a visão, comum na época, de que o máximo de centralização deveria ser imposto na tomada de decisões em unidades subordinadas, sendo esta a única maneira de coordenar o desenvolvimento no sentido de alcançar fins benéficos para a sociedade. Acreditava-se também

> que o aumento dos preços no varejo anularia o objetivo de aumentar a qualidade de vida sob o socialismo; os preços no varejo só eram considerados no panorama geral do custo de vida.[3]

Na economia de mercado, os preços sobe e descem. No socialismo, como descobriu o professor Kyn, isso não acontecia. Na verdade, a única direção que seguiam os preços era para baixo — sempre por motivações políticas. E que se danem a oferta e a procura.

> Uma deflação sistemática foi vista como algo fundamental, pois a teoria marxista do valor-trabalho implicava que, durante o crescimento econômico, o aumento da produtividade reduziria o valor do produto: a redução do valor-trabalho de um produto é inconsistente com preços estáveis e com a inflação. O mesmo tipo de simplificação exagerada — nesse caso, no papel da propriedade nas relações econômicas — deixava os planejadores indiferentes quanto a saber se a produção exagerada de um artigo deveria ser percebida num estágio intermediário ou definitivo. Acabava recaindo sobre o governo, e a tranquilidade na administração favorecia uma taxa sobre o produto final. A tudo isso se somava um repúdio irracional a qualquer coisa que envolvesse as teorias econômicas burguesas, como equilíbrio de mercado, a teoria do comportamento do consumidor e os conceitos de utilidade marginal e elasticidade de demanda. A rejeição incompreensível dos métodos matemáticos, que, como se pode ver hoje em dia, são eminentemente aplicados ao estabelecimento de preços, teve resultados negativos semelhantes.
>
> Uma centralização excessiva tornava impraticável uma política de preços flexíveis, uma vez que ajustes frequentes exigiriam um aumento enorme na quantidade de informações processadas na central. Caso esses dados fossem disponibilizados, isso teria alargado de maneira desordenada o aparato administrativo. Mas não havia informações sobre as mudanças na demanda, e, tendo em vista a prioridade dada à industrialização, qualquer ajuste no padrão de produção seria impossível. Assim, o desequilíbrio no mercado foi crescendo a longo prazo, e a justificativa encontrada foi a teoria de que, no socialismo, a demanda de consumo necessariamente deveria exceder a produção.[4]

Foi dessa maneira que os socialistas e os homens do mercado liberal chegaram à mesma conclusão.

Infelizmente, existem setores da economia americana em que há uma escassez de preços significativos quase como acontecia nas antigas lojas soviéticas. E vocês podem estar certos de que, diante da falta da função epistemológica exercida pelos preços, falhas e descontentamento são consequências naturais. Muitas das ocasiões em que os preços não são bem-estabelecidos resultam da manipulação política da economia — quando o planejador estatal supostamente racional determina os preços —, mas isso não ocorre em todos os casos. Até quinze anos atrás, por exemplo, os comerciantes da Nasdaq mantinham o curioso hábito de fixar o preço das ações em dólares em quatro partes, ainda que os verdadeiros fossem estabelecidos em intervalos de oito. (Isso ocorria na Idade das Sombras pré-decimal dos anos 1990.) Com isso, ações que seriam negociadas a um dólar e um oitavo ($1,125) acabavam sendo oferecidas a um dólar e um quarto ($1,25), aumentando o lucro dos negociantes. Esse sistema era terrível para todos, exceto para os maiores negociantes, e, quando tal prática foi denunciada e interrompida, a margem de lucro das ações de alto volume, como as da Microsoft, caiu pela metade.

Entretanto, não é preciso ir a Wall Street para encontrar ocultação e distorção de preços, com péssimas consequências para o consumidor. Um dos exemplos mais irritantes é a lamentável falta de transparência nos preços do sistema de saúde americano, cada vez mais socialista.

Alguns anos atrás, quando precisei passar por uma intervenção cirúrgica, fiz uma experiência, em parte por curiosidade e em parte por não querer lidar com os burocratas das seguradoras que, em teoria, são pagos por mim para me oferecer determinado serviço, mas que, na prática, recebem seus salários para minar o acordo que possibilita a prestação de tal serviço. Perguntei ao meu médico: "Se o seguro não cobrir a cirurgia X, quanto me custaria pagar do próprio bolso?" O doutor X me lançou um olhar cético, como se eu tivesse pedido uma de suas Ferraris emprestada. "Basta conversar com Alice, em nosso escritório de seguros, e ela resolverá tudo. Pode ser que o senhor precise fazer algumas coisas só por aparência, mas o seguro cobrirá tudo." Sem me deixar intimidar (na verdade, fiquei um pouco intimidado pela quantidade de fotografias de Ferraris espalhadas em seu consultório), continuei pressionando: "Mas digamos que eu não tenha um seguro. Quanto me custaria?"

Doutor X: "O senhor tem seguro."

Eu: "Sim, mas se eu quiser pagar, quanto custa?"

E assim por diante.

Ele precisou consultar seu administrador. "Cobramos 25 mil dólares das companhias de seguro pela cirurgia X. Se quiser pagar do próprio bolso, cobramos 18 mil." O fato de duas partes diferentes pagarem preços distintos é sinal de um mercado falho.

Eu: "E esses dezoito mil cobrem tudo? Há algum imposto ou algo a mais?"

Doutor X: "Os dezoito mil são os meus honorários. Há também o anestesista, a enfermeira e os custos do hospital. E..."

No fim, acabei descobrindo que era necessária uma bateria de testes, exames, procedimentos pré-operatórios etc. antes da cirurgia X.

"Somando tudo isso, qual seria o preço final?"

O doutor X é um dos profissionais mais renomados em sua área, um homem bastante instruído e culto, com um gosto refinado por automóveis de luxo. "Não faço a menor ideia", respondeu ele. "Converse com Alice no setor de seguros." Passei alguns dias dando telefonemas e falando com médicos perplexos e incrédulos, aturdidos diante de minha vontade de pagar por seus serviços com dólares americanos, cujo valor se depreciava rapidamente. Os preços que consegui apurar giravam entre 25 mil e 250 mil dólares — ou seja, entre um Honda Accord e uma Ferrari F430.

Fui conversar com Alice no setor de seguros. No entanto, mesmo se estiver coberto por uma seguradora, é praticamente impossível descobrir com antecedência quanto lhe cobrarão por determinada cirurgia. Numa visita ao consultório médico para um simples exame de sangue, conveniado ao meu seguro, empenhei-me para descobrir quanto seria cobrado. "Depende", disse a recepcionista. Podia ver os números diante de mim: minha taxa dedutível era X, meu copagamento era Y etc. Perguntei: "De quanto é o prejuízo?" Ela respondeu: "Não sei." Liguei para Alice, no setor de seguros, mas ela também não sabia.

Os preços aplicados aos serviços de saúde são uma confusão por uma série de motivos, mas um dos principais é que pagamos pela assistência médica. O provedor A presta um serviço B para o consumidor C e é pago pela Seguradora D, numa combinação que incentiva A e D a esconderem os preços, de modo que C não tenha ideia se está fazendo um bom negócio, enquanto A e D tentam trapacear e enganar um ao outro. Diante dos enormes gastos com procedimentos médicos sérios — a última conta de hospital de minha mãe saiu por 360 mil dólares (isso daria uma Ferrari Scaglietti para o doutor X e uma BMW 5 Series para seu filho) —, o consumidor C, tremendo, nem pergunta "Quanto custa a cirurgia X?". A única coisa que quer saber é "Meu seguro cobre a operação?" Nada de preço, negociação ou coordenação mística entre produtor e consumidor — em vez disso, há apenas a mediação enlouquecedora, cara e geralmente furtiva por parte da seguradora.

Podemos ver o poder de atração de tal arranjo para o planejador socialista principal, que detecta um convite para intervir.

A medicina é algo complicado. Mas computadores também são, e ainda assim podemos telefonar para a Dell, a Apple ou qualquer outra empresa do ramo e perguntar: "Quanto custa o computador X?" e obter uma resposta. Em seguida você vai à loja e — vejam só que milagre! — *o preço é exatamente aquele*. É complicado fabricar computadores: programadores nos Estados Unidos e na Índia colaboram com fabricantes de microchips em Taiwan, produtores de LED na Holanda, centros de suporte ao cliente na Irlanda etc. Ao mesmo tempo, é impossível encontrar um médico *ou* seguradora que estabeleça um preço para curar uma unha encravada.

Se me permitirem fazer uma confissão daquelas que destroem a credibilidade populista, devo lhes dizer que moro em Nova York e pratico ioga. Essa modalidade representa um negócio supercompetitivo na cidade — há muito dinheiro na iluminação proveniente do suor. Ao me inscrever para uma série de aulas, fiquei surpreso com a especificação dos preços e a quantidade de opções disponíveis: existe um valor para uma aula única, um desconto para pacotes de dez aulas, outro para inscrições mensais ou anuais. Você pode optar por levar seu próprio tapete, alugá-lo ou comprá-lo e pagar uma taxa para que a academia o limpe e o guarde. Há uma vasta gama de escolhas no que diz respeito a toalhas, armários etc.

De modo geral, identifiquei nove variantes principais, que podem ser combinadas a inúmeros fatores de maneira a determinar o valor de uma aula de ioga. Isso quer dizer que existem 362.880 combinações envolvendo esses nove fatores. Acredito que o recepcionista da minha academia não desfrute os mesmos dotes neurológicos do doutor X. No entanto, ao contrário dele, sabe me informar quanto custam as coisas. Os preços estavam bem ali, diante de mim: mágica! Tenho a impressão de que a assistência médica custaria menos e os americanos se sentiriam menos angustiados caso uma cirurgia no ombro tivesse um preço tão claro quanto o de uma aula de ioga, um computador ou um pacote de biscoito.

No entanto, em vez de trilharmos o caminho da transparência, estamos a toda a velocidade no sentido oposto, especificamente ao insistir que as seguradoras sejam impedidas de aplicar preços reais a condições preexistentes. Se puderem, esqueçam por um momento todas aquelas imagens de criancinhas carentes com doenças terríveis sendo despejadas nas ruas pelos malvados velhotes executivos das seguradoras, com suas cartolas e monóculos, e pensem, por um instante, no que significam as palavras *seguro* e *condições preexistentes*.

Um seguro é, basicamente, uma aposta: a seguradora A calcula que a possibilidade de um problema B recair sobre o consumidor C é X, e assim A cobra de C uma mensalidade Z. O número de pessoas que sofrerá o problema B é facilmente previsível num grupo grande de indivíduos, então a seguradora A pode estimar por alto quanto deverá gastar por ano em cada cem mil apólices, e a mensalidade Z será baseada nesse valor. Mas *previsível* é uma palavra que se aplica a coisas referentes a*o futuro*. Talvez 3% dessas cem mil pessoas precisem consultar um cardiologista em determinado ano, mas 100% das pessoas com a Condição Preexistente X sofrem da Condição Preexistente X. Trata-se de um fato existencial. É o que *significa* preexistente.

A não ser que o governador Schwarzenegger consiga inventar um seguro *à la* "O exterminador do futuro", pelo qual os agentes dos seguros de saúde viajem de volta no tempo para assegurá-lo contra doenças que você ainda não desenvolveu, não é possível *fazer um seguro* para se prevenir de algo que *já aconteceu*. Ignorar tais fatos dá origem a uma série de complicações metafísicas no contínuo espaço-tempo do mundo dos seguros, levando-nos a um universo alternativo onde Seguro = Nenhum Seguro.

Você jamais apostaria em algo se soubesse que perderia, certo? As seguradoras também não o fazem, a não ser que recebam para isso — mais especificamente, a não ser que possam cobrar tanto para cobrir a Condição Preexistente X quanto lhes custará para tratar da Condição Preexistente X. Ignorar a realidade dos preços — girando a varinha mágica e dizendo "Não haverá estabelecimento de preços para condições preexistentes" — não resolve o problema. A assistência médica custa dinheiro. O preço é certo e não se pode arquitetar uma saída dessa realidade, independentemente de quantos bebês diabéticos você conseguir colocar nas reportagens da CNN.

Os gastos com a saúde consomem cerca de 17% do PIB e vêm crescendo 10% ao ano; destinamos à assistência cerca de sete mil dólares per capita. Existe outra coisa na qual você esteja investindo esse valor sem nem saber o preço? Sim, existe, agora que você investiu pesadamente, por meio do seu governo, na indústria de serviços financeiros, com seu currículo diversificado de investimentos "fabulosos" em valores mobiliários garantidos por hipoteca, oscilantes companhias de seguros, bancos zumbis etc. Você pode pensar que, se deveria haver alguém prestando atenção aos preços, seriam os engravatados de Wall Street. Mas não. Houve uma série de problemas que levaram à crise financeira, mas o principal deles foi que o governo queria que o preço dos imóveis continuasse a subir ao mesmo tempo que desejava que mais e mais pessoas comprassem casas, isto é, queria que a demanda aumentasse diante de preços crescentes, em vez de cair diante dessa alta — ou seja, queria que fadas plantassem árvores de unicórnios e as fertilizassem com pó encantado.

Poderíamos acobertar os efeitos do aumento na área imobiliária por muito tempo — cerca de sessenta anos, como vimos — por meio de uma infinidade de planos, incluindo a dedução fiscal sobre os juros da hipoteca, taxas de juros sobre hipoteca artificialmente baixas e as trapaças do Fannie Mae e do Freddie Mac. Hipotecas, como todo tipo de empréstimo, envolvem riscos, e estes têm seu preço, mas também encontramos uma solução para isso, criando um cartel federal privilegiado de agências de avaliação de crédito — Moody's, Standard & Poor, Fitch — que negligentemente aplicavam as mesmas fórmulas uma vez após a outra, distribuindo "A"s triplos para valores mobiliários. E foram essas notas de risco elevadas, e não a segurança por trás delas, que determinaram os preços que bancos e outros investidores fixaram sobre aqueles riscos.

O cartel era uma das ferramentas preferidas de notórios planejadores nacional-socialistas, como Benito Mussolini e Adolf Hitler, que entendiam que um menor número de parceiros no mercado significava lucros maiores (encorajando com isso certa elasticidade moral e política por parte dos chefes do cartel) e um número menor de entidades sobre as quais exercer o controle por força bruta, quando necessário. (Calígula certa vez desejou, "Ah, se houvesse apenas um só pescoço em Roma", para que pudesse quebrá-lo.) Usamos esses cartéis para inflar os preços de casas, para reduzir artificialmente o preço das hipotecas e para acobertar o preço dos riscos inerentes a tais medidas.

Nossos planejadores principais acreditaram que isso ajudaria as pessoas de meios modestos a economizar e obter capital. (Não importava se o capital referente a uma casa — a poupança — fosse o patrimônio líquido e todos esses programas primeiro encorajaram hipotecas de baixo patrimônio líquido, seguidas por hipotecas de patrimônio líquido zero e, finalmente, por hipotecas de patrimônio líquido negativo.) No entanto, como até os soviéticos descobriram, os preços não podem ser renegados para sempre; o preço dos imóveis deu uma guinada, descendo a seu nível normal, não ajustado por motivos políticos, derrubando consigo o preço dos valores mobiliários garantidos por hipoteca e levando às alturas os custos de empréstimos. Boom: uma catástrofe financeira. Parece que tinha papel higiênico demais nas nossas salsichas.

A lição que ficava era: não desafie os preços!

Então resolvemos desafiar os preços um pouquinho mais. O ajuste diário de perdas e ganhos, regra da contabilidade que diz que os bancos e outras instituições financeiras devem avaliar todos os ativos em seus livros de acordo com o preço de mercado mais recente, dizimaram o capital de nossos bancos. Uma coisa interessante sobre o ajuste diário de perdas e ganhos: ele cria preços imaginários. Se o Título Financeiro A é vendido por um Preço X, todos os proprietários do Título Financeiro A devem registrá-lo em seus livros pelo Preço

X — mesmo que não haja a menor possibilidade de que seja de fato vendido por este preço.

Pensem da seguinte maneira: para quase qualquer ativo, haverá um período em que uma parte necessitada o venderá a preço de banana. Um jogador degenerado pode penhorar os diamantes de sua mulher após uma noite de azar em Vegas, mas isso não significa que os joalheiros começarão a vender imediatamente joias iguais pelo preço que o penhorista pagou. O ajuste diário de perdas e ganhos basicamente transformou o mercado de finanças estruturadas num duelo mexicano *à la* Quentin Tarantino, com um banco apontando a arma para a cabeça do outro. Naquelas circunstâncias, não havia preços de mercado reais para uma série daqueles valores mobiliários garantidos por hipoteca, já que as pessoas estavam assustadas demais para comprar ou vender e estabelecer um preço teórico que, devido a regras da contabilidade que não refletem a realidade financeira, faria com que tivessem de fazer um novo balanço de seus livros, com resultados trágicos.

O preço exerce sua função devido à natureza da informação econômica.A informação pode assumir basicamente duas formas. Em primeiro lugar, você tem a informação para os anais da história, centralizada, do tipo que se encontra na Biblioteca de Alexandria, ou seja, as Grandes Verdades que são relevantes para todos os seres humanos, independentemente da sua época. Estamos falando de conhecimento científico, trabalhos que falam da história, de sabedoria, de filosofia, as gramáticas e os léxicos de línguas antigas — vocês sabem: coisas que praticamente ninguém utiliza. Em segundo lugar, temos informações contextuais e contingentes do tipo "Got *milk?*" ("Tem leite?").

"Tem leite?" é uma questão interessante, como discutimos antes, pois a resposta provavelmente será diferente cada vez que a pergunta for feita. A quantidade de leite consumida por uma família pode variar bastante de um dia para outro: se você estiver preparando sorvete caseiro para uma festa de verão, provavelmente precisará de uma quantia maior do que a habitual. Se sua filha se tornar vegetariana, você comprará menos. A questão do leite é complicada: basta dar uma olhada na magnitude das prateleiras de leite no supermercado! A quantidade de oferta é quase incalculável: você tem leite com 1% de gordura, 1,5%, 2%, desnatado, integral, orgânico, achocolatado, com gosto de morango, em caixas de meio litro, um litro e galões. Segundo meus cálculos, a complexidade que envolve o mercado do leite é tanta que o número de combinações possíveis de distribuição do produto entre trezentos milhões de consumidores pelos Estados Unidos no período de um ano ultrapassa a quantidade de segundos contados desde o Big Bang. É um daqueles números que palavra alguma pode definir.

No entanto, o preço do leite nos Estados Unidos não é definido pelo mercado, mas sim por burocratas, em parte funcionários do governo americano e em parte empregados do Big Bessy. Sabemos que, devido ao enorme número de distribuições possíveis no mercado de laticínio, os planejadores supostamente racionais que estabelecem o preço do leite não avaliam o consumo e a produção em toda a sua complexidade — nem mesmo todos os gênios do mundo trabalhando juntos sem parar conseguiriam fazê-lo. Como então chegam a suas decisões?

Ninguém sabe ao certo, mas a Organização para Cooperação e Desenvolvimento Econômico estima que as famílias americanas pagam 26% a mais pelo leite do que o seu preço real, isto é, os preços estabelecidos por um mercado liberal. Não se sabe que interesses são atendidos por essa política, mas certamente não são os do sujeito com dificuldades financeiras encarando uma tigela de sucrilhos vazia. E, enquanto continuamos a ignorar esse assunto, existe outra realidade econômica oculta independente dos preços de mercado no que diz respeito à saúde, aos bancos, à habitação, ao trabalho, ao algodão, ao açúcar, a carros japoneses abastecidos por combustíveis mais eficientes, painéis solares e todos os outros produtos com preços distorcidos pela política — que interesses você acha que estão sendo atendidos? Os seus, meu camarada?

Na saúde, no sistema bancário, na educação e em outras áreas críticas, o Tio Sam está pisando com sua enorme bota federal bem no pescoço dos preços, tirando o sangue que permite à economia de agir eficiente e racionalmente: não *perfeitamente* eficiente, não *perfeitamente* racional — isso é coisa de modelos teóricos e visões utópicas — mas de modo a utilizar da melhor maneira possível as informações que temos.

Abaixar os custos da assistência médica exigirá que os consumidores comparem as partes envolvidas (seguradoras, médicos, hospitais, especialistas), assim como reformar Wall Street exigirá dar aos investidores os preços reais pelos riscos que experimentam — e cobrar de instituições "grandes demais para falhar" um preço real pelos subsídios que hoje deduzem dos contribuintes. Não podemos realizar reformas lógicas sem preços reais, pois eles nos permitem enxergar. Levando-se em consideração, porém, que Washington vem estabelecendo o preço do leite desde 1930 e que não demonstra qualquer sinal de abrir mão disso, as chances de que abandone o Evangelho do Planejamento Centralizado Científico Socialista e passe a seguir o Evangelho do Preço são mínimas.

Que ouçam aqueles que puderem.

# AGRADECIMENTOS

Sou grato a meus amigos e colegas na *National Review*, em especial nosso editor, Rich Lowry, e nosso diretor de redação, Jason Lee Steorts, pelo encorajamento e pelas críticas, e por me darem tempo para trabalhar neste livro.

Agradeço a Sara Towne pela ajuda ao preparar o manuscrito. Pela assistência e pela confiança durante pontos críticos ao longo dos anos, sou particularmente grato a Eva Sorrells, Linda Stogner, Bill Kopf, Scott Stanford, Geoff Henley, Ron Gibson, Eddie the Bullet, à família Suklikar e à minha família. Gostaria de dedicar um agradecimento especial ao governo dos Estados Unidos, ao Estado de Nova York e à cidade de Nova York, que dividirão entre si cerca de metade dos lucros produzidos por este livro, inspirando assim o próximo.

# NOTAS

## Capítulo 1

1. Coluna semanal de Hugo Chávez, <www.Chavez.org.ve>.
2. CRITTENDEN, Ann. "Força de agricultores no mercado sob ataque". *New York Times*, 25 de março de 1981, p. 1.
3. FOSTER, Doug. "Fruto proibido". *Inquiry*, 11 de maio de 1981, p. 23.
4. STEINBECK, John. *The Grapes of Wrath/As vinhas da ira*. Nova York: Penguin Books, 2002, p. 348.
5. *Dissent*, edição de inverno de 2010.
6. Os economistas distinguem entre bens públicos e não públicos em duas áreas, os quesitos conhecidos como rivalidade e excluibilidade. Bens públicos, sob a definição econômica, são bens não rivais em seu consumo e não excluíveis em sua distribuição. Se isso soar como blá-blá-blá acadêmico, um ou dois exemplos simples vão tornar clara a distinção. Um bem rival é aquele que, quando consumo uma unidade, deixa uma unidade a menos para o seu consumo. Uma manga é rival no consumo: cada manga que como é uma manga que você não pode comer. Mas alguns bens são não rivais: uma rodovia, por exemplo. Se percorro um quilômetro de uma rodovia, isso não significa que você terá um quilômetro a menos para percorrer.

   Todos os bens não rivais são bens públicos. Aquela rodovia, por exemplo, poderia ser uma rodovia privada sujeita a pedágio. É aí que entra o segundo critério, a excluibilidade. Bens excluíveis são aqueles cujo consumo podemos limitar para os pagantes. Aquelas mangas são bens excluíveis; se você não me pagar, não terá nenhuma de minhas mangas. Mas alguns bens são não excluíveis, por exemplo, uma grande exibição de fogos de artifício. Você poderia vender ingressos para uma exibição de fogos de artifício, mas as pessoas na periferia mesmo assim poderiam ver o show. Bens públicos são aqueles bens que são tanto não rivais quanto não excluíveis.

   Existem exemplos óbvios da ação do governo, como a defesa nacional e as forças da lei, que são clássicos bens públicos. Mas existem também exemplos menos óbvios, e é preciso termos em mente que bens públicos úteis variarão de lugar para lugar. Por exemplo, em Nova Délhi, existe um problema terrível de mosquitos. A cada ano centenas de pessoas morrem de dengue e muitas outras sofrem doenças provocadas por insetos. Por isso, as autoridades públicas realizam campanhas de pulverização contra mosquitos a expensas públicas. O controle de mosquitos é não rival (um mosquito que está morto para você, está morto para mim também) e não excluíveis (você não pode garantir que os mosquitos não piquem exclusivamente as partes pagantes), e por isso mesmo preenche a definição de bem público. Mas um bem público não é sinônimo de "algo que é bom para o público em geral". A pulverização antimosquito num local sem ocorrência de mosquitos, por exemplo, seria um "bem público" que equivaleria a um desperdício de recursos. Do mesmo modo, poderíamos argumentar que existem *benefícios* públicos significativos em coisas como a instrução pública, programas de saúde subsidiados pelo governo, e a ferrovia Amtrak, mas essas coisas, quer gostemos ou não delas, não preenchem a definição de um *bem* público.

7. KIMBALL, Roger. "A morte do socialismo". *The New Criterion*, abril de 2002: disponível em <http://newcriterion.com/articles.cfm/socialism-kimball-1985>. Acessado em setembro de 2013.
8. BRZEZINSKI, Zbigniew. *O grande fracasso*. Nova York: Scribner, 1989, p. 63.
9. MISES, Ludwig von. *Socialismo*. Instituto Ludwig von Mises, 1981, p. 56.

Capítulo 2

1. Absurdum, comentário em "Comunismo *versus* capitalismo", Convença-me: comece um debate, comentário escrito em 2 de fevereiro de 2007, disponível em: <http: //www.convinceme.net/coldebate/162/Capitalism-vs-Communism.html>. Acessado em setembro de 2013.
2. yolei36, comentário em "Comunismo *versus* capitalismo", Convença-me: comece um debate, comentário escrito em 2 de fevereiro de 2007, disponível em: <http: //www.convinceme.net/coldebate/162/Capitalism-vs-Communism.html>. Acessado em setembro de 2013.
3. mg41, comentário em "Comunismo *versus* capitalismo", Convença-me: comece um debate, comentário escrito em 2 de fevereiro de 2007, disponível em: <http: //www.convinceme.net/coldebate/162/Capitalism-vs-Communism.html>. Acessado em setembro de 2013.

4. enricofrole, comentário em "Comunismo *versus* capitalismo", convença-me: comece um debate, comentário escrito em 2 de fevereiro de 2007, disponível em: <http: //www.convinceme.net/coldebate/162/Capitalism-vs-Communism.html>. Acessado em setembro de 2013.
5. BRZEZINSKI, Zbigniew. *O grande fracasso*. Nova York: Scribner, 1989, p. 212.
6. MARX, Karl. *O capital*. Tradução de Samuel Moore e Edward Aveling. Nova York: Random House, 1906, p. 46.
7. MARX, Karl. *A pobreza da filosofia*. Chicago: Charles H. Kerr & Co., 1910, p. 56.
8. SMITH, Adam. *Inquérito sobre a natureza e as causas da riqueza das nações*, vol. 1. Universidade de Lausanne, 1791, p. 45.
9. MARX, Karl. *O capital*. Tradução de Samuel Moore e Edward Aveling. Nova York: Random House, 1906, p. 257.
10. MARX, Karl. "*Teses sobre Feuerbach*". In: *Obras selecionadas de Marx/Engels: vol. I*. Tradução de W. Lough. Moscou, URSS: Progress Publishers, 1969, p. 15. Disponível em <http://www.marxists.org/archive/marx/works/1845/theses/theses.htm>. Acessado em setembro de 2013.

Capítulo 3

1. MISES, Ludwig von. *Socialismo*. Instituto Ludwig von Mises, 1981, p. 135-6.
2. STALIN, Josef. "Materialismo dialético e histórico", do arquivo online sobre Josef Stalin. Disponível em: <http://www.marxists.org/reference/archive/stalin/works/1938/09.htm>. Acessado em setembro de 2013.
3. SPUFFORD, Francis. *Abundância vermelha*. Faber & Faber, 2010.
4. MISES, Ludwig von. *Intervencionismo, uma análise econômica*. Fundação para a Educação Econômica, 1998.
5. MILLER, David. "F.A. Hayek: um cético dogmático". *Dissent*, edição de verão de 1994.

Capítulo 4

1. HOROWITZ, David. "Os dois Christophers". *FrontPageMagazine*, 6 de julho de 2010. Disponível em: <http://frontpagemag.com/2010/07/06/the-two-christophers/>. Acessado em setembro de 2013.

2. *Ibid.*
3. Luis Uchitelle, "Morre Paul Sweezey, 93, editor e economista marxista", *New York Times*, 2 de março de 2004.
4. Paul Sweezey e Leo Huberman, "Introdução ao socialismo", *Monthly Review*; disponível em: http://www.skeptically.org/socialism/id18.html (acessado em 5 de agosto de 2010).
5. Ibid.
6. Paul Sweezy e Leo Huberman, "Introdução ao socialismo", *Monthly Review*, 1968.
7. Srinivas Murthy, *Cartas de Mahatma Gandhi e Leo Tolstoi* (Long Beach Publications: Long Beach, 1987), 189.
8. Sue, "Sobre o bem estar social rural e uma vida simplista", A Schizoid Dream, 16 de agosto de 2005; disponível em: <http://logicalschizoid.blogspot.com/2005/08/of-rural-welfare-and-simplistic-living.html> (acessado em 10 de agosto de 2010).
9. Mani Bhavan Gandhi Sangrahalaya, "Os 11 votos de Gandhi", Mani Bhavan Gandhi Sangrahalaya: Website Informativo Sobre Mahatma Gandhi; disponível em: <http://gandhimanibhavan.org/gandhiphilosophy/philosophy_11vows.htm> (acessado em 5 de agosto de 2010).
10. Surur Hoda, "Schumacher sobre Gandhi", *Gandhi e o mundo contemporâneo*, ed. Antony Copley e George Paxton (Índia: Sociedade Histórica Indo-Britânica, 1997).
11. Gurcharan Das, "Índia: como uma nação rica empobreceu e enriquecerá novamente", Gurcharan Dias (Website Oficial), publicado em 18 de março de 2007; disponível em: <http://gurcharandas.org/?page_id=70> (acessado em 5 de agosto de 2010).
12. Milton Friedman, "O plano de Mahalanobis", *The Stateman*, 26 de novembro de 2006.
13. Jagdish N. Bhagwati, *A Índia em transição: libertando a economia*, 1993.
14. Ibid.
15. Gurcharan Das, "Índia: como uma nação rica empobreceu e enriquecerá novamente", Gurcharan Dias (Website Oficial), publicado em 18 de março de 2007; disponível em: <http://gurcharandas.org/?page_id=70> (acessado em 5 de agosto de 2010).
16. Ibid.

Capítulo 5


1. John Fund, "Still the One", *The American*, publicado pelo Instituto de Empresas Americanas, março/abril de 2007.
2. Sir Charles Phillip Haddon-Cave em "Intervention True to Guiding Policy", Joseph Yam, *South China Morning Post*, 24 de agosto de 1998.
3. "Lei do Velho Enganador (1647)", dos Registros do Governador e Companhia da Baía de Massachusetts em New England, 1853; disponível em <http://www.constitution.org/primarysources/deluder.html> (acessado em 9 de agosto de 2010).
4. Martinho Lutero, "Carta aos governantes alemães, 1524" em *Educação: compulsória e gratuita*, Murray N. Rothbard (Auburn, Alabama: Instituto Ludwig von Mises, 1999), 20.
5. Calvin Stowes, em *Separando a escola do Estado: como libertar as famílias americanas*, Sheldon Richman (Fairfax, Virginia: Future of Freedom Foundation, 1995), 46.
6. Barack Obama, "Observações prontas do presidente Barack Obama: Evento "De volta à escola", (observações apresentadas na Wakefield High School, Arlington, Virginia, em 8 de setembro de 2009).
7. Nicweb, "Caros republicanos: as escolas públicas são socialistas...", Daily Kos, publicado em 6 de setembro de 2009; disponível em <http://www.dailykos.com/story/2009/9/6/777995/-Dear-Repubs:--Public-Schools-Are-Socialist..-> (acessado em 6 de agosto de 2010).
8. Patrick Allitt, "Por que toda esta confusão?", *New York Times*, 15 de setembro de 2009.
9. Jerry Webster, blog educativo especial de Jerry Webster, 18 de setembro de 2010; disponível em: <http://specialed.about.com/b/2010/09/18/give-socialism-a-chance.htm> (acessado em 22 de outubro de 2010).
10. "Capitalismo *versus* Socialismo", Helium.net; disponível em: <http://www.helium.com/debates/188058-capitalism-emsocialismem-which-prefer/side_by_side?page=10> (aessado em 10 de outubro de 2010).
11. Murray Rothbard, *Por uma nova liberdade: o manifesto libertário* (Auburn, Alabama: Instituto Ludwig von Mises, 2006), 160-61.
12. Newton Bateman, em *Por uma nova liberdade: o manifesto libertário*, Murray Rothbard (Auburn, Alabama: Instituto Ludwig von Mises, 2006), 153.
13. Ibid.

14. Robert Dale Owen em *Separando a escola do Estado: como libertar as famílias americanas*, por Sheldon Richman (Fairfax, Virginia: Future of Freedom Foundation, 1995), 46.
15. William Seawell em *Separando a escola do Estado: como libertar as famílias americanas*, por Sheldon Richman (Fairfax, Virginia: Future of Freedom Foundation, 1995), 51.
16. Ibid.
17. Daniel Henniner, "O fracasso começa cedo: a escola é para: a) diversidade ou b) aprender a ler?", *Wall Street Journal*, 24 de janeiro de 2003, página de opiniões.
18. "O programa de *vouchers* bem-sucedido de Washington merece uma segunda vida", *Washington Post*, 23 de junho de 2010.

Capítulo 6

1. Paul Craig Roberts, "Meus dias na economia soviética", *The Independent Review*, v. VII, n. 2, outono de 2002, 259-64.
2. *Melhorando as escolas dos Estados Unidos: o papel dos incentivos*, editado por Eric A. Hanushek e Dale W. Jorgensen. Departamento de Ciência, Tecnologia e Política Econômica, Conselho Nacional de Pesquisa, 1996.
3. Eric Hanushek, "Resultados, custos e incentivos nas escolas", *Melhorando as escolas dos Estados Unidos: o papel dos incentivos*, Conselho Nacional de Pesquisa (Washinigton, D.C.: National Academy Press, 1996), 29-52.

Capítulo 7

1. Hamish McRae, "A sociedade mais bem-sucedida do planeta", *Independent*, 20 de setembro de 2006.
2. Poly Toynbee, "A sociedade mais bem-sucedida que o mundo já conheceu", *Guardian*, 25 de outubro de 2005.
3. "Suécia: algo está apodrecendo na utopia", *Time*, 19 de julho de 1976; disponível em: <http://time.com/time/magazine/article/0,9171,914329-1,00.html> (acessado em 10 de agosto de 2010).
4. Jessé, Larner, "Quem tem medo de Friedrich Hayek? As verdades óbvias e as falácias místicas de um herói da direita", *Dissent*, edição de inverno de 2008; disponível em: <http://dissentmagazine.org/article/?article=992> (acessado em 9 de agosto de 2010).
5. Ibid.
6. Ibid.

7. Milton Firedman em “Seria a Suécia uma falsa utopia?”, Nima Sanandaji, *Newgeography*; disponível em: <http://www.newgeography.com/content/001543-is-sweden-a-false-utopia> (acessado em 9 de agosto de 2010).
8. “Obama: No ‘Easy Out’ for Wall Street”, Transcrição: Terry Moran entrevista o presidente Obama, *ABC News*, 10 de fevereiro de 2009; disponível em: <http://abcnews.go.com/Politics/Business/story?id=6844330&page=1> (acessado em 9 de agosto de 2010).
9. Christina Patterson, “O único problema na adorável utopia sueca”, *The Independent*, 10 de setembro de 2008; disponível em: <http://www.independent.co.uk/opinion/commentators/christina-patterson/christina-patterson-the-one-problem-with-this-lovely-swedish-utopia-924461.html> (acessado em 9 de agosto de 2010).
10. Johan Norberg, “Modelos suecos”, *The National Interest*, 6 de Janeiro de 2006; disponível em: <http://www.nationalinterest.org/Article.aspx?id=11488> (acessado em 9 de agosto de 2010).
11. Zbigniew Brzezinski, *O grande fracasso* (Scribner, 1989), 263-64.
12. Johan Norberg, “Modelos suecos”, *The National Interest*, 6 de janeiro de 2006; disponível em: <http://www.nationalinterest.org/Article.aspx?id=11488> (acessado em 9 de agosto de 2010).
13. Tino Sanandaji, “David Brooks Uses Some of My Figures”, Super-Economy: perspectivas curdo-suecas sobre a economia americana, 5 de maio de 2010; disponível em: <http://super-economy.blogspot.com/2010/05/david-brooks-uses-some-of-my-figures.html> (acessado em 10 de agosto de 2010).

Capítulo 8

1. Kim Jong-il, “Sobre a Ideologia Juche”, (tratado apresentado no Seminário Nacional sobre a Ideologia Juche realizado para celebrar o 70º aniversário do Grande Líder Camarada Kim Il Sung, 31 de março de 1982); disponível em: <http://www1.korea-np.co.jp/pk/062nd_issue/98092410.htm> (acessado em 10 de agosto de 2010).
2. Ibid.
3. *O livro negro do comunismo*, Mark Kramer, ed. (Harvard University Press, 1999), 4.
4. Mitchell Lerner, “Compreendendo o ‘Reino dos Eremitas’: a Coreia do Norte na era nuclear”, *Origins*, dezembro de 2008 vol. 2 edição 3; disponível em: <http://ehistory.osu.edu/osu/origins/article.cfm

?articleid=21&articlepage=1&altcontent=no> (acessado em 10 de agosto de 2010).

5. Jim Kay em "Compreendendo o 'Reino dos Eremitas': a Coreia do Norte na era nuclear", Mitchell Lerner, *Origins*, dezembro de 2008 vol. 2 edição 3; disponível em: <http://ehistory.osu.edu/osu/origins/article.cfm?articleid=21&articlepage=1&altcontent=no> (acessado em 10 de agosto de 2010).
6. Kongdan Oh em "Compreendendo Kim Jong-il", Laura McClure, Salon.com, 10 de janeiro de 2003; disponível em: <http://dir.salon.com/news.feature/2003/01/10/korea/index.html> (acessado em 10 de agosto de 2010).
7. Anônimo em "Compreendendo o 'Reino dos Eremitas': a Coreia do Norte na era nuclear", Mitchell Lerner, *Origins*, dezembro de 2008 vol. 2 edição 3; disponível em: <http://ehistory.osu.edu/osu/origins/article.cfm?articleid=21&articlepage=1&altcontent=no> (acessado em 10 de agosto de 2010).
8. Owen Miller, "A história secreta da Coreia do Norte", *International Socialism*, 3 de fevereiro de 2006.
9. Grupo de Estudos Inglês da Ideologia Juche, "Grupo de Estudos Inglês da Ideologia Juche"; disponível em: <http://www.korea-dpr.com/users/jisge/> (acessado em 26 de outubro de 2010).
10. Josef Stalin, "Materialismo dialético e histórico", do arquivo online sobre Josef Stalin disponível em: <http://www.marxists.org/reference/archive/stalin/works/1938/09.htm> (acessado em 10 de agosto de 2010).
11. Ibid.
12. Kim Jong-il, "Sobre alguns problemas da educação na Ideologia Juche", 15 de julho de 1986; disponível em: <http://ndfsk.dyndns.org/kuguk8/juche/06.html> (acessado em 10 de agosto de 2010).

Capítulo 9

1. "Desastre ambiental ou comunismo, não há uma terceira escolha", *The Internationalists*, 1º de setembro de 2008; disponível em: <http://www.leftcom.org/en/articles/2009-11-24/environmental-disaster-or-communism-there-is-no-third-way> (acessado em 10 de agosto de 2010).
2. Philippe Rekacewicz, "Desastre ambiental na Europa Oriental", *Le Monde diplomatique*, 19 de julho de 2000; disponível em: <http://mon-

dediplo.com/2000/07/19envidisaster> (acessado em 10 de agosto de 2010).

3. Ibid.
4. Josepg W. Dellapenna, "Por trás da cortina vermelha: preocupações ambientais e o fim do comunismo" (Escola de Direito da Villanova University, 2010); disponível em: <http://www.probeinternational.org/files/Behind%20the%20Red%20Curtain%20–%20Environmental%20Concerns%20and%20the%20End%20of%20Communism.pdf> (acessado em 26 de outubro de 2010).
5. Eusebio Gonzales em "O maior poluidor do México: fará a privatização com que a Premex passe por uma limpeza?", Joel Simon, *Global Community Monitor*; disponível em: <http://gcmonitor.org/article.php?id=391> (acessado em 10 de agosto de 2010).
6. Betty Farber em "O maior poluidor do México: fará a privatização com que a Premex passe por uma limpeza?", Joel Simon, *Global Community Monitor*; disponível em: <http://gcmonitor.org/article.php?id=391> (acessado em 10 de agosto de 2010).
7. Joel Simon, "O maior poluidor do México: fará a privatização com que a Premex passe por uma limpeza?", *Global Community Monitor*; disponível em: <http://gcmonitor.org/article.php?id=391> (acessado em 10 de agosto de 2010).
8. Chris Haslam, "Exploração de petróleo no Gabão", *Wildlife Extra*, outubro de 2006; disponível em: <http://wildlifeextra.com/go/news/60> (acessado em 10 de agosto de 2010).
9. Ibid.
10. Joseph W. Dellapenna, "Por trás da cortina vermelha: preocupações ambientais e o fim do comunismo", *Villanova University Legal Working Paper Series*, Working Paper 152; disponível em: <http://law.bepress.com/villanovalwps/papers/art152/> (acessado em 26 de outubro de 2010).
11. "Ilhas de lixo ameaçam Barreira das Três Gargantas, na China", Reuters; disponível em: <http://www.reuters.com/article/idUSTRE6710SH20100802> (acessado em 26 de outubro de 2010).

Capítulo 10

1. Peter DeShazo, "Fórum da Venezuela: conclusões e implicações futuras: um relato do CSIS Americas Program", abril de 2008.
2. Ludwig von Mises, *Socialismo* (Instituto Ludwig von Mises, 1981), 216.

3. Adolf Hitler em *O duelo: o confronto de oitenta dias entre Churchill e Hitler*, John Lukacs (New Haven: Yale University press, 1990), 223.
4. "Fidel: "O modelo cubano não funciona mais nem mesmo para nós", *The Atlantic*; disponível em: <http://www.theatlantic.com/international/archive/2010/09/fidel-cuban-model-doesnt-even-work-for-us-anymore/62602/> (acessado em 26 de outubro de 2010).
5. John Lukacs, *O duelo: o confronto de oitenta dias entre Churchill e Hitler* (New Haven: Yale University press, 1990), 223.
6. Thor Halvorssen, "Por trás da exumação de Simon Bolívar estava a louca obsessão de Chávez", *The Washington Post*, 25 de julho de 2010.
7. Ibid.
8. Christopher Hitchens, "Hugo Boss: o que aprendi sobre a saúde mental de Hugo Chávez quando visitei a Venezuela com Sean Penn", *Slate*, 2 de agosto de 2010; disponível em: <http://www.slate.com/id/2262520> (acessado em 10 de agosto de 2010).
9. Jean-Jacques Rousseau, *O contrato social* (Nova York: Cosimo Classics, 2008), 14.
10. Ibid., 34.
11. Howard Wiarda, "Alerta venezuelano: compreendendo Chávez", *Hemisphere Focus*, 18 de setembro de 2001; disponível em: <http://csis.org/files/media/csis/pubs/hf_v09_04.pdf> (acessado em 11 de novembro de 2010).
12. Ibid.

Capítulo 11

1. *International Socialist Review*, Edição 13, agosto-setembro de 2000.
2. "O nacionalismo na União Soviética", Enciclopédia de História Russa; disponível em: <http://www.answers.com/topic/nationalism-in-the-soviet-union> (acessado em 27 de outubro de 2010).
3. Ibid.
4. Peter Hays Gries, "Nacionalismo, indignação e a política chinesa quanto ao Japão", *SAIS Review*, Vol. 25, Número 2, verão/outono de 2005, págs. 105-14.
5. Faustino Ballvé, *Pontos essenciais da economia*, Instituo Ludwig von Mises, 2008.
6. Ibid.
7. *The Sunday Times* (Londres), 31 de abril de 2009.

## Capítulo 12

1. "A enorme sombra da mão visível", *Wall Street Journal*, 22 de maio de 2010
2. "Por que Dilma Rousseff ainda é uma boa aposta", *Foreign Policy*, 19 de outubro de 2010.
3. Jeff Merkley, "Os Estados Unidos e o fundo do poço", Merkley for Senate.
4. Ibid.
5. Ibid., 2.
6. "Hora de acabar com a dependência de petróleo", *Energy Independence Now*, 23 de julho de 2010.
7. Merkley, "Os Estados Unidos e o fundo do poço", 2.
8. Ibid.
9. Ibid., 3.
10. Ibid., 4.
11. Ibid., 6, 7, 10.
12. "Hora de acabar com a dependência de petróleo", *Energy Independence Now*, 23 de julho de 2010.
13. "Os Estados Unidos são viciados em petróleo", www.pickensplan.com, 2010.
14. David Field, "Em seu 40° aniversário, rodovias interestaduais encaram crise de meia-idade", *Insight on the News*; disponível em: <http://findarticles.com/p/articles/mi_m1571/is_n28_v12/ai_18524905/> (acessado em 27 de outubro de 2010).
15. Ibid.

## Capítulo 13

1. *Cartas de Eugene V. Debs*, vol. 1, J. Robert Constantine, ed. (Urbana: University of Illinois Press, 1990), 82-83.
2. Michael Kazin, *Dissent*, verão de 2010.
3. "Dodd Bill é socialista? Não faça os socialistas rirem", *the Nation*, 12 de julho de 2010.
4. Robert Higgs, "Como a guerra aumentou o poder federal no século XX", *The Freeman*, 1º de julho de 1999.
5. Ibid.
6. Jonah Goldberg, *Fascismo liberal*, 107.
7. *História Moderna I: uma revista mensal do New York Times*, Vol. III, 1916, pág. 683.

8. Fred Siegel, “1919: Traição e o nascimento do liberalismo moderno”, *City Journal*, 22 de novembro de 2009; disponível em <http://www.city-journal.org/2009/eon1122fs.html> (acessado em 27 de outubro de 2010).
9. Bruce Caldwell, “Hayek e o socialismo”, *Journal of Economic Literature*, vol. 35, dezembro de 1997.
10. Ibid, 1856-90.
11. Margaret L. Coit, *Mr. Baruch* (Boston: Houghton Muffin Co., 1957), 219. Conforme citado em “Coletivismo de Batalha na Primeira Guerra Mudial”, de Murray Rothbard, em *Uma nova história do Leviatã*, Ronald Radosh e Murray N. Rothbard, eds. (Nova York: E.P. Dutton & Co., 1972).

Capítulo 14

1. Dan Jakopovich, “No ventre da besta: desafiando o imperialismo americano e as políticas da ofensiva”, Comitês de Correspondência para a Democracia e o Socialismo, 2010.
2. Ibid.
3. Ibid.
4. Ibid.
5. Ibid.
6. Ibid.
7. Ryan O’Donnell, “Comitê de direção da ANSWER”, *FrontPage Magazine*, 12 de março de 2003.
8. Slavoj Žižek, “Uma emergência econômica permanente”, New Left Review, julho/agosto de 2010.
9. Ibid.
10. Adam Shaw, “O socialismo de Obama”, American Thinker; disponível em: <http://www.americanthinker.com/2010/02/obamas_socialism.html> (acessado em 2 de novembro de 2010).
11. Johnathan Derbyshire, “Sou um leninista. Lenin não tinha medo de sujar as mãos. Se puder obter poder, agarre-o”, New Statesman; disponível em: <http://www.newstatesman.com/ideas/2009/11/381-382-interview-obama-theory> (acessado em 2 de novembro de 2010).

Capítulo 15

1. Robin Blackburn, “O socialismo e a crise atual”, Dissent, verão de 2010; disponível em: <http://www.dissentmagazine.org/article/?article=3263> (acessado em 3 de novembro de 2010).

2. Transcrição, The Guardian, 10 de setembro de 2009; disponível em: <http://www.guardian.co.uk/world/2009/sep/10/barack-obama-healthcare-reform-speech-full-text> (acessado em 3 de novembro de 2010).
3. David Dranove, "Socialistas por acaso", Code Red, 28 de agosto de 2010.
4. Donald Berwick, "Uma análise transatlântica do NHS em seu 60º aniversário", Physicians for a National Health Program (Médicos por um Programa Nacional de Saúde); disponível em: <http://www.pnhp.org/news/2010/may/a-transatlantic-review-of-the-nhs-at-60> (acessado em 3 de novembro de 2010).
5. Barrasso critica nomeação de Berwick: Obama nos enganou 'de propósito'", *Washington Examiner*, 7 de julho de 2010; disponível em: <http://www.washingtonexaminer.com/opinion/blogs/beltway-condifential/barrasso-slams-berwick-appointment-obama-intentionally-mislead-97977404.html> (acessado em 3 de novembro de 2010).
6. "Confirmation fight on Health Chief", *New York Times*, 21 de junho de 2010; disponível em: <http://www.nytimes.com/2010/06/22/health/policy/22medicare.html> (acessado em 3 de novembro de 2010).
7. "Nomeado por Obama para administrar Medicare diz: 'Por favor, não depositem suas esperanças nas forças do mercado'", CNS News, 24 de maio de 2010; disponível em: <http://www.cnsnews.com/news/article/66553> (acessado em 3 de novembro de 2010).
8. Senador Jon Kyl, "Sem oportunidade de questionar as opiniões perigosas de Donald Berwick", Heartland Institute, setembro de 2010.
9. Philip Klein, "O racionador de Obama", *American Spectator*, 13 de maio de 2010; disponível em: <http://spectator.org/archives/2010/05/13obamas-rationing-man/print> (acessado em 3 de novembro de 2010).
10. "Irá Donald Berwick racionar a assistência médica?" Conservadores colocam nomeado por Obama contra o muro", CBS News; disponível em: <http://www.cbsnews.com/8301-504763_162-20009880-10391704.html> (acessado em 3 de novembro de 2010).
11. "Confirmation fight on Health Chief", *New York Times*, 21 de junho de 2010; disponível em: <http://www.nytimes.com/2010/06/22/health/policy/22medicare.html> (acessado em 3 de novembro de 2010).
12. "Pacientes sofrem com racionamento do NHS", BBC News, 7 de janeiro de 1999; disponível em: <http://news.bbc.co.uk/2/hi/health/249938.stm> (acessado em 3 de novembro de 2010).
13. Ibid.

14. Ibid.
15. Capítulo 13 do "Estudo do Comitê de Inquérito sobre alegações de maus-tratos a pacientes e outras irregularidades no Ely Hospital, Cardiff", Associação de Saúde Socialista; disponível em: <http://www.sochealth.co.uk/history/Ely13.htm> (acessado em 3 de novembro de 2010).
16. Michael Cooper, "Racionando a assistência médica", pág. 87. Conforme citado por John Goodman em *Sistema de saúde nacional na Grã-Bretanha: lições para os Estados Unidos* (Fisher Institue Publications, 1980).
17. John Goodman, Ibid.
18. Entrevista publicada pelo NHS em julho de 2008.
19. "A assistência preventiva ajuda a economizar? Economia na área de saúde e os candidatos presidenciais", *New England Journal of Medicine*; disponível em: <http://www.nejm.org/doi/full/10.1056/NEJMp0708558> (3 de novembro de 2010).
20. John Goodman, *Sistema de saúde nacional na Grã-Bretanha: lições para os Estados Unidos* (Fisher Institue Publications, 1980).
21. Vídeo disponível em: <http://www.youtube.com/watch?v=fpAyan1fXCE> (acessado em 3 de novembro de 2010).
22. Vídeo, Breitbart TV; disponível em: <http://www.breitbart.tv/exposed-expanding-medicare-has-been-obamas-plan-to-get-to-single-payer-all-along/> (acessado em 3 de novembro de 2010).
23. Áudio, Breitbart TV; disponível em: <http://www.breitbart.tv/exposed-expanding-medicare-has-been-obamas-plan-to-get-to-single-payer-all-along/> (acessado em 3 de novembro de 2010).
24. "Transcrição: Rangel e Demint" na "FNS", FoxNews.com; disponível em: <http://www.foxnews.com/story/0,2933,536263,00.html> (acessado em 3 de novembro de 2010).
25. Transcrição, "Obama discursa para republicanos em Baltimore", *Washington Post*, <http://projects.washingtonpost.com/obama-speeches/speech/173/> (acessado em 10 de novembro de 2010).

Epílogo

1. Ludwig von Mises, *Socialismo* (Instituto Ludwig von Mises, 1981), 137.
2. O. Kyn, "O papel dos preços numa economia socialista", em M. C. Kaser ed., *Desenvolvimento econômico para a Europa Oriental* (Macmillan, 1968).
3. Ibid.
4. Ibid.

Produção
*Adriana Torres*
*Thalita Ramalho*

Produção editorial
*Mário S. Juscelino*

Revisão de tradução
*Marília Lamas*

Revisão
*Thiago Braz*

Diagramação
*Elza Maria da Silveira Ramos*

Este livro foi impresso no Rio de Janeiro,
em 2014, pela Edigráfica, para a Agir.
O papel do miolo é avena $80g/m^2$,
e o da capa é cartão $250g/m^2$.